Colloquial
Polish

The Complete Course
for Beginners

Bolesław W. Mazur

Routledge
Taylor & Francis Group

NEW YORK AND LONDON

First edition published 1983
by Routledge & Kegan Paul
Reprinted in 1986, 1988, 1991,
1992, 1994, 1995, 1996 and 1997

2nd edition published 2001 by Routledge
2 Park Square, Milton Park, Abingdon, Oxon, OX14 4RN

Simultaneously published in the USA and Canada
by Routledge
270 Madison Ave, New York, NY 10016

Reprinted 2003, 2004 (twice), 2005, 2006, 2007, 2008 (twice)

Routledge is an imprint of the Taylor & Francis Group, an informa business

© 2001 Bolesław W. Mazur

Typeset in Times by Florence Production, Stoodleigh, Devon.
Printed and bound in Great Britain by TJ International Ltd, Padstow,
Cornwall

British Library Cataloguing in Publication Data
A catalogue record for this book is available from the British Library

Library of Congress Cataloging in Publication Data
Mazur, Bolesław W.
  Colloquial Polish: the complete course for beginners /
Bolesław W. Mazur.
    p.cm. – (Colloquials)
  "Simultaneously published in the USA and Canada by
Routledge" –   CIP t.p. verso.
  Includes indexes.
  1. Polish language – Textbooks for foreign speakers – English.

PG6129.E5 M384 2001
491.8'582421–dc21

ISBN 978–0–415–44202–2 (pack)
ISBN 978–0–415–15752–0 (book)
ISBN 978–0–415–30165–7 (CD)

This book is
dedicated to
Laura

Contents

Foreword

Poland is a country whose experience contrasts very markedly with that of either Britain or the USA. It was once a great European power, which had the misfortune to be completely wiped off the map for long periods and which has only recently re-emerged as a sovereign republic. For several centuries, it was dominated by ruthless neighbours, which long sought to eradicate its culture, its history and its very identity. For several decades in the twentieth century, it belonged to that tragic zone of Europe which was successively overrun by Hitler and Stalin. It was largely land-locked, predominantly Catholic, and economically retarded. Its territorial borders were constantly in flux. Its language, Polish, has generated a rich literature which goes back to the Renaissance and beyond. But, unlike English, Polish has never exerted a major influence beyond the immediate circle of countries in Eastern and Central Europe which once belonged to the bold Polish Commonwealth.

Moreover, thanks to its political misfortunes, Poland has often been deprived of an independent voice. As a result, it was often the butt of hostile stereotypes. Germans could make fun of the *Polnische wirtschaft*, the supposedly shambolic Polish economy. Russians could paint the Poles as inveterate troublemakers. Until quite recently, Americans were given to telling 'Polish jokes'. The image only changed when the Solidarity movement gained worldwide recognition in the 1980s, when a Polish Pope, John Paul II, emerged on the international stage as a dynamic figure with great moral authority, and when Poland prepared to take its rightful place both in NATO and the European Union.

As familiarity with Poland grows, more and more people are realising that they are not dealing with a country in the Ruritanian category. Poland may take pride in its colourful music and folklore, and may possess a complex, multi-ethnic and little known past. But it is not tiny and it is not insignificant. It is not one of those small and distant nations 'about which we know nothing'. Warsaw is closer to London than London is to Rome or Lisbon. The Polish frontier is less than an hour's drive from Berlin. Poland's territory is nearly half as big again as the United Kingdom, and is similar in size to that of Spain or Germany. Poland's population, at nearly 40 million, is in the same league as that of California or New York State, and is larger than those of Canada and Australia combined. If one adds the 15 million Poles who for various reasons live abroad, it approaches that of France, Italy or Britain.

Due to its unfamiliarity, the Polish language has gained the unwarranted reputation of being fiendishly difficult, if not impossible to learn. As someone who has mastered it from scratch, and who uses it every day at home, I can categorically deny this slur. In reality, it is no more difficult for an English-speaker to learn Polish than for a Polish-speaker to learn English. Of course, all language learning presents a challenge that demands enthusiasm and perseverance. And, of course, Polish does present problems, especially in the initial stages. Beginners may struggle a bit with unusual combinations of consonants, as in **mróz** (frost) or **śnieg** (snow) or **dwór** (court). But they can take heart from the fact that Polish vowels are, unlike their English counterparts, extremely simple. They may be shaken by the fearful visual impact of Polish spelling, until they learn that it is completely regular. They may feel at first that they will never be able to utter names like **Szczebrzeszyn** or **Łuszczycki**. But they will soon recover when they see that such names are no harder than English tongue-twisters like 'Fish, chips an' peas', 'sea shells on the sea shore', or 'Whoosh-chit-ski'. Sooner or later, middle-level learners will have to face grammatical features such as the declension of nouns and adjectives, the conjugation of verbs, and the absence of articles. But they can rest assured that Polish is no better and no worse than other European languages, like German or Latin, which use similar inflected systems. Advanced learners will eventually be tempted to scale the heights of verbal aspects or to wrestle with verbs of motion. But they can do so with confidence if told that the world of English tenses or English idioms is full of far more nightmarish complexities.

Above all, learners whose first aim is to grasp the basics of colloquial Polish have two prime advantages. Firstly, they do not need to master every single grammatical complication in order to converse effectively. They need to understand only a modicum of grammatical mechanisms, and they can leave many of the finer points for a later day. Secondly, they can draw from the very start on the large body of words which Polish shares with other

European languages. Even on Day One, it does not take a genius to grasp the gist of such important sentiments as **Mój profesor jest elegancki**, **Polskie damy są bardzo inteligentne**, or **Brawo! Polski kolokwialny nie jest tak fatalny**.

Norman Davies

Norman Davies, CMG, FBA, is the author of *God's Playground: a History of Poland*, 2 vols, OUP, 1981; *Heart of Europe: Poland's Past in Poland's Present*, revised edition, OUP, 2001; and *Europe: a History*, OUP, 1996.

About this book

The aim of *Colloquial Polish* is to provide a comprehensive introduction to the basic structures of the language, together with the vocabulary of everyday situations. It is designed for new learners working on their own or with a teacher and will also serve as a refresher course for those who have forgotten some of the Polish they once knew. The tourist or business traveller can pick and choose from among those sections of the book that are of the most practical use or immediate interest.

The book starts by introducing you to the sounds and spellings of Polish, and provides you with a practical guide to pronunciation.

There are eighteen lessons which systematically cover the basic vocabulary and grammatical structure of the language. Each lesson contains two dialogues, with a few containing three. These are followed by explanations of grammar and usage.

In the first eight lessons the dialogues are accompanied by an English translation. Use this as a prompt to see how well you can remember the original Polish version. In the remaining lessons the dialogues are followed by the relevant vocabulary. Most of the dialogues are in the form of short, practical conversations involving family, friends, casual acquaintances and work colleagues but there are also reading passages and examples of letter-writing.

The points of grammar are introduced progressively in building-block fashion, illustrated by examples of common usage and tested by exercises. You can check the answers to the exercises in the Key at the back of the book.

The book contains extensive Polish–English/English–Polish glossaries and a short grammar reference section. There are also indices of both grammatical points and topics to help you navigate your way around the content of the lessons.

Pronunciation examples, dialogues and passages recorded on the accompanying cassettes are indicated at the appropriate points in the text. The tapes are an indispensable aid to following the course, particularly in developing listening and pronunciation skills.

How you use the book depends on what works best for you and what you need or hope to achieve. Any new language requires perseverance, a willingness to learn not only new words but new concepts and new attitudes.

Polish looks like a complicated and difficult language. But once you have mastered the basic principles of pronunciation and structure, you will soon find yourself able to hold conversations, read Polish texts with the help of a dictionary, and enjoy closer contact with one of Europe's rich cultures.

Acknowledgements

I would like to thank all those who have helped me in producing this book. Particular thanks go to Kasia Ancuta of the University of Silesia and Dorota Hołowiak for their ideas and generous contribution to the content. Thanks too to Norman Davies for the Foreword, the editorial team at Routledge for their patience and suggestions, and Gerard M-F Hill for his meticulous work on the manuscript. Also, thanks to Olga Mitchell for her encouragement.

Map of Poland

The letters and sounds of Polish

Pronunciation

Polish pronunciation is easier than might at first sight appear. Learners may shake their heads when confronted with place-names like **Szczecin**, **Bydgoszcz**, or **Śląsk**, but foreign learners of English face greater difficulties with Gloucester, Towcester, or Slough.

Polish spelling, unlike English or French, is closely consistent with pronunciation. Each letter on the whole corresponds to one sound. Some sounds are represented by two-letter combinations; others are indicated by an additional accent or mark.

The alphabet and the practice words in the other parts of this section can be heard on the accompanying cassette, if you have it; listen carefully and repeat.

The alphabet 📼

The Polish alphabet consists of 32 letters:

a	i	r	*Sounds represented*
ą	j	s	*by two letters*
b	k	ś	
c	l	t	**ch**
ć	ł	u	**cz**
d	m	w	**dz**
e	n	y	**dź**
ę	ń	z	**dż**
f	o	ź	**rz**
g	ó	ż	**sz**
h	p		

- The letters **q**, **v**, **x** are not used in Polish except in foreign words or as symbols. In dictionaries the double letters appear under the initial letter: e.g. **ch** = **c** + **h**. All other letters follow in alphabetical order, as above.

Vowels

The pronunciation of Polish vowels is very similar to that in Italian or Spanish. There is no variation in their sounds as in English. The second 'o' in Boston or Oxford is pronounced in Polish in exactly the same way as the first; **metal** (same meaning in Polish and English) is pronounced **met** + **al** not 'metl'.

a	as in m<u>a</u>t	**matka** mother	**mapa** map
e	as in n<u>e</u>xt	**tekst** text	**prezent** present
i	as in l<u>ee</u>k	**list** letter	**film** film
o	as in l<u>o</u>t	**kot** cat	**lotnisko** airport
u ⎫	as in m<u>oo</u>	**butelka** bottle	**bufet** buffet
ó ⎭		**góra** hill	**król** king
y	as in s<u>i</u>n	**syn** son	**rynek** market

Practice 🔛

Listen and repeat. Take care with words containing vowel combinations and those which have the same or very similar spelling in English:

Polska	**student**	**Europa**
Anglia	**komputer**	**autobus**
Londyn	**telefon**	**teatr**
Ameryka	**satelita**	**Ukraina**

Nasal vowels

Polish has two nasal vowels: **ą** – **ę**. These sounds have no exact equivalent in English:

ą is like **on** in s<u>on</u>g, or on in Le M<u>on</u>de
ę is like **en**, with a trace of 'w', in B<u>en</u>gal [B<u>e</u>wngal]

Contrary to the general rule of one letter, one sound, these two vowels are rarely pronounced with their full nasal value. Here is a very simplified guide:

- before **b** and **p**

  ą sounds like <u>om</u>   **trąbka** [trompka] trumpet
  gąbka [gompka] sponge

ę sounds like em | **zęby** [zemby] teeth
postęp [postemp] progress

- in most other cases

ą sounds like on | **kąt** [kont] corner
mądry [mondry] clever
ę sounds like en | **ręka** [renka] hand
kolęda [kolenda] carol

- in word-final position ą retains its nasal value (**są** 'they are' is pronounced like 'song' without the 'g', but ę is usually pronounced e – **imię** (imie) 'Christian name'.

Consonants

(1) Consonants pronounced very much as their English equivalents:

b	(bed)	**bank** bank	**bilet** ticket
d	(dog)	**dom** house	**dokument** document
f	(fog)	**fakt** fact	**fotel** armchair
g	(get)	**grupa** group	**gazeta** newspaper
k	(keg)	**kawa** coffee	**kot** cat
l	(lot)	**lampa** lamp	**lato** summer
m	(mat)	**mapa** map	**minuta** minute
n	(net)	**nos** nose	**noga** foot
p	(pot)	**pole** field	**pogoda** weather
s	(stop)	**sklep** shop	**sobota** Saturday
t	(ten)	**tenis** tennis	**Tamiza** Thames
z	(zone)	**zero** zero	**zegarek** watch

(2) Consonants pronounced differently or represented by different letters:

c	ts as in bits	**cena** price	**noc** night
h / ch	ch as in Scots loch	**dach** roof	**hotel** hotel
j	y as in yes	**jeden** one	**kraj** country
ł	w as in wet	**głos** voice	**kanał** channel
r	rolled Scots r	**rok** year	**ryba** fish
w	v as in vodka	**woda** water	**wino** wine

Hard and soft consonants

Almost every Polish consonant has a hard and soft pronunciation. If you have the tape you will have heard the difference on a number of occasions. For example:

bank, park [hard <u>b</u>, <u>p</u>]   **bilet, piwo** [soft <u>bee, pee</u>]

This softening occurs whenever a consonant is followed by **i** [ee]. But note: when **i** itself is followed by another vowel it adds to the consonant a trace of the sound **y** in 'yes', and is no longer pronounced as a separate syllable: **pies** 'dog' is pronounced [pyes] <u>not</u> [pee-es]; similarly **niebo** [nyebo] 'sky', **miasto** [myasto] 'town', **Anglia** [Anglya] 'England'.

The softness of some consonants is indicated by an acute accent: **ć ń ś ź dź** (before vowels written as **ci ni si zi dzi**):

ć (ci)	as in <u>c</u>ello	**pić** to drink	**ciotka** aunt
ń (ni)	as in ca<u>ny</u>on	**koń** horse	**koniec** end
ś (si)	as in <u>s</u>ure	**środa** Wednesday	**siostra** sister
ź (zi)	as in <u>G</u>igi	**źle** bad(ly)	**ziemia** earth
dź (dzi)	as in <u>j</u>eep	**dźwig** crane	**dzisiaj** today

Contrast these soft sounds with the hard pronunciation of the following group of consonants. Remember that the two letters represent one sound:

cz	hard ch as in <u>ch</u>urch	**czas** time	**poczta** post office
sz	hard sh as in <u>sh</u>ekel	**Szkot** Scotsman	**paszport** passport
rz }	hard g in gendarme	**rzeka** river	**morze** sea
ż		**żona** wife	**żaba** frog
dż	as d + ż	**dżem** jam	**dżungla** jungle
dz	as ds in od<u>ds</u>	**dzwon** bell	**bardzo** very

Practice 🔲

Read the following words slowly and clearly. Take care to distinguish between the hard and soft sounds:

cena	sobota	znak	droga	deszcz
być	śnieg	zielony	dzień	gość
czek	szok	żart	dżentelmen	drzwi

Now practise the following. Use this opportunity to remind yourself of the pronunciation of nasal vowels, and also of sounds which exist in English but are represented by different letters:

pociąg	język	policja	Warszawa	chłopiec
piątek	często	stacja	szkoła	herbata
dąb	wstęp	tramwaj	słowo	hokej

Voiced and unvoiced consonants

The distinctly voiced pronunciation of certain consonants often becomes dulled, depending on their position in a word. So, for example, at the end of a word:

b in	klub club	sounds like →	p	[klup]
d	ogród garden		t	[ogrót]
g	róg corner		k	[rók]
w	lew lion		f	[lef]
z	teraz now		s	[teras]
ż (rz)	lekarz doctor		sz	[lekasz]
ź	weź take!		ś	[weś]
dz	wódz leader		c	[wóc]
dź	Łódź [a Polish city]		ć	[Łóć]
dż	brydż bridge (cards)		cz	[brycz]

This same change of pronunciation occurs also within words and between words.

Rule: when a voiced consonant precedes or follows an unvoiced consonant, its pronunciation is dulled. In other words, w (the most common example) sounds like [f] whenever it precedes or follows p t k etc.

Practice 🔲

Practise saying the following words:

wtorek	[ftorek]	Tuesday	trzy	[tszy]	three
wczoraj	[fczoraj]	yesterday	łóżko	[łószko]	bed
wschód	[fschót]	east	wódka	[wótka]	vodka
kwiat	[kfiat]	flower	w sobotę	[f sobote]	on Saturday
świat	[śfiat]	world	z Paryża	[s Paryża]	from Paris

The details above are far less important to you than those else-where in this section, particularly if your only concern is to make yourself understood. But they will help you to understand the pronunciation you will hear used by Poles.

Stress

One part of every Polish word is stressed more than others. In the vast majority of cases this is the second-last syllable, so the girl's name is pronounced 'Mar-ya':

War-sza-wa   **sa-mo-lot**   **pasz-port**   **Mar-ia**

The few exceptions will be identified for you. For example, in some words of Latin or Greek origin the stress usually falls on the third-last syllable:

mu-zy-ka   **A-me-ry-ka**   **u-ni-wer-sy-tet**

Some notes to remember

- If you pronounce Polish words slowly and clearly using the guide-lines in this section you will be understood. When in doubt break the word up into syllables. This will help you to deal with longer words and those with awkward-looking groups of consonants:

  Rzecz – pos – po – li – ta Pol – ska   The Polish Republic

- Take particular care with vowels; it may help if you follow the Italian pronunciation of *Italia* or *Mamma mia*. Watch out also for the difference between Polish and English pronunciation of certain consonants – in Polish **c** [ts] is never pronounced as **k**.
- Although Polish spelling is more predictable than English, three sounds are rendered, unpredictably, in one of two ways:

  | ó | **Bóg** God | ż | **może** perhaps | h | **herbata** tea |
  | u | **Bug** (a Polish river) | rz | **morze** sea | ch | **chleb** bread |

- Certain words are conventionally spelled with small letters. These include the days of the week, the months of the year, adjectives of nationality and those derived from place names. For example: **sobota** 'Saturday', **maj** 'May', **(język) polski** 'Polish (language)'.

Reading 🔳

The following short text and accompanying English translation is taken from the first page of a Polish passport. Read it slowly. Whenever necessary refer to the earlier explanations, then listen to the tape:

Rzeczpospolita Polska

PASZPORT

Władze Rzeczypospolitej Polskiej zwracają się z uprzejmą prośbą do wszystkich, których może to dotyczyć o okazanie posiadaczowi tego paszportu wszelkiej pomocy jaka może okazać się niezbędna w czasie pobytu za granicą.

The Authorities of the Republic of Poland kindly request all those whom it may concern to provide the bearer of this Passport all assistance that may be deemed necessary while abroad.

1 Dzień dobry. Nazywam się . . .

Hello. My name's . . .

In this lesson you will learn about:

- Greetings and simple courtesies
- The present tense of the verb 'to be'
- Formal and familiar forms of address
- Simple questions and answers
- Nouns and their gender

Dialogue 1 🔛

Bardzo mi miło

Very nice to meet you

Neil Howard, an English businessman, arrives in Wrocław to visit a Polish computer company. He is met at the airport by the company's representatives, Stefan Wolski and Ewa Wilk

STEFAN: Przepraszam, czy pan Howard?
NEIL: Słucham?
STEFAN: Pan Neil Howard?
NEIL: Tak, jestem Neil Howard.
STEFAN: Dzień dobry. Nazywam się Stefan Wolski, a to jest pani Ewa Wilk.
NEIL: Bardzo mi miło.

STEFAN: *Excuse me, (are you) Mr Howard?*
NEIL: *Pardon?*
STEFAN: *Mr Neil Howard?*
NEIL: *Yes, I'm Neil Howard.*
STEFAN: *Hello. My name's Stefan Wolski, and this is (Miss) Ewa Wilk.*
NEIL: *Very nice to meet you.*

Dialogue 2 🔛

Cześć!

Hi!

Two friends meet in the street. They're both in a hurry

AGNIESZKA: Cześć, Jacek!
JACEK: Cześć, Agnieszka!
AGNIESZKA: Co słychać?
JACEK: Nic nowego, a co u ciebie?
AGNIESZKA: Wszystko w porządku, dziękuję.
JACEK: No to do zobaczenia.

AGNIESZKA: No to cześć. Do jutra.

AGNIESZKA: *Hi, Jacek!*
JACEK: *Hi, Agnieszka!*
AGNIESZKA: *How are things?*
JACEK: *Nothing new, and how are things with you?*
AGNIESZKA: *Everything's fine, thanks.*
JACEK: *Be seeing you then.*
AGNIESZKA: *'Bye. See you tomorrow.*

Saying 'hello' and 'goodbye'

Dzień dobry	Good morning / afternoon
Dobry wieczór	Good evening
Dobranoc	Good night
Do widzenia	Goodbye

Dzień dobry and **dobry wieczór** can also be used where English uses 'Hello'.

Between friends the exchanges are much more casual, as in the second dialogue:

Cześć!	Hi! / 'Bye!
Co słychać? / co nowego?	How are things? / what's new?
Nic nowego / po staremu	Nothing new / same as before
A co u ciebie?	And how are things with you?
Wszystko w porządku	Everything's fine
Do zobaczenia / do jutra	See you later / see you tomorrow

Yes / no, please, thank you and excuse me

Tak / nie	Yes / no	**Przepraszam**	Excuse me / I'm sorry
Proszę	Please	**Słucham?**	Pardon?
Dziękuję (bardzo)	Thank you (very much)		

When offering someone something, say **proszę** or **proszę bardzo** 'here you are' (same usage as German *Bitte, Bitte schön*); in answer to **dziękuję** or **dziękuję bardzo** (*Danke, Danke schön*), **proszę (bardzo)** means 'You're (very) welcome / Don't mention it'.

Take care! **dziękuję** in response to an offer can also mean 'No thank you' (like French *merci*). Watch out for other signs, such as the tone of voice and gesture.

Exercise 1

Two conversations got jumbled. Use the boxes at the end to list the scraps of conversation in the right order. In each case the first one has been done for you.

a Co słychać?
b Tak, jestem Anna Kowalska.
c Słucham?
d No to do zobaczenia.
e Bardzo mi miło.
f Przepraszam, czy pani Anna Kowalska?
g Nic nowego.
h Cześć Kuba!
i Pani Anna Kowalska?
j Po staremu. A co u ciebie?
k Dzień dobry. Nazywam się Renata Wrocka, a to jest pan Zbigniew Nagórny.
l Cześć Kasia!
m No to cześć.

Conversation 1:

1	2	3	4	5	6
f					

Conversation 2:

1	2	3	4	5	6	7
h						

The verb być 'to be'

Note that Polish verb endings indicate the person much more clearly than is the case in English. The pronouns **ja**, **ty**, and so on, are largely redundant, but see below.

(ja)	jestem	I	am
(ty)	jesteś	you	are
on / ona / ono	jest	he / she / it	is
(my)	jesteśmy	we	are
(wy)	jesteście	you	are
oni / one*	są	they	are

*When 'they' are men or a mixed group of people use **oni**; in all other cases (women, objects, things) use **one**.

- Avoid using pronouns in Polish, except for emphasis or where they are unavoidable, as in:

Cześć, jestem Jacek. A ty?   Hi, I'm Jacek. And you (are)?
Gdzie on / ona jest?   Where is he / she?
Kto to? – To ja / my.   Who's that? – It's me / us.

Addressing people

Polish, like French, German or Spanish, has familiar and formal, polite forms for 'you'. The **ty** (singular) and **wy** (plural) forms are used when addressing family, close friends and children. In all other cases, or if in doubt, address a man as **pan**, a woman as **pani**, men as **panowie**, women as **panie** and a couple or mixed group as **państwo**. Compare the following ways of asking: *Where are you?*

Familiar
Gdzie (ty) jesteś?
    (wy) jesteście?

Formal
Gdzie   pan / pani jest?
        panowie / panie są?
        państwo są?

Note that the polite forms require the *third person* singular / plural of the verb.

- **Pan – pani – państwo** + *proper name* are equivalent to Mr–Mrs / Miss / Ms–Mr and Mrs:

To jest pan / pani Howard.   This is Mr / Mrs Howard.
To są państwo Howard.   This is Mr and Mrs Howard.

- It is customary to use these polite forms with professional titles:

Pan / pani doktor Nowak   Doctor Nowak (man / woman)
Pan / pani profesor Smith   Professor Smith

- Unlike English, Polish also uses a form of address halfway between the familiar and the formal: **pan, pani** + *first name*. This is common among colleagues at work:

Pan Adam / Pani Maria (literally) Mr Adam / Mrs (Miss) Mary

First contacts

Przepraszam, czy pan / pani ...?	Excuse me, are you Mr / Mrs ...?
Jak pan / pani się nazywa? *(formal)*	What is your name?
Jak się nazywasz? *(familiar)*	
Jak masz (pan / pani ma) na imię?	What's your first name?
Czy mogę się przedstawić?	Can I introduce myself?
Nazywam się Stefan Wolski.	My name's Stefan Wolski.
Mam na imię ...	My first name's ...
Jestem Jane. Jane Brown.	I'm Jane. Jane Brown.
Bardzo mi miło pana / panią poznać.	Very nice to meet you. (man / woman)

Very often this is shortened, as in the first dialogue, to: **Bardzo mi miło** or even **Miło mi**.

Breaking the ice

Once people have got to know each other well they will wish to get on first-name terms (change to the **ty** form). You will hear (or may propose) one of the following:

Czy możemy przejść na ty?	Can we be on first-name terms?
Proszę mi mówić Maria.	Please call me Maria.

Simple questions and answers

Co to jest?	*What is this?*
To jest hotel.	*This is a hotel.*
Kto to jest?	*Who is this?*
To jest Stefan.	*This is Stefan.*
Czy to jest bank?	*Is this a bank?*
Tak, to jest bank.	*Yes, this is a bank.*
Czy to jest student?	*Is this a student?*
Nie, to nie jest student.	*No, this is not a student.*

- **Czy**, as used here, does not correspond to a particular word in English. It merely introduces a question requiring a *yes–no* answer. Questions can also be indicated by tone of voice:

Pan Howard?	Mr Howard?
To jest hotel?	Is this a hotel?

- Note that **nie** means both 'no' and 'not'. In this second usage – to negate a statement – it is placed immediately before the verb.
- When stating or identifying *who / what this is* and in corresponding questions, such as *is this . . .?* or *who / what is this?*, the word **to** is used as a pointer, equivalent to *this, that, it* in English.
- In simple questions and answers with **to**, the verb 'to be' is often omitted:*

Co to? – To gazeta.	What's this / that? – It's a newspaper
Kto to? – To Edward.	Who's this? – This is Edward.
Czy to jest Londyn? – Nie, to Warszawa.	Is that London? – No, it's Warsaw.
Gdzie to jest? – To tu / tam.	Where is it? – It's here / there.

Colloquial examples with **to**:

No to do zobaczenia / do jutra.	See you later / tomorrow then.
Co to za budynek?	What building's this?

*These very short 'sentences' with no verb are used constantly, but – these apart – Polish does not as a rule omit the present tense of 'to be'.

Absence of articles

Polish has no definite or indefinite article. **Bank** means 'a bank', 'the bank' or just 'bank'. In context you will always be able to establish which of these to use. Thus:

To nie jest bank. Bank jest tam.
This isn't a bank. The bank is there.

Saying 'and' – 'but'

In some of the earlier examples you will have noticed that the Polish conjunctions **i / a** have both been translated as 'and'.

The first just adds on – *and (also)*; but to make a contrast between one thing and another, Polish uses **a** – meaning *and / but / while (on the other hand)*:

Pan Nowak i pani Nowak. Mr Nowak and Mrs Nowak.
To jest hotel, a to jest bank. This is a hotel and this is a bank.
To Agnieszka, a kto to? That's Agnieszka, but who's that?

The normal word for 'but' is **ale**:

Przepraszam, ale gdzie to jest? Excuse me, but where is that?

Dialogue 3

Here are two short exchanges between a tourist and a passer-by. Work out what they say:

TURYSTA: Przepraszam, co to za budynek?
PRZECHODZIEŃ: To jest teatr Ateneum.
TURYSTA: A gdzie jest opera?
PRZECHODZIEŃ: Opera jest tam.
TURYSTA: Przepraszam, ale gdzie jest hotel Bristol? Czy to daleko *(far)* stąd *(from here)*?
PRZECHODZIEŃ: Nie, to bardzo blisko *(near)*. Tu jest hotel Holiday Inn, a hotel Bristol jest tam.
TURYSTA: Dziękuję.
PRZECHODZIEŃ: Proszę bardzo.

Exercise 2

Complete the following using the correct form of the verb **być**:

1 To _____ Warszawa.
2 To _____ państwo Green.
3 Ja _____ Dorota. A ty?
4 Gdzie (wy) _____?
5 Co to _____? – To _____ bank.
6 Pan Jan _____ tutaj.
7 Państwo Kowalscy _____ w *(in)* Warszawie.
8 To _____ opera, a to _____ teatr.

Exercise 3

Supply the question word – **co? kto? czy? gdzie?**

1 _____ to jest? – To pan Howard.
2 _____ to jest? – To kawa.
3 _____ to jest? – To bardzo blisko.
4 _____ to jest Stefan? – Nie, to Jacek.
5 _____ jest teatr? – Blisko stąd.
6 _____ to jest poczta? – Tak.
7 _____ to jest? – To jest Beata.
8 _____ to jest muzeum? – Nie, to jest hotel.
9 _____ to jest? – To jest gazeta.

Nouns and their gender

Polish nouns divide into three genders: masculine (*m*), feminine (*f*), and neuter (*n*). Males are masculine and females are feminine, but things can have any gender. This is not as difficult as it seems. In most cases you can tell the gender of a Polish noun from its basic (dictionary) form ending. Here are some examples. Use this opportunity also to learn some new words:

Masculine nouns → end in a **consonant**:

ojciec father **hotel** hotel
syn son **dom** house
brat brother **adres** address
mąż husband **pies** dog

Feminine nouns → end in **-a**:

matka mother **poczta** post office
córka daughter **gazeta** newspaper
siostra sister **policja** police
żona wife **kawa** coffee

Neuter nouns → end in **-o -e** and (less commonly) in **-ę -um**:

miasto town **mieszkanie** flat
dziecko child **morze** sea
nazwisko surname **imię** first name
lotnisko airport **muzeum** museum

Exceptions

1 Some nouns ending in a consonant are feminine: e.g. **noc** *night*; **rzecz** *thing*; **miłość** *love*; **śmierć** *death*.
A small number of nouns ending in **-i**, like **pani** *Mrs / Miss / Ms* are also feminine.
2 A few nouns which end in **-a**, but refer to men, are masculine: e.g. **kolega** *friend*; **mężczyzna** *man*; **turysta** *tourist*.

In Polish almost every noun referring to a person has both a masculine and feminine form. Compare:

kolega friend (male)	**koleżanka** friend (female)
turysta tourist	**turystka** tourist
student student	**studentka** student
Polak Pole	**Polka** Pole
Anglik Englishman	**Angielka** Englishwoman

Exceptions are some professional titles where the masculine form prevails, preceded by **pan** or **pani**. So, for example: **pan / pani dyrektor, doktor, profesor, inżynier**.

Exercise 4

What is the meaning (take a guess) and gender of the following nouns? Watch out for the exception: **paszport** – **wideo** – **centrum** – **taksówka** – **hokej** – **dentysta** – **Amerykanka** – **adres** – **komputer**

Exercise 5

This is a revision exercise. Go over the lesson again and make sure you can remember how to say:

1 good morning
2 goodbye
3 thank you
4 good night
5 Hi, how are things?
6 everything's fine
7 here – there
8 near – far

Exercise 6

Continuing the revision, what do you say?

1 if you want to decline what someone is offering you.
2 if you didn't quite hear what someone said.
3 if you accidentally bump into someone in the street.
4 if you want someone to call you by your first name.

2 Czy jest tu gdzieś blisko hotel?

Is there a hotel around here?

In this lesson you will learn about:

- Asking for and giving directions
- How to say 'it'
- Asking 'which one?' – 'what's . . . like?'
- Adjectives, singular
- How to say 'my, your . . .'
- Saying 'this one' – 'that one'
- The case system in Polish

Dialogue 1 ▣▣

Informacja Turystyczna

Tourist Information

Teresa has taken her friend Jane on a day trip to a town famous for its architecture and history. It's low season, there are few other visitors, so they decide to stay the night. Teresa spots a tourist information office and goes in

TERESA:	Przepraszam, czy jest tu gdzieś blisko hotel?
PRACOWNIK:	Hotel Merkury i hotel Polonez są niedaleko.
TERESA:	Który jest dobry?
PRACOWNIK:	Hotel Merkury jest nowy, bardzo wygodny, ale niestety drogi.
TERESA:	A jaki jest hotel Polonez?

PRACOWNIK:	Jest stary, ale też wygodny i bardzo miły.
TERESA:	Czy on też jest drogi?
PRACOWNIK:	Nie, nie bardzo drogi.
TERESA:	Gdzie on jest dokładnie? Proszę mi pokazać na planie.
PRACOWNIK:	Tak, oczywiście . . . pani jest tu . . . to jest ulica Długa. Proszę iść prosto. Tu jest nowe centrum handlowe, tu jest park, a tu naprzeciwko jest hotel Polonez.
TERESA:	Dziękuję.
PRACOWNIK:	Proszę bardzo.

TERESA:	*Excuse me, is there a hotel around* (lit. *somewhere near*) *here?*
EMPLOYEE:	*The Hotel Merkury and the Hotel Polonez are not far.*
TERESA:	*Which one is good?*
EMPLOYEE:	*The (Hotel) Merkury is new, very comfortable, but unfortunately expensive.*
TERESA:	*And what's the (Hotel) Polonez like?*
EMPLOYEE:	*It's old but also comfortable and very pleasant.*
TERESA:	*Is it also expensive?*
EMPLOYEE:	*No, not very expensive.*
TERESA:	*Where is it exactly? Please show me on the map.*
EMPLOYEE:	*Yes, of course . . . you are here . . . this is Długa Street. Please go straight ahead. Here's a new shopping centre, here's a park and here opposite is the Hotel Polonez.*
TERESA:	*Thank you.*
EMPLOYEE:	*You're welcome.*

Asking 'where?' and 'how far?'

You learned **gdzie** 'where' and some simple directions in Lesson 1. Now compare:

Gdzie jest Adam / hotel Merkury?
Where's Adam / the Hotel Merkury?

Czy jest tu gdzieś blisko hotel?
Is there a hotel around here?

How to say 'is there / there is' will be dealt with more fully in a later lesson.

Czy to daleko stąd?	Is it far from here?
Proszę mi pokazać na planie.	Please show me on the (town) map.
To (bardzo) blisko / daleko / niedaleko.	It's (very) near / far / not far.
To tu / tam / naprzeciwko / za rogiem / po lewej, prawej stronie.	It's here / there / opposite / round the corner / on the left, right side.
Proszę iść prosto	Please go straight ahead
Proszę skręcić w lewo / w prawo.	Please turn left / right.

Here are some other places you might be looking for:

Przepraszam, gdzie (tu) jest . . .?

bank bank	**postój taksówek** taxi rank
poczta post office	**przystanek autobusowy** bus stop
dworzec station	**przystanek tramwajowy** tram stop
lotnisko airport	**parking strzeżony** supervised car park
restauracja restaurant	**automat telefoniczny** pay phone
kawiarnia café	**informacja turystyczna** tourist information
teatr theatre	**centrum handlowe** shopping centre
apteka chemist	**ulica . . . .** Street
kościół church	**rynek** market (square)

When 'he' and 'she' are 'it'

Note that the masculine and feminine pronouns **on / ona** will be understood as *he / she* when they refer to persons, but as *it* when they refer to things. In either instance they must agree with the gender of the noun to which they refer. For example:

Hotel *(masc.)* **Polonez – czy on** *(masc.)* **też jest drogi?**
The Hotel Polonez – is it also expensive?

Ulica *(fem.)* **Długa – gdzie ona** *(fem.)* **jest?**
Długa Street – where is it?

The neuter pronoun **ono** always means 'it'.

Adjectives

Polish adjectives, like nouns, have different endings to show gender, but adjectives are far more predictable. They almost all behave like (1) **dobry** 'good' or (2) **drogi** 'dear, expensive' and **tani** 'cheap':

Masc.	**dobry**	**drogi**	**tani**	**hotel** 'hotel'
Fem.	**dobra**	**droga**	**tania**	**książka** 'book'
Neut.	**dobre**	**drogie**	**tanie**	**mieszkanie** 'flat'

The endings of **drog-i -a -ie** always follow the letters *k, g*. Notice that **tani** follows the same pattern but like all adjectives ending in a soft consonant (typically **-ni -ci -pi**) retains the **i** in the feminine form.

Now you can begin to describe people and things:

mały -a -e little, small
duży big, large
stary old
młody young
łatwy easy
trudny difficult
miły *or* **sympatyczny** pleasant, nice

długi -a -ie long
wysoki high, tall
niski low, short (height)
polski Polish
angielski English
francuski French
amerykański American

The list above contains a number of opposites, but you don't always need to know them. Very often a simple way, if memory lets you down, is to use the word you do know with **nie** in front of it. For example: **nieduży** 'not large, small', **niedrogi** 'inexpensive', **niemiły** 'unpleasant'.

Adding colour to your conversation:

biały white   **czarny** black   **czerwony** red   **zielony** green
żółty yellow   **niebieski** blue

Normally, adjectives *precede the noun* when they refer to its size, colour, shape or other quality, but adjectives *follow the noun* when they identify its function or specific nature. Compare the following:

dobry hotel good hotel
duży dom big house
nowa restauracja new restaurant
małe dziecko small child

język polski Polish language
automat telefoniczny pay phone
Dworzec Główny Main Station
Uniwersytet Warszawski Warsaw University

Did you notice?

The adjectives of nationality (**polski, angielski**), like other adjectives, do not have capital letters in Polish. But capital letters are used, as you would expect:

- with names of countries and their peoples: **Polska – Polak / Polka**
- when English would also use them, as in names of places and institutions: **Telewizja Polska – Uniwersytet Warszawski – Stare Miasto**. But, except at the beginning of a sentence or on a sign: **ulica Długa, hotel Merkury**.

Exercise 1

Missing partners. The following eight (a) nouns and (b) adjectives have become separated from each other. Can you reunite them? Remember about the position of adjectives and, in one instance, the need for capital letters:

(a) dziecko	studentka	(b) długa	czerwone
woda	morze	kredytowa	satelitarna
dom	telewizja	duży	małe
karta	rzeka	inteligentna	mineralna

Exercise 2

Complete the following using the correct form of the most appropriate adjective. Note: there is one adjective too many!

trudny	drogi	zielony
niski	słaby	
miły	mały	

1 Pan Kowalski jest wysoki, ale pani Kowalska jest _____ .
2 Ta restauracja jest duża, ale bar jest _____ .
3 Język polski jest łatwy, a matematyka jest _____ .
4 Jabłko (*apple*) jest czerwone, a gruszka (*pear*) jest _____ .
5 Mieszkanie jest tanie, a dom jest _____ .
6 Herbata jest mocna (*strong*), a kawa jest _____ .

More questions

The opening dialogue contains two new question words. Both are (interrogative) adjectives and agree with the gender of the noun to which they refer:

który, która, które?   which (one)?
jaki, jaka, jakie?   what kind of, what ... like?

Który *(masc.)* **hotel jest dobry?**
Which hotel is (a) good (one)?

Które *(neut.)* **miejsce jest wolne?**
Which seat (*lit.* place) is free?

Jaki *(masc.)* **jest hotel Polonez?**
What is the Hotel Polonez like?

Jaka *(fem.)* **jest pogoda?**
What's the weather like?

Jaki to (jest) ...? is used to ask the same question as the rather more colloquial (Lesson 1) **co to za ...?**

Jaka to (jest) ulica?   What street is this?
Jakie to (jest) miasto?   What town is this?

Notice that **jaki -a -ie** is at the beginning, while the noun to which it refers is at the end.

Dialogue 2

Wizyta

A visit

Peter Clark has been invited by his Polish colleague Roman Borowski to meet his family

PETER: Dobry wieczór.
ROMAN: Cześć, Peter. Proszę (wejść).
PETER: Dziękuję.
ROMAN: Anna, to mój angielski kolega Peter.

ANNA: Dobry wieczór ... Anna Borowska.
PETER: Bardzo mi miło panią poznać.
ANNA: Proszę mi mówić Anna.
ROMAN: Peter, to jest nasz syn Wojtek, a to nasza córka Dorota.
PETER: Jaka miła rodzina! ... I jakie piękne mieszkanie!

PETER: *Good evening.*
ROMAN: *Hi, Peter. Please come in.*
PETER: *Thank you.*
ROMAN: *Anna, this is my English colleague Peter.*
ANNA: *Good evening ... Anna Borowska.*
PETER: *Nice to meet you (formal).*
ANNA: *Please call me Anna.*
ROMAN: *Peter, this is our son Wojtek and this is our daughter Dorota.*
PETER: *What a charming (nice) family! ... And what a beautiful flat!*

Dialogue 3 ▥

Jaka jest twoja rodzina?

What's your family like?

Now that they all know each other Peter is asked about his family

ANNA: Jaka jest twoja rodzina?
PETER: Proszę ... (*he takes out a photograph*). To jest moja żona Janet. Obok jest mój brat i moja siostra. Ten mały chłopiec to jej syn, a ta młoda pani to moja córka Anne.
ANNA: A ten pan?
PETER: To mój kuzyn Charles, a to jego żona Clare.
ANNA: A gdzie jest teraz Janet? Czy jesteście tu razem?
PETER: Nie, niestety.
ANNA: Jaka szkoda!

ANNA: *What's your family like?*
PETER: *Here you are ... This is my wife Janet. Next (to her) is my brother and my sister. This small boy is her son and this young lady is my daughter Anne.*
ANNA: *And this gentleman?*
PETER: *That's my cousin Charles and that's his wife Clare.*
ANNA: *And where is Janet now? Are you here together?*
PETER: *No, unfortunately.*
ANNA: *What a pity!*

Did you notice?

In the dialogue above, did you notice that:

- Roman Borowski's wife introduces herself as Anna Borow**ska**? This is typical of Polish surnames ending in **-ski**, **-cki** and **-dzki**; they have both a masculine and feminine form, and are adjectival.
- **jaki -a -ie** is also used in exclamations to mean 'what a ...!':

  Jaka miła rodzina!   What a charming family!
  Jaka szkoda!   What a pity!

- **pan / pani** (the formal forms for 'you' and, followed by a proper name, the equivalents of Mr / Mrs, Miss, Ms) appear as polite forms for 'gentleman, lady':

  Ta młoda pani to moja córka Anne.   **A ten pan?**
  That young lady is my daughter Anne.   And this gentleman?

Possessives

Mój 'my, mine' – **twój** 'your(s)' (*familiar sing.*) and **nasz** 'our(s)' – **wasz** 'your(s)' (*familiar pl.*) change according to the gender of the noun to which they refer:

Masc.	mój	twój	brat	nasz	wasz	syn
Fem.	moja	twoja	siostra	nasza	wasza	córka
Neut.	moje	twoje	mieszkanie	nasze	wasze	miasto

Jego 'his' – **jej** 'her(s)' and **ich** 'their(s)' do not change with the gender of the noun. So they can be used in all the above examples:

jego   jej   ich   brat, córka, siostra, mieszkanie ...

When there is no risk of ambiguity the possessives 'my', 'your' and so on, may be omitted. This is particularly true of family relationships. For example:

To jest moja żona Anna, a to (nasz) syn Wojtek i (nasza) córka Dorota.
This is my wife Anna and this is our son Wojtek and our daughter Dorota.

- The formal equivalents of 'your(s)' are: **pana** (of a man), **pani** (of a woman) and **państwa** in the plural. These forms do not change:

Pana imię / nazwisko?	Your (first) name / surname?
Czy to pani paszport?	Is this your passport?
Jakie jest państwa mieszkanie?	What is your flat like?

- A possessive answers the question 'whose?'– **czyj, czyja, czyje?** This is another adjective. So:

Czyj (*masc.*) **to jest paszport?**	Whose passport is this?
Czyje (*neut.*) **to dziecko?**	Whose child is this?

Exercise 3

Using the correct gender of **jaki? który? czyj?** provide questions to the following answers:

1 _____ jest hotel Grand? – Jest stary, ale wygodny.
2 _____ to kawa? – Moja.
3 _____ to lekcja? – To jest lekcja druga.
4 _____ jest Ewa? – Ewa jest bardzo miła.
5 _____ miejsce jest wolne? – Tamto (*that one over there*).

Exercise 4

Can you make sense of these jumbled sentences?

1 blisko jest restauracja tu gdzie dobra?
2 twoje mieszkanie jakie nowe jest?
3 hotel przepraszam dobry niedrogi który ale jest?
4 jest kolega bardzo angielski nasz sympatyczny.

Pointing out people and things

You already know **to** used as a general (impersonal) pointer in sentences like 'this / that is ... (someone / something)':

To jest dobry hotel. This is a good hotel.
To mój angielski kolega Peter. This is my English colleague Peter.

If you want to say '<u>this / that hotel</u> is good' you need the appropriate demonstrative adjective:

ten (*masc.*) – **ta** (*fem.*) – **to** (*neut.*)

Ten hotel jest dobry. This / that hotel is good.
Ta lekcja nie jest trudna. This / that lesson isn't difficult.
To miejsce jest wolne. This / that seat is free.

To make a contrast between 'this / that one here', as above, and 'that one over there' use **tamten–tamta–tamto**:

Ten hotel jest nowy, a tamten jest stary.
This hotel (here) is new and that one (over there) is old.

Exercise 5

Say in Polish:

1 This is my town / my street / my house.
2 What's her brother / his sister like?
3 Is this your (*sing. formal*) daughter?
4 Where is that new café?

Exercise 6

You (A) are looking for the Main Post Office – **Poczta Główna** – on Prosta Street but have lost your bearings and ask a passer-by (B) for directions. Compose a dialogue using the prompts given:

A First you want to know (politely) what street you're on, and is it Prosta Street?
B No, this is Grodzka Street.
A And where is Prosta Street? – you ask – and is it far from here?
B As it turns out, no, it's very close. You are told to go straight and turn right. On the left there's a park. The Main Post Office is opposite.
A You're very grateful.

Exercise 7

Can you remember how to say these?

1 Please show me on the (town) map.
2 Where is there a taxi rank / bus stop around here?
3 Where is the Main Station?
4 What a pity!

Cases in Polish

Polish words change (principally their endings) according to their function in a sentence. Each ending represents a different case, and each case has a number of different functions. So far you have met a variety of nouns, adjectives and pronouns in their basic (dictionary) form – known as the nominative case. This is the form we use for the subject of the sentence; it is also used in simple constructions with **to (jest)** ... and in introductions: **jestem** + name.

However, you have already used a number of common greetings and set expressions where words have appeared with other case-endings. In **bardzo mi miło pana / panią poznać**, for example, **mi** is the dative – indirect object – form of **ja** while **pana / panią** are the accusative – direct object – forms of **pan / pani**.

Don't worry about this. Concentrate on learning the phrases. You will understand their structure better with each lesson.

3 Jak spędzam wolny czas

How I spend my free time

In this lesson you will learn about:

- Talking about leisure interests
- Verbs with present tense endings **-am, -asz**
- The verb 'to have'
- The accusative case
- Ordering a drink or a snack

Dialogue 1 ▣

Ankieta

A survey

A magazine carried out a survey on how people spend their free time. Here's what three of them said

MONIKA: Kiedy mam czas, czytam albo oglądam telewizję. Kocham telewizję satelitarną. Obecnie oglądam bardzo popularny serial amerykański „Czy pamiętasz ten dzień, kiedy ...?". Jest fascynujący i bardzo zabawny. Zawsze niecierpliwie czekam na następny odcinek.

ROBERT: Odwiedzam mojego przyjaciela Edwarda. Spotykamy się często. Ma bardzo ładne mieszkanie i mieszka niedaleko. Gramy w karty, w szachy. Czasem oglądamy film wideo, albo po prostu rozmawiamy.

BEATA: Mam samochód. Kiedy jest ładna pogoda, wyjeżdżam

na weekend za miasto i odpoczywam. Kocham świeże powietrze. Opalam się, pływam ... i gram w tenisa. To moja ulubiona rozrywka.

MONIKA: *When I've got (free) time I read or watch television. I love satellite television. At the moment I'm watching the very popular American serial 'Do You Remember the Day When ...?'. It's fascinating and very entertaining. I'm always waiting eagerly for the next part.*

ROBERT : *I visit my (close) friend Edward. We often meet. He has got a very nice flat and lives not far away. We play cards, chess. Sometimes we watch a video film or just talk.*

BEATA: *I have a car. When the weather's nice I go out of town for the weekend and rest (or relax). I love the fresh air. I sunbathe, swim ... and I play tennis. That's my favourite pastime.*

Present tense of verbs: -am, -asz

Polish verbs belong to different classes or conjugations. Note the endings here; they will be the same for most verbs whose infinitive form ends in **-ać**. Note also that the present tense in Polish translates both what 'I do' and what 'I am doing':

czytać 'to read'

(ja)	**czytam**	I read, am reading
(ty)	**czytasz**	you read, are reading
on / ona	**czyta**	he / she reads, is reading
(my)	**czytamy**	we read, are reading
(wy)	**czytacie**	you read, are reading
oni / one	**czytają**	they read, are reading

Remember!

- avoid using personal pronouns, except for emphasis or to avoid ambiguity
- **oni** 'they' refers to men or mixed company; **one** to women, objects, things
- to negate a statement, place **nie** immediately before the verb

Other regular **-ać** verbs:

czekać to wait	**przepraszać** to apologise
kochać to love	**rozmawiać** to talk, converse
mieszkać to live, reside	**nazywać się** to be called
odpoczywać to rest	**spotykać się** to meet one another
odwiedzać to visit (people)	**pytać się** to ask, inquire
oglądać to watch, look at	**znać się** to know one another
pamiętać to remember	**opalać się** to sunbathe
pływać to swim	

- Reflexive verbs are conjugated like ordinary verbs. The reflexive pronoun **się** is the same for all persons; note, however, that it never begins a sentence / question and rarely appears at the end of it:

Jak ona się nazywa?   What's her name? (*lit.* How does she call herself?)

Take care! Many verbs (like opalać się 'to sunbathe') are reflexive in Polish, but not in English. Others are used both reflexively and non-reflexively. For example:

Znam Edwarda.   I know Edward.
Znamy się bardzo dobrze.   We know each other very well.

Exercise 1

Say in Polish:

1 When are you (*casual pl.*) meeting?
2 We're watching a film.
3 Do you (*formal, man and woman*) know each other?
4 Where do they live?
5 I'm sorry. I don't remember.

Mieć 'to have'

Despite its infinitive form, the endings of **mieć**, which expresses English 'have' and 'have got', are the same as for regular **-ać** verbs:

(ja)	**mam**	**nowy paszport.**	I've got a new passport.
(ty)	**masz**	**ładne mieszkanie.**	You have a nice flat.
on	**ma**	**młodszego brata.**	He has a younger brother.

ona	**ma**	**dobrą książkę.**	She has a good book.
(my)	**mamy**	**ładną pogodę.**	We've got nice weather.
(wy)	**macie**	**duży dom.**	You have a big house.
oni	**mają**	**nowego sąsiada.**	They have a new neighbour.
one	**mają**	**wolny czas.**	They have free time.

As you will have noticed, the examples above, and the dialogue, contain not only new words but also new case-endings.

The accusative case (1)

The accusative is the case of the direct object: in other words, if you 'read a book', 'have a flat', 'watch television', then *book, flat, television,* and any accompanying adjectives, are in the accusative case. Some nouns and adjectives change their endings in the accusative. Others do not.

Masculine nouns / adjectives denoting things in the accusative do not change from their nominative form. Nor do neuter nouns / adjectives:

**mój – twój – nasz – wasz
dom
ten – nowy – mały – drogi
hotel**

**moje – twoje – nasze – wasze
miasto
to – nowe – małe – drogie
mieszkanie**

Masculine animate nouns (people, animals) in the accusative add **-a**; their adjectives change to **-ego**:

Mam dobrego przyjaciela.	I have got a good friend.
Pamiętasz mojego brata?	Do you remember my brother?
Mamy nowego dyrektora.	We've got a new director.

Feminine nouns in the accusative change **-a** to **-ę**; adjectives **-a** to **-ą**:

Czytam dobrą książkę.	I'm reading a good book.
Mamy ładną pogodę.	We've got good weather.
Kocham telewizję satelitarną.	I love satellite television.

The feminine demonstrative adjective **ta** 'this, that', and **pani** are exceptions to the rule:

Czy pamiętasz *tę panią*?

Note:

1 Masculine nouns like **kolega, turysta, dentysta** behave (in the accusative singular) like feminine nouns, but any accompanying adjective must be masculine:

Mam dobrego dentystę.   I've got a good dentist.

2 Masculine animate nouns ending in **-ies, -iec** or **-ek** are a little quirky. Whenever a case ending, in this instance the accusative, is added to them, the **-e / -ie** vanishes. So: **Marek→Marka, pies** 'dog' →**psa, chłopiec** 'boy' →**chłopca, ojciec** 'father' →**ojca**

3 The accusative of **mąż** 'husband' is **męża**.

Exercise 2

Compose sentences using the correct form of the words in square brackets:

1 Agnieszka [czytać] [polska gazeta].
2 Czy (ty) [znać] [ten pan i ta pani]?
3 Na weekend (my) [wyjeżdżać] za miasto i [odpoczywać].
4 Czy (wy) [pamiętać] [mój brat i moja siostra]?
5 Oni [mieć] bardzo [miły sąsiad].

Exercise 3

Answer in Polish these questions on Dialogue 1:

1 Why is Monika always waiting expectantly for the next part of the serial? Quote the reason she gives.
2 Say what Edward and Robert do when they're not playing cards, chess or watching a video.
3 What does Beata say she does to relax when she goes away for the weekend?
4 For what two different things do Monika and Beata express particular enthusiasm? Begin with: Monika _____ / Beata _____.

Dialogue 2 ▣

Kawiarnia

In the café

Bogdan is waiting in a café for his friends Iwona and Robert

IWONA: Cześć, Bogdan! Jak się masz?
BOGDAN: Świetnie. Cieszę się, że jesteście.
ROBERT: Przepraszamy za spóźnienie.
BOGDAN: Nic nie szkodzi. Proszę, siadajcie. Na co macie ochotę?
IWONA: Ja (mam ochotę) na herbatę i ciastko.
BOGDAN: Jakie ciastko? Mają ... (*czyta kartę*) tort czekoladowy, szarlotkę, kremówkę ...
IWONA: Proszę szarlotkę.
BOGDAN: A ty Robert? Masz ochotę na piwo?
ROBERT: Nie, dziękuję. Proszę kawę.
BOGDAN: Małą, dużą?
ROBERT: Dużą czarną i wodę mineralną.
KELNERKA: Dzień dobry. Co dla państwa?
BOGDAN: Proszę szarlotkę, herbatę, wodę mineralną i dwa razy kawę.
KELNERKA: To wszystko?
BOGDAN: Tak, dziękuję.

IWONA: *Hi Bogdan! How are you?*
BOGDAN: *Great. I'm glad (that) you're here.*
ROBERT: *We're sorry we're late.*
BOGDAN: *It doesn't matter. Please sit down. What would you like?*
IWONA: *I'd like some tea and a cake.*
BOGDAN: *What kind of cake? They've got ...* (he reads the menu) *chocolate cake, apple tart, cream cake ...*
IWONA: *The apple tart please.*
BOGDAN: *And (how about) you, Robert? Would you like a beer?*
ROBERT: *No thanks. A coffee please.*
BOGDAN: *Small one, large one?*
ROBERT: *Large, black and a mineral water.*
WAITRESS: *Hello. What can I get you? (lit. What for you?)*
BOGDAN: *An apple tart please, tea, mineral water and two coffees.*

WAITRESS: *Is that everything?*
BOGDAN: *Yes, thank you.*

Did you notice?

- Even when they stand alone, adjectives must still agree in gender and case with the noun to which they refer:
  Proszę kawę: says Robert. Bogdan asks: **Małą, dużą?**
- Another way to greet your friends is: **Cześć! Jak się masz?** 'Hi! How are you (keeping)?' Possible responses include:

  dziękuję, dobrze 'fine, thanks', **świetnie / doskonale** 'great', **tak sobie** 'so so', **fatalnie** 'terrible'.

Asking for food and drink

Some useful words and phrases:

  Przepraszam, czy ten stolik jest wolny?
  Excuse me, is this table free?

Na co masz / macie ochotę? *(casual sing. / pl.)*
Na co pan / pani ma ochotę? *(formal man / woman)*
What would you like?

Proszę herbatę i dwa / trzy razy kawę.
Tea and two / three coffees please (*lit.* two / three times coffee).

Proszę rachunek.
The bill please.

A polite way of attracting someone's attention, in this case that of the waiter or waitress:

Proszę pana / pani! or **Przepraszam!**

Things you might order in a café-bar using **proszę** + *acc.* (as below):

kawę / herbatę tea / coffee
wodę mineralną mineral water
wodę sodową soda water
sok pomarańczowy orange juice
sok grejpfrutowy grapefruit juice
sok pomidorowy tomato juice
Pepsi- / Coca-colę Pepsi- / Coca-cola
piwo beer
wino czerwone red wine
wino białe white wine
ciastko cake
sernik cheese cake
kremówkę cream cake
tort czekoladowy chocolate cake
szarlotkę apple tart
lody *(pl.)* ice cream

Remember!

An adjective follows the noun when it identifies its function (**centrum handlowe** 'shopping centre') or describes what specific type, what kind of thing it is. There are numerous examples in this lesson. For example: **telewizja satelitarna**, **film wideo**. Look again at the dialogues and the list above.

The accusative case (2)

Words change their case endings depending on their function (e.g. subject – object) in a sentence, but the use of a particular case can be determined also by other factors. In this lesson there have been a number of common (prepositional) verbs, such as 'to wait *for*', which require the accusative case. Such verbs and the preposition / case which follows them should always be learned as a whole. For example:

czekać na ... to wait for	**mieć ochotę na ...** to feel like (fancy) having / doing something
mieć czas na ... to have time for	**przepraszać za ...** to apologize for

Czekam na autobus / Roberta / kolegę / Beatę.
I'm waiting for a bus / Robert / my friend / Beata.

Robert, masz ochotę na piwo?
Robert, do you fancy a beer?

Czy pan (pani) ma czas na kawę?
Have you time for a coffee?

Przepraszamy za spóźnienie / za kłopot.
We're sorry for being late / for the bother.

Playing games and sports

To say what game or sport you play use **grać w** + *accusative*. Note however that in this construction the masculine nouns, exceptionally, take the ending **-a** (the same as for masculine nouns denoting people). In the first dialogue, for example, Beata says:

Opalam się, pływam i gram w tenisa.
I sunbathe, swim and play tennis.

Here are names of some other games / sports, and how to say you play them:

grać w →

golfa golf	**piłkę nożną** football
hokeja hockey	**koszykówkę** basketball
krykieta cricket	**siatkówkę** volleyball
badmintona badminton	**karty** *(pl.)* cards
brydża bridge	**szachy** *(pl.)* chess

But note **grać w** + **futbol amerykański / baseball / rugby / squash**, where the ending is unchanged in the accusative.

Exercise 4

Match the phrases in the column on the left with those on the right:

1 Wojtek i Agnieszka	A Masz czas na kawę?
2 Przepraszam za kłopot.	B a brat kocha futbol amerykański.
3 Kiedy jest ładna pogoda	C czekają na autobus.
4 Cześć Adam!	D Nic nie szkodzi.
5 Ja gram w piłkę nożną,	E wyjeżdżamy za miasto.

Exercise 5

What do you say?

1 if you want to know, in a café / restaurant, if this table is free.
2 to ask for a menu.
3 to ask someone you don't know very well what they would like to have (eat / drink).
4 if you are late (e.g. for an appointment).
5 to ask a friend if his sister plays basketball.

4 Życzymy miłego pobytu

We wish you a pleasant stay

In this lesson you will learn about:

- Some new polite requests
- The genitive case and its uses
- Expressions of quantity
- Verbs with present tense endings **-ę, -isz / -ysz**
- Saying 'there is/there isn't'

Dialogue 1 ▣

Hotel. Recepcja

Hotel reception

Neil Howard, whom we met in Lesson 1, is taken by Stefan Wolski to his hotel

RECEPCJONISTKA:	Dzień dobry. Czym mogę służyć?
STEFAN:	Jestem z firmy Poltech. Mamy tu zarezerwowany pokój dla pana Howarda z Londynu.
RECEPCJONISTKA:	Chwileczkę (*sprawdza listę*). Tak. Pan Neil Howard. Pokój jednoosobowy. Proszę o pański paszport.
NEIL:	Proszę bardzo.
RECEPCJONISTKA:	Proszę to jest pański klucz. Pokój numer dziesięć (10). Pierwsze piętro. ... Życzymy miłego pobytu.

NEIL:	Dziękuję. (*do Stefana*) Wszystko w porządku. Jaki jest nasz program na dzisiaj?
STEFAN:	Dzisiaj pan ma dzień wolny. Proszę odpoczywać. Jest tu dobra restauracja, kawiarnia i cocktail bar. A jeśli pan ma ochotę na spacer, to niedaleko jest stąd do Starego Miasta.
NEIL:	Świetnie. A pan? Ma pan teraz czas na kawę?
STEFAN:	Niestety, nie. Śpieszę się do biura. Mam dużo pracy. Kończymy projekt naszego nowego centrum komputerowego.
NEIL:	Więc kiedy się spotykamy? Jutro?
STEFAN:	Spotykamy się dzisiaj wieczorem. Zapraszam pana na kolację.
RECEPTIONIST:	*Good morning. Can I help you?*
STEFAN:	*I'm from the firm Poltech. We have a room booked (reserved) here for Mr Howard from London.*
RECEPTIONIST:	*One moment* (checks her list). *Yes. Mr Neil Howard. A single room. May I have your passport, please?*

NEIL:	*Here you are.*
RECEPTIONIST:	*Here is your key. Room number 10, first floor ... We wish you a pleasant stay.*
NEIL:	*Thank you.* (to Stefan) *Everything's fine. What is our programme for today?*
STEFAN:	*Today you have (a) free (day). Please rest. There's a good restaurant, café and cocktail bar here. And, if you fancy a walk, then it's not far from here to the Old Town.*
NEIL:	*Excellent. And (what about) you? Have you time now for a coffee?*
STEFAN:	*Unfortunately not. I'm hurrying to the office. I have a lot of work. We're finishing the design of our new computer centre.*
NEIL:	*So when are we meeting? Tomorrow?*
STEFAN:	*We're meeting this evening. I'm inviting you to dinner.*

Words and phrases: old and new

czym mogę służyć? can I help you?
chwileczkę just a moment
wszystko w porządku everything's fine
życzymy miłego pobytu we wish you a pleasant stay
świetnie! excellent, great!
niestety unfortunately
dzisiaj today **jutro** tomorrow
rano in the morning **wieczorem** in the evening
kiedy? when? **jaki?** what (like)?
więc so; then
pański -a -ie your (of a man) – *formal, official use*

More about 'please'

Proszę 'please' has appeared in a variety of exchanges when people have asked for something or offered something, and in response to **dziękuję** 'thank you'. The words *in italics* show some ways English might translate **proszę**:

Proszę kawę / herbatę.	Coffee / tea, *please.*
Proszę to jest pański (pani) klucz.	*Here is* your key.

Dziękuję. – Proszę bardzo.   Thank you. – *You're very welcome.*

The dialogue provides you with two other ways of making a polite request:

Proszę o pański (pani)   May I have your passport
paszport.   please?
Proszę odpoczywać.   Please rest (relax).

- **Proszę o ...** + *acc.* translates English 'may I have, can I have, could I have ... *(the thing requested)*?'
- **Proszę** + *infinitive* is the all-purpose polite way to ask someone to do something.

The genitive case

The genitive case – like the nominative and accusative – is frequently used, and therefore an important case in Polish. Here are the genitive endings of nouns and adjectives together with their nominative and accusative forms – first, masculine and neuter genders:

	Masculine					*Neuter*	
Nom.	**mój**	**brat**	**kot**	**ten**	**teatr**	**stare**	**miasto**
Acc.	**moj*ego***	**brat*a***	**kot*a***	**ten**	**teatr**	**stare**	**miasto**
Gen.	**moj*ego***	**brat*a***	**kot*a***	**t*ego***	**teatr*u***	**star*ego***	**miast*a***

- masculine animate nouns (people – **brat** 'brother' / animals – **kot** 'cat') in the genitive have the same **-a** ending as in the accusative; neuter nouns also take this ending.
- masculine inanimate nouns (things – **teatr** 'theatre') take the ending **-u** in the genitive.
- the genitive ending for all masculine and neuter adjectives is **-ego**.

Notes and exceptions

1 Neuter nouns in **-um**, like **muzeum**, do not decline (change their ending for each case) in the singular; those ending in **-ę** (very few) are somewhat quirky. For example: **imię** – *gen.* **imienia**.
2 Many masculine nouns that denote things take the ending **-a**. As a general guideline, these include: weights and measures

(**kilometr-a**), tools and equipment (**komputer-a**), most Polish towns (**Gdańsk-a, Kraków – Krakowa**).

There is no simple rule. To help you, the genitive singular (as well as the nominative) of these nouns will usually be included in the vocabulary lists.

	Feminine		
Nom.	**moja siostra**	**ta matka**	**nowa lekcja**
Acc.	**moją siostrę**	**tę matkę**	**nową lekcję**
Gen.	**mojej siostry**	**tej matki**	**nowej lekcji**

In the genitive of feminine nouns the ending **-i** occurs after **k, g**, as in **matka – matki**, or after a soft consonant, as in **lekcja – lekcji, kawiarnia – kawiarni, miłość – miłości, pani – pani**.

All other feminine nouns take the ending **-y** in the genitive.
The genitive ending for feminine adjectives is **-ej**. (Remember that in the accusative **tę** is an exception.)

Uses of the genitive

The chief meaning of the genitive is possession: **dom mojej siostry** 'my sister's house', **brat Stefana** 'Stefan's brother'. (Notice that in Polish the object possessed comes first.) But you will also need the genitive in several other constructions. Here are four:

1 The of-genitive – where in English a noun is preceded by of:

data / miejsce urodzenia	**słownik języka polskiego**
date / place of birth	dictionary of the Polish language

2 Very importantly, after a negated verb the genitive replaces the direct object or accusative case:

Mam brata / siostrę.	**Nie mam brata / siostry.**
I have a brother / sister.	I have no brother / sister.

Lubisz teatr / kino?	**Nie, nie lubię teatru / kina.**
Do you like the theatre / cinema?	No, I don't like the theatre / cinema.

But note that when the case of the noun is determined by a preposition that case remains the same even after a negative. So:

Czekamy / nie czekamy na *(prep. + acc.)* **autobus.**
We're waiting / not waiting for a bus.

Czy ma pan czas ⌐ (*acc.*)
Have you time

na (*prep. + acc.*) **kawę?**
for a coffee?

Niestety, nie mam czas*u* ⌐ (*gen.*)
Unfortunately I have no time

na (*prep. + acc.*) **kawę.**
for a coffee.

3 Prepositions in Polish take various cases. Many require the genitive. Of these, the most common ones are:

bez without
dla for
do to
od from
z from (out of a place)

blisko near
obok next to
naprzeciwko opposite
koło by (in vicinity of)
u at (the house of)

Pokój bez łazienki.
A room without a bathroom.

Mieszkam blisko / koło parku.
I live near / by the park.

Pokój dla pana Howarda z Londynu.
A room for Mr Howard from London.

Parking jest obok hotelu.
The car park is next to the hotel.

Spotykamy się od czasu do czasu.
We meet from time to time.

Dzisiaj spotykamy się u Barbary.
Today we're meeting at Barbara's.

Note that **od / do** translates 'from / to *a point or person*': **od czasu do czasu** 'from time to time', **Stefan śpieszy się do biura** 'Stefan is hurrying to the office'.

4 Some verbs require the genitive. Take care to learn them. As you will see from the following examples, this is not the case you could or would have predicted as a learner:

szukać look for
Adam szuka mieszkania / hotelu.
Adam is looking for a flat / a hotel.

słuchać listen to
Lubię słuchać radia / muzyki.
I like listening to the radio / music.

życzyć wish
Życzymy szczęścia / miłego pobytu.
We wish you luck / a pleasant stay.

uczyć się learn
Uczę się (języka) polskiego / historii.
I'm learning Polish / history.

You will find other uses of the genitive in this lesson, and in later lessons.

Did you notice?

• the double **-ii** genitive ending of **historii**. This will apply to most feminine nouns which end in **-ia** and are of foreign origin: **biologia – biologii, Anglia – Anglii, Maria – Marii.**

Compare also: **Francja – Francji, restauracja – restauracji.**

Exercise 1

Complete the following using positive and negative verbs, and the correct accusative and genitive form of the words in brackets:

1 Mam / nie mam . . .   [kuzyn – duże mieszkanie – ochota na spacer]
2 Lubisz / nie lubisz . . .?   [opera – sport – ta kawiarnia]?
3 Pamiętam / nie pamiętam . . . [twoja siostra – ten pan – jej adres]
4 Oglądamy / nie oglądamy . . . [telewizja – ten nowy serial]

Talking about quantities: more genitives

Talking about quantities always requires the genitive:

Mam mało / bardzo mało / za mało czasu.
I've got little / very little / too little (of) time.

Masz dużo / bardzo dużo / za dużo pracy?
Have you a lot of / very much / too much work?

Similarly, when you want to specify a quantity of something by weight or volume:

Proszę   **kilo cukru** a kilogram of sugar
                    pół kilo sera half a kilogram of cheese
                    litr mleka a litre of milk
                    butelkę wina a bottle of wine
                    paczkę herbaty a packet of tea

Present tense of verbs: -ę, -isz / -ysz

This lesson contains a number of verbs which introduce us to a new conjugation (pattern of verb forms). Here is the pattern for verbs of more than one syllable whose infinitives end in -ić or -yć:

płacić 'pay'	robić 'do'	kończyć 'finish, end'
płac-ę	rob-ię	kończ-ę
płac-isz	rob-isz	kończ-ysz
płac-i	rob-i	kończ-y
płac-imy	rob-imy	kończ-ymy
płac-icie	rob-icie	kończ-ycie
płac-ą	rob-ią	kończ-ą

Notice that only **robić** retains the theme vowel (in this case -i-) throughout. This is a characteristic of verbs ending in **-bić -fić -mić -nić -pić -wić**. Now here are some more verbs:

lubić like	cieszyć się be glad
mówić speak, say	śpieszyć się (be in a) hurry
prosić* ask, request	uczyć się learn
palić smoke	uczyć teach
dzwonić do ring, call (to) someone	życzyć wish

*prosić has a change of consonant in its 1st sing. and 3rd pl. forms: **(ja) proszę ... (oni, one) proszą**. A change of consonant occurs in some other -ić verbs, and this will be indicated in the word lists.

Take care! Remember **dzwonić + do**:

Dzwonię do domu / do biura / do kolegi.
I'm ringing home / the office / my friend.

Exercise 2

You've been shopping. Your original list of items is on the left, now say what quantity you have bought of each:

1 ser*	kawałek 'piece' _____
2 dżem	słoik 'jar' _____
3 chleb*	bochenek 'loaf' _____
4 woda mineralna	butelkę _____
7 czekolada	tabliczkę 'bar' _____

*Ser and chleb are two more masculine nouns whose genitive forms are exceptions to the rule.

Exercise 3

Compose sentences using the correct form of the words in square brackets:

1 Czy pan [palić]?
2 (Ja) [szukać] [tani hotel] i [dobra restauracja].
3 (My) [życzyć] [zdrowie *'health'*] i [sukces].
4 Bardzo (ja) [cieszyć się], że tu jesteś.

Dialogue 2 🔲

Hotel. Kiosk.

Hotel kiosk

NEIL:	Czy jest Times?
PAN W KIOSKU:	Niestety, nie ma. Jest Newsweek i Wall Street Journal.
NEIL:	To proszę Newsweek.
PAN W KIOSKU:	Coś jeszcze?
NEIL:	Proszę tę kolorową widokówkę i znaczek do Anglii . . . Aha! Czy jest (ma pan) plan Warszawy?
PAN W KIOSKU:	Tak. Proszę.
NEIL:	Dziękuję. To wszystko. Ile płacę?

NEIL:	*Is there (do you have) the Times?*
MAN IN KIOSK:	*Unfortunately, there isn't (I don't). There's Newsweek and the Wall Street Journal.*
NEIL:	*Then Newsweek please.*
MAN IN KIOSK:	*Anything else?*
NEIL:	*That colour postcard and a stamp to England . . . Aha! Is there (do you have) a map of Warsaw?*
MAN IN KIOSK:	*Yes. Here you are.*
NEIL:	*Thank you. That's all. How much is that? (lit. How much do I pay?)*

Saying *jest* 'there is' – *nie ma* 'there isn't'

You first met this use of **jest** in Lesson 2. There are other examples in this lesson. **Jest** is the word to use when asking about – or referring to – the presence (existence) or availability of something.

The opposite, **nie ma** 'there isn't', illustrates a quite different use here of **mieć** from its meaning 'to have'. In this meaning **nie ma** is followed by the genitive case:

Gdzie tu jest blisko hotel?	**Tu nie ma hotelu.**
Where is there a hotel near here?	There isn't a hotel here.
Tu jest dobra restauracja.	**Tu nie ma dobrej restauracji.**
There's a good restaurant here.	There isn't a good restaurant here.
Czy jest plan Warszawy?	Is there a map of Warsaw?
Tak, jest (plan Warszawy).	Yes, there is.
Nie, nie ma (planu Warszawy).	No, there isn't.

Jest / nie ma are also used to talk about the presence / absence of people:

Czy jest Adam?	**Nie, nie ma Adama.**
Is Adam there? (Is he in?)	No, Adam isn't here.

For those who like to know: the plural of **jest** 'there is' is **są** 'there are' but the opposite – 'there are none', 'they aren't here' – is (unchanged) **nie ma**. So:

Czy są państwo Smith?	**Nie, nie ma państwa Smith.**
Are Mr and Mrs Smith (the Smiths) there?	No, the Smiths aren't here.

Exercise 4

Give negative answers to these questions using **niestety, (tu) nie ma** + *gen*.

1 Czy jest ... pan dyrektor – Barbara – taksówka – sok grejpfrutowy?
2 Czy jest tu ... centrum handlowe – przystanek autobusowy – poczta – telefon?

Exercise 5

Say in Polish (all the vocabulary and grammar is in this lesson):

1 Peter has a lot of work and is hurrying to the office.
2 (*to your friends*) What are you doing? Are you learning English?
3 Monika is listening to music.
4 Do you (*man, formal*) often ring Warsaw?
5 When do you (*woman, formal*) finish work?
6 What is he saying?

Exercise 6

Here is a telephone conversation between Stefan and Magda but, apart from the first line, it's been printed in the wrong order, and there is no indication who is speaking. Can you sort it out?

1 Halo!
2 Może (*'perhaps'*) więc jutro?
3 Wszystko w porządku. Spotykamy się dzisiaj?
4 Świetnie! No to do jutra.
5 Dobry wieczór Magda. To ja Stefan.
6 Dobrze. Jestem wolna wieczorem.
7 Cześć Stefan! Co słychać?
8 Niestety, dzisiaj nie mam czasu.

5 Mówienie w obcym języku

Speaking a foreign language

In this lesson you will learn about:

- Learning, speaking and understanding languages
- Adverbs
- Verbs of 'knowing'
- Saying what you can do / have to do
- Saying 'already' and 'not yet'
- Verbs ending in **-(i)eć**

Dialogue 1 ▣

Uczę się polskiego

I'm learning Polish

Peter Clark and Wojtek Borowki are talking about learning languages. Peter is teaching himself Polish, and has clearly made some progress, but feels he needs a teacher

PETER: Skąd tak dobrze znasz angielski?

WOJTEK: W szkole musimy uczyć się języków obcych – angielskiego, niemieckiego, francuskiego, włoskiego albo rosyjskiego. Ja uczę się angielskiego, ale nie mówię jeszcze zbyt dobrze.

PETER: Ależ skąd! Twój angielski jest świetny!

WOJTEK: Moja dziewczyna – Agnieszka – mówi po angielsku dużo lepiej. Zna też doskonale niemiecki i dużo rozumie po francusku.

PETER: Ja znam tylko angielski. Teraz, jak wiesz, uczę się polskiego. Mam podręcznik i już zaczynam rozumieć gramatykę, ale znam mało słów. Na przykład, mogę zapytać „Przepraszam, gdzie jest poczta?", ale czasem nie rozumiem odpowiedzi. Muszę poszukać dobrego nauczyciela.

WOJTEK: Nie ma sprawy. Mamy tu Szkołę Języka i Kultury Polskiej. Mają kurs języka dla początkujących i kurs polskiego języka biznesu. Możesz też chyba brać lekcje prywatne. Nie wiem na pewno, ale mogę się dowiedzieć.

PETER: Wspaniale! Dziękuję.

PETER: *How come you know English so well?*

WOJTEK: *At school we have to learn foreign languages – English, German, French, Italian or Russian. I'm learning English but I don't speak it too well yet.*

PETER: *Nothing of the kind! Your English is excellent.*

WOJTEK: *My girlfriend – Agnieszka – speaks English much better. She also knows German extremely well and understands a lot in French.*

PETER: *I only know English. Now, as you know, I'm learning Polish. I've got a textbook and am already beginning to understand the grammar but I know few words. For example, I can ask 'Excuse me, where is the post office?' but sometimes I don't understand the answer. I must find a good teacher.*

WOJTEK: *(There's) no problem. We have a School of Polish Language and Culture here. They have a language course for beginners and a course in business Polish (lit. 'of the Polish language of business'). I suppose you can also have (lit. 'take') private lessons. I don't know for certain, but I can find out.*

PETER: *Great! Thank you.*

Learning languages

The words for languages in Polish are masculine adjectives – with small first letter. Here are some ways of saying what languages you know or are learning, and how well you know them. First compare:

Znam (+ *acc.*) **polski, angielski, francuski.**
I know Polish, English, French.

Uczę się *(+ gen.)* **polskiego, niemieckiego, włoskiego.**
I'm learning Polish, German, Italian.

The verb **znać** 'to know' is followed, as you would expect, by the accusative case, but **uczyć się** 'to learn' (unpredictably) requires the genitive (see Lesson 4).

- To say you 'speak, read, understand *a language*':

Mówię / czytam / rozumiem po polsku, po rosyjsku, po hiszpańsku.
I speak / read / understand Polish, Russian, Spanish.

Note the use of **po polsku**, **po angielsku** etc., meaning literally 'in / after the Polish, English manner'. You will find this usage in Polish cookery books and restaurant menus. For example: **Karp po polsku** – Carp à la polonaise.

- To say how well you know a language, you can use one of the following:

Mówię tylko trochę po polsku.
I speak only a little Polish.

Mówię biegle / (bardzo) dobrze / słabo.
I speak (it) fluently / (very) well / poorly (*lit.* weakly).

Nie mówię zbyt dobrze, ale dość dużo rozumiem.
I don't speak (it) too well, but understand quite a lot.

Rozumi | eć 'understand' – an irregular verb – takes the endings **rozumi | em, -esz, -e;** *pl.* **-emy, -ecie, -eją.**

Adverbs – formation and use

Many Polish adverbs are derived from adjectives (as in English: quick – quickly) by replacing the ending of the adjective with **-o** or **-e**, but note the spelling changes with **-e**:

adjective	*adverb*
duży large, big	**dużo** a lot, much
mały small	**mało** (a) little
miły pleasant	**miło** pleasant(ly)
trudny difficult	**trudno** difficult, hard
łatwy easy	**łatwo** easy, easily

szybki quick	**szybko** quickly
dobry good	**dobrze** good, well
zły bad	**źle** badly
dokładny exact	**dokładnie** exactly
doskonały or **świetny** excellent	**doskonale** or **świetnie** excellent(ly)

Adverbs can precede or follow the verb. You have met several examples of their use in this lesson. Now compare the use of adjectives and <u>adverbs</u> in the following:

Twój angielski jest świetny.	**Wojtek mówi <u>świetnie</u> po angielsku.**
Your English is excellent.	Wojtek speaks excellent English.
Doskonały pomysł.	**Agnieszka zna <u>doskonale</u> niemiecki.**
An excellent idea.	Agnieszka knows German extremely well.
Czy to trudny język?	**Czy <u>trudno</u> mówić po polsku?**
Is it a difficult language?	Is it difficult to speak Polish?

Making comparisons

As a general rule the simplest way to form the comparative of an adverb is to replace the **-o** ending with **-iej** (this can also lead to spelling changes), or add **-j** to those ending in **-e**:

głośno – **<u>głośniej</u>** more loudly   **łatwo** – **<u>łatwiej</u>** more easily

However, four of the most commonly used adverbs are irregular:

dobrze – **<u>lepiej</u>** better	**dużo** – **<u>więcej</u>** more
źle – **<u>gorzej</u>** worse	**mało** – **<u>mniej</u>** less

Moja dziewczyna mówi po angielsku dużo lepiej.
My girlfriend speaks English much better.

Czy może pan(i) mówić trochę wolniej / głośniej?
Can (could) you speak a little slower / louder?

Exercise 1

Complete the following using the correct form of the verb in brackets; translate the *prompts* in italics:

1 (My) [mówić] po francusku. [Uczyć się] polskiego. [Rozumieć] już [*a little*] po polsku.
2 (Ja) [mówić] [*fluently*] po niemiecku. [Rozumieć] [*a lot*] po polsku. [Znać] też [*very well*] francuski i angielski.
3 Beata i jej brat [mówić] [*extremely well*] po włosku. [Znać] [*quite well*] rosyjski i [rozumieć] po hiszpańsku.
4 Peter [znać] tylko angielski. Teraz [uczyć się] polskiego. Już [rozumieć] gramatykę, ale jeszcze nie [mówić] po polsku [*too well*].

Exercise 2

Replace the <u>adverbs</u> in the following with their comparative forms:

1 Mówię <u>dobrze</u>. Rozumiem <u>dużo</u>.
2 Mamy <u>mało</u> pracy.
3 Dzisiaj jest <u>zimno</u>.
4 <u>Łatwo</u> jest czytać po polsku – mówić jest <u>trudno</u>.

Two verbs 'to know': znać – wiedzieć

- In Lesson 3 you met **znać się** 'to know *one another*'. Here, in its non-reflexive form, **znać** is the verb to use if you want to say you know someone or something:

Znam Wrocław / Polskę. **Czy znasz Monikę / Stefana?**
I know Wrocław / Poland. Do you know Monika / Stefan?

- For knowing facts, use **wie | dzieć** – its conjugation is somewhat irregular:

(ja) **wiem**	(my) **wiemy**
(ty) **wiesz**	(wy) **wiecie**
on, ona **wie**	oni, one **wiedzą**

Czy pan(i) wie, gdzie jest . . .? **Niestety, nie wiem.**
Do you know where . . . is? Unfortunately I don't know.

Remember that when you use **pan / pani / państwo** 'you', the verb is in the third person singular.

Saying what you can do

To say what you can or may do use **móc** (another irregular verb) followed by the infinitive:

(ja) **mogę**	(my) **możemy**
(ty) **możesz**	(wy) **możecie**
on, ona **może**	oni, one **mogą**

For example,

Kiedy możemy porozmawiać?	**Czy mogę poczekać?**
When can we have a talk?	May I wait?

Similarly:

Kto / co to może być?	Who / what can this be?

Take care! In English the word 'can' often means '*know how to*'. In Polish there is no such confusion; 'know how to' requires a different verb – **umieć** + infinitive:

(ja) **umiem**	(my) **umiemy**
(ty) **umiesz**	(wy) **umiecie**
on, ona **umie**	oni, one **umieją**

Umiem pisać / czytać.	**Czy umiesz prowadzić samochód?**
I can read / write.	Can you drive?

Is it allowed? Is it prohibited?

When seeking permission to do something or asking whether something is permitted / allowed you can also use **można** or **wolno** + infinitive:

Czy tu można parkować?	Can one park here?
Czy tu wolno palić?	Is smoking permitted here?

The answer is either 'yes' – **można / wolno,** or 'no' – **nie można / nie wolno.** Of these last two, **nie wolno** is the more prohibiting:

Tu nie wolno parkować.	Parking is not permitted here.

Even more prohibiting are terse notices consisting of **nie** + infinitive; when prefaced by **proszę** 'please' they turn into polite requests:

Nie palić. No smoking.
Proszę tu nie parkować. No parking here please.

Saying what you must do

To say what you have to do / must do, use **musieć** + infinitive:

(ja) **muszę** (my) **musimy**
(ty) **musisz** (wy) **musicie**
on, ona **musi** oni, one **muszą**

For example:

Muszę poszukać dobrego nauczyciela. I must find a good teacher.
Musisz mieć bilet. You must have a ticket.
Musimy to zrobić dzisiaj. We've got to do this today.

As in the English use of 'must', **musieć** is used to express not only obligation, but also supposition:

Musisz być zmęczony. You must be tired.

Exercise 3

Complete the following, using the correct form of **znać** or **wiedzieć**, as appropriate:

1 Czy (ty) _____ gdzie on mieszka?
 Nie, (ja) nie _____, ale może Piotr i Wojtek _____ .
2 Czy państwo _____ Toruń / Berlin?
 Niestety, (my) nie _____ Torunia / Berlina.
3 (Ja) nie _____ Petera, ale _____, że uczy się polskiego.

Exercise 4

Say what you / other people have to do or may / can do:

1 I must buy (*kupić*) a plan of Warsaw / Kraków.
2 We have to learn foreign languages.

3 You (*friends*) have to speak Polish.
4 Can we wait?
5 Can you (*friend*) wait a moment?
6 May I introduce myself? (*see Lesson 1*)

How certain are you?

To express certainty, probability or possibility, you can use one of the following:

na pewno definitely, for certain / sure
(być) może maybe, perhaps
chyba probably, most likely

Nie wiem na pewno, ale mogę się dowiedzieć.	**Może ona ma rację.**
I don't know for certain but I can find out.	Maybe she is right.

Spotykamy się dzisiaj? – Przepraszam, dzisiaj nie mogę. Może jutro?
Are we meeting today? – I'm sorry, today I can't. Maybe tomorrow?

Take care not to confuse this use of **może** 'maybe, perhaps' with the third person singular of the verb **móc,** which has the same form. In context this should not be a problem.

Chyba is a particularly useful and versatile word when talking about probability or likelihood; it also provides a simple way of saying 'I suppose / I suspect / I should think (so)':

Możesz też chyba brać lekcje prywatne.
I suppose you can also have private lessons.

My się chyba znamy.	**To prawda? – Chyba nie.**
I think we know each other.	Is that true? – I shouldn't think so.

Uses of skąd

Skąd asks 'where from?' For example:

Skąd pan(i) wraca?	**Skąd to jest?**
Where are you returning from?	Where does this come from?

It is also used in questions about how something has come about:

Skąd tak dobrze znasz angielski? **Skąd o tym wiesz?**
How come you know English   How (from where / whom)
  so well?   do you know about this?

As an exclamation it can be used to express both surprise and disagreement:

Ależ skąd!
Not at all / nothing of the sort!

Equivalents include: **Nic podobnego! / Ale gdzież tam!**

Już *and* jeszcze

These are very common words in Polish. As used here, their basic English equivalents are:

już already   **jeszcze** still
już nie (not) any more   **jeszcze nie** not yet

Już zaczynam rozumieć gramatykę, ale znam mało słów.
I'm already beginning to understand the grammar but I know
  few words.

Uczę się polskiego, ale nie mówię jeszcze zbyt dobrze.
I'm learning Polish but I don't speak it too well yet.

Czy jest już dyrektor? – Przepraszam, dyrektora jeszcze nie ma.
Is the director here already? – I'm sorry, the director isn't
  here yet.

Dialogue 2

Jak to się nazywa po polsku?

What's this called in Polish?

Janet Watson, a painter, has come to Poland for an arts festival. She and Andrzej, an old friend, go for a walk

JANET: Andrzej, co to jest?

ANDRZEJ:	Bank.
JANET:	Tak, ale jak to się nazywa po polsku? „Bank" to przecież po angielsku.
ANDRZEJ:	Po polsku też.
JANET:	Niesamowite! A ten duży dom naprzeciwko?
ANDRZEJ:	To jest hotel.
JANET:	„Hotel"? Polski to bardzo łatwy język. Wszystko jest tak samo jak po angielsku.
ANDRZEJ:	Niestety nie zawsze. Widzisz ten znak?
JANET:	Widzę.
ANDRZEJ:	Wiesz jak to się nazywa po polsku?
JANET:	Oczywiście. To musi być „bus stop".
ANDRZEJ:	Nie, Janet. To jest przystanek autobusowy.
JANET:	Trochę to za bardzo skomplikowane.

JANET:	*Andrzej, what's that?*
ANDRZEJ:	*A bank.*
JANET:	*Yes, but what is it called in Polish? Bank after all is English.*
ANDRZEJ:	*In Polish too.*
JANET:	*Amazing! And (what about) this large building (lit. house) opposite?*
ANDRZEJ:	*That's a hotel.*
JANET:	*Hotel? Polish is an easy language. Everything is the same as in English.*
ANDRZEJ:	*Unfortunately not always. Do you see that sign?*
JANET:	*I see it.*
ANDRZEJ:	*Do you know what it's called in Polish?*
JANET:	*Of course. It must be a bus stop.*
ANDRZEJ:	*No, Janet. That's a 'przystanek autobusowy'.*
JANET:	*It's (all) a little too confusing.*

How do you say it – or write it – in Polish?

A very common use of the reflexive pronoun **się** is to form passive constructions of the type used (above) in the second dialogue:

Jak to się nazywa po polsku? **Jak to się mówi / pisze?**
What is this called in Polish? How do you (does one) say / write this?

Jak się mówi po polsku 'bus stop'?	**Tu mówi się po angielsku.**
How do you say 'bus stop' in Polish?	English spoken here.

Expressing surprise

Niesamowite! Incredible; amazing!	**Żartujesz!** You're joking!
Coś podobnego! Well, I never!	**Naprawdę?** Really?
Co pan(i) mówi! You don't say!	**Niemożliwe!** Impossible!

Verbs ending in -(i)eć

These verbs belong to the same family as those you met in Lesson 4. But note:

Verbs ending in **-(i)eć** – in other words where **-eć** is preceded by a soft consonant (this includes **l**) – behave like **płacić** 'to pay'. For example:

widzieć 'to see'   **myśleć** 'to think'

widzę	**widzimy**	**myślę**	**myślimy**
widzisz	**widzicie**	**myślisz**	**myślicie**
widzi	**widzą**	**myśli**	**myślą**

Where **-eć** is preceded by a hard consonant, verbs follow the pattern for **kończyć** 'to end'. For example:

słyszeć 'to hear'

sing.	**słyszę**	**słyszysz**	**słyszy**
pl.	**słyszymy**	**słyszycie**	**słyszą**

Take care! A number of common verbs ending in **-ieć** are irregular; these include **wiedzieć**, **umieć** and **rozumieć** (in this lesson) and **mieć** 'to have' (Lesson 3).

Reading 📼

Język polski

Język polski to język słowiański znany już od X [dziesiątego] wieku. Chociaż polski to język indoeuropejski, jego gramatyka nie jest bardzo podobna do angielskiego, francuskiego, włoskiego lub niemieckiego. Jednak często można spotkać angielskie, francuskie, włoskie albo niemieckie słowo, takie jak „hotel", „weekend", „pomidor" albo „handel". Czasami słowo to wygląda trochę inaczej, ale często można zgadnąć, co ono znaczy.

Vocabulary

słowiański Slav(on)ic	**jednak** however
znany known	**spotkać** meet
wiek century	**takie** (pl.) **jak** such as
chociaż although	**hand|el -lu** trade
indoeuropejski Indo-European	**czasami** at times
podobny do similar to	**wyglądać** look, appear
lub / albo or	**inaczej** different, differently
	zgadnąć guess

Exercise 5

A summer school offers Polish language courses at three progressive levels. You know some of the vocabulary. Can you work out the rest?

Intensywny Kurs Języka Polskiego

1 dla początkujących
2 dla średnio-zaawansowanych
3 dla zaawansowanych

Exercise 6

Express the difference between the following:

1 Czy mogę / można tu parkować?
2 Nie umiem / nie mogę grać w tenisa.
3 Marii nie znam jeszcze / znam już Monikę.

Exercise 7

What do you say?

1 if you would like someone (a stranger) to speak more slowly.
2 if you want to know how to say something in Polish.

3 when you're not sure your friend's being serious.
4 if something is no problem.
5 if you want to find out how your friend got to know about something.

6 Idziemy do kina

We're going to the cinema

In this lesson you will learn about:

- Verbs of motion – going places
- Saying what you like, dislike, want or prefer
- Making and responding to invitations
- Clauses with **że** 'that'
- The days of the week
- Verbs with present tense endings **-ę**, **-esz**

Dialogue 1 📼

Idziesz z nami?

Are you coming with us?

Jacek rings his friends Wojtek and Agnieszka to see if they're interested in going to the cinema

JACEK:	Cześć Wojtek!
WOJTEK:	Cześć! Co słychać?
JACEK:	Idziemy do kina. Idziesz z nami?
WOJTEK:	Na jaki film?
JACEK:	„Krzyk", albo *Scream*, jeśli chcesz znać angielski tytuł.
WOJTEK:	Czy to ten nowy horror Wesa Cravena?
JACEK:	Tak.
WOJTEK:	No, nie wiem. Ja nie lubię horrorów. Wolę komedie.

JACEK:	Ale Agnieszka lubi.
WOJTEK:	O tak, nawet bardzo. Wiem, że ona chce zobaczyć ten film.
JACEK:	Ale ty nie chcesz.
WOJTEK:	Nie, nie za bardzo. Nie wolisz iść do pubu na piwo?
JACEK:	O nie, ja idę do kina! Na piwo zawsze jest czas później.
WOJTEK:	To niezły pomysł. Dobra, masz tu Agnieszkę ...
AGNIESZKA:	... Cześć Jacek! Co słychać?
JACEK:	Wszystko po staremu. Oczywiście idziesz na Wesa Cravena?
AGNIESZKA:	No pewnie!
JACEK:	Film jest o ósmej wieczorem. Możemy się spotkać dziesięć (10) minut wcześniej.
AGNIESZKA:	Świetnie. No to do zobaczenia.
JACEK:	Pa, pa.

JACEK:	*Hi, Wojtek!*
WOJTEK:	*Hi! How are things?*
JACEK:	*We're going to the cinema. Are you coming with us?*
WOJTEK:	*To see what (lit. to what film)?*
JACEK:	*'Krzyk', or Scream, if you want to know the English title.*
WOJTEK:	*Is it that new Wes Craven horror film?*
JACEK:	*Yes.*
WOJTEK:	*Well, I don't know. I don't like horror films. I prefer comedies.*
JACEK:	*But Agnieszka likes them.*
WOJTEK:	*Oh yes, very much so. I know that she wants to see this film.*
JACEK:	*But you don't want to.*
WOJTEK:	*No, not very much. Wouldn't you prefer to go to the pub for a beer?*
JACEK:	*Oh no, I'm going to the cinema! There's always time for a beer later.*
WOJTEK:	*That's not a bad idea. OK, here's (lit. you have here) Agnieszka ...*
AGNIESZKA:	*... Hi, Jacek! How are things?*
JACEK:	*Fine. Obviously you're going to the Wes Craven film?*
AGNIESZKA:	*You bet!*
JACEK:	*The film's at eight in the evening. We can meet 10 minutes earlier.*

AGNIESZKA: *Great. See you later then.*
JACEK: *Ta-ta (bye-bye).*

Verbs of motion (1)

Polish distinguishes between going on foot and going by transport, using different verbs (both irregular) for the two kinds of motion:

iść 'go *on foot*'

idę	**idziemy**
idziesz	**idziecie**
idzie	**idą**

jechać 'go *by transport*'

jadę	**jedziemy**
jedziesz	**jedziecie**
jedzie	**jadą**

Dokąd* idziesz / idziecie?
Where (to) are you going? (*casual*)

Idę do domu. Idziemy do kina.
I'm going home. We're going to the cinema.

Dokąd pan jedzie / państwo jadą?
Where (to) are you going? (*formal*)

Jadę do Polski. Jedziemy do Paryża.
I'm going to Poland. We're going to Paris.

Note that the present tense of these verbs can be used, as in English, when talking about where you are planning to go in the future:

Dzisiaj idę do kina, jutro do Muzeum Narodowego albo do teatru.
Today I'm going to the cinema, tomorrow to the National Museum or the theatre.

Note also that when talking of social activities – going to the cinema, out to dinner – Poles use **iść** unless it is the actual journey there by transport that they are referring to.

* In colloquial usage the question word **dokąd?** 'where to?' (you met its partner **skąd?** 'where from?' in the previous lesson) is increasingly being replaced by **gdzie?** 'where?'.

Going places: where to? – what for?

- To say where you are going to (the place) it will be safe, in the majority of cases, to use **do** + genitive, as in the examples (such as **do domu**) above.

- There are exceptions, however, when Polish uses **na** + accusative. Here are some common examples:

iść	na pocztę	to the post ofice
jechać	**na lotnisko**	to the airport
	na dworzec	to the station
	na rynek	to the market square
	na przystanek autobusowy	to the bus stop
	na plażę	to the beach
	na wyspę	to an island

The use of **na** is often connected with the idea of going to, onto an open space (the market square, the beach), but this is not always predictable.

- To say *what you are going to, for, on* – in other words to what function, event or on what recreational activity you are going – also requires **na** + accusative:

Wojtek chce iść do pubu *na piwo*.
Wojtek wants to go to the pub *for a beer*.

Jedziemy *na wycieczkę* do Krakowa.
We're going *on an outing* to Kraków.

Here are some other things, activities you might be going 'to', 'for', or 'on':

na obiad / kolację for lunch / dinner
na kawę for coffee
na spacer for a walk
na wakacje (pl.) on holiday, on vacation

na koncert to a concert
na wystawę to an exhibition
na balet to the ballet
na operę to an opera

Saying 'where from'

To say 'where from' or where you are coming back, returning from use **z** + genitive:

Jestem z Polski, z Warszawy, z Londynu.
I'm from Poland, from Warsaw, from London

Wracam z koncertu, z poczty, z miasta.
I'm returning from a concert, from the post office, from town.

Exercise 1

Put the words into their correct form (**do** + *gen.* / **na** + *acc.*) then match up the places you're going to in column one with the events in column two:

[iść / jechać] do (muzeum)   na (spacer)
              do (park)   na (koncert)
              do (klub)   na (kolacja)
              do (filharmonia)   na (wystawa)
              do (restauracja)   na (dyskoteka)

Exercise 2

Complete the following using the correct form of **iść / jechać**, as appropriate:

1 Kiedy (wy) _____ na wakacje?
2 Ja _____ do Londynu, a mój kolega _____ do Moskwy.
3 Gdzie (my) _____ na kolację?
4 Janet i Maria _____ do teatru na *Hamleta*.
5 Czy pan _____ na konferencję do Paryża?

Saying what you like, dislike or prefer

(Bardzo) lubię muzykę.	I like music (very much).
Kocham teatr.	I love the theatre.
Uwielbiam lody.	I adore (just love) ice cream.
Nie lubię alkoholu.	I don't like alcohol.
Nie znoszę / cierpię hałasu.	I can't stand noise.
Nienawidzę zimy.	I hate the winter.

To say what you 'prefer' use **wol | eć (-ę, -isz)**:

Lubię kawę, ale wolę herbatę.	I like coffee, but prefer tea.
Nie lubię horrorów. Wolę komedie.	I don't like horror films. I prefer comedy.

To say what you like *doing* / prefer *to do* use **lub|ić (-ię, -isz) / woleć** + *infinitive*:

Lubię (wolę) grać w tenisa.   I like (prefer) to play tennis.

Take care!

- when you negate a statement, remember that the accusative case is replaced by the genitive: **alkohol** → **nie lubię alkoholu**
- **nienawidzić (-ę -isz)** 'hate', where **nie** is part of the verb, also needs the noun in the genitive

Chcieć 'to want'

This is another common, but irregular verb:

sing. **chcę chcesz chce**   *pl.* **chcemy chcecie chcą**

Agnieszka chce zobaczyć ten film.   Agnieszka wants to see this film.

Nie chcę kawy. Wolę herbatę.   I don't want coffee. I prefer tea.

Exercise 3

Express your likes, dislikes and preferences using the prompts given:

1 telewizja (don't like) – radio (prefer)
2 teatr (like very much) – Szekspir (adore)
3 opera (like but) – balet (prefer)
4 lato *'summer'* (love) – zima (hate)

Dialogue 2

Mam propozycję

I have a suggestion

Neil Howard and Stefan Wolski have been engaged in a lengthy discussion of their business plans. Now it's time to take a break

NEIL: Może już czas na przerwę?
STEFAN: Doskonały pomysł. Papierosa?
NEIL: Nie, dziękuję – nie palę. Ale może ma pan ochotę na kawę?
STEFAN: Niestety dziś jest czwartek i nasz barek jest zamknięty. Mamy jedynie kawę z automatu.

NEIL:	Nic nie szkodzi.
STEFAN:	Ale ona jest okropna! Jak długą mamy przerwę?
NEIL:	Myślę, że pół godziny.
STEFAN:	To zapraszam pana na kawę do włoskiego baru naprzeciwko. Robią wspaniałe cappuccino. Chodzimy tam dość często.
NEIL:	Z przyjemnością. Bardzo lubię cappuccino. Idziemy?
STEFAN:	Proszę, pan przodem.

At the Bar „Giovanni"

NEIL:	To cappuccino jest naprawdę wspaniałe.
STEFAN:	Cieszę się, że panu smakuje.
NEIL:	Mam propozycję. Jest tu bardzo przyjemnie. Idealne miejsce na naszą konferencję. Zgadza się pan?
STEFAN:	Jak najbardziej.

NEIL: *Perhaps it's time for a break?*
STEFAN: *Excellent idea. Cigarette?*
NEIL: *No, thank you – I don't smoke. But perhaps you fancy a coffee?*
STEFAN: *Unfortunately today is Thursday and our buffet (coffee bar) is closed. We've only got coffee from the vending machine.*
NEIL: *That's all right.*
STEFAN: *But it's terrible! How long a break do we have?*
NEIL: *I think (that) half an hour.*
STEFAN: *Then let me take you for a coffee to the Italian cafeteria opposite. They make an excellent cappuccino. We go there quite often.*
NEIL: *With pleasure. I like cappuccino very much. Are we going?*
STEFAN: *Please, after you.*

At the Bar "Giovanni"

NEIL: *This cappuccino is really excellent.*
STEFAN: *I'm glad you like it (lit. that it's to your taste).*
NEIL: *I have a suggestion. It's very pleasant here. An ideal place for our meeting (lit. conference). Do you agree?*
STEFAN: *Most certainly.*

Inviting – proposing

Idziemy do kina. Idziesz też?
We're going to the cinema. Are you going too?

Czy masz *(casual)* **ochotę / czy pan(i) ma** *(formal)* **ochotę na kawę?**
Do you fancy a coffee?

Jesteś wolny (wolna) dziś wieczorem?
Jest pan wolny (pani wolna) dziś wieczorem?
Are you free this evening?

An invitation beginning with **zapraszam** (*lit.* I invite) implies you are the host, and are paying. In English **Zapraszam pana (panią) na kolację / na kawę** corresponds to saying 'Let me take you out to dinner', 'Let me buy you dinner / a coffee', or 'Come and have dinner / a coffee'.

If you want to suggest / propose something, say:

Mam propozycję.   **Czy mogę coś zaproponować?**
I have a suggestion.   Can I make a suggestion? *(very formal)*
                       (*lit.* Can I propose something?)

To ask 'do you agree?' use:

Zgadzasz się? *(casual)* **Zgadza się pan(i)?** *(formal)*

To accept – decline

To accept or decline, depending on the context, and the person
you are speaking to, here are some of the things you can say:

'Yes'	**(Bardzo) chętnie**	(Very) gladly / I'd love to
	Z przyjemnością	With pleasure
	Oczywiście	Certainly, of course
	Dlaczego nie?	Why not?
	Dobrze! / Dobra! *(colloq.)*	OK! All right!
	No pewnie!	Sure thing! You bet!
'No'	**Nie, dziękuję**	No thank you
	Niestety, nie mogę	Unfortunately I can't
	Przepraszam, ale nie mam czasu	I'm sorry, but I haven't time
	Nie mam (na to) ochoty	I don't feel like it
	Może innym razem	Perhaps another time
	No, nie wiem	Well, I don't know / I'm not so sure

Verbs of motion (2)

Earlier in this lesson you met the verbs **iść** 'to go *on foot*' and
jechać 'to go *by transport*'; these are used when talking about movement in a specific direction at a specific time (a journey under way
or intended). But when talking about habitual movement (going
somewhere regularly) or movement in various directions (walking
about, travelling around) Polish uses the verbs **chodzić** (*on foot*)
and **jeździć** (*by transport*):

chodzić 'on foot' **jeździć** 'by transport'

chodzę	chodzimy	jeżdżę	jeździmy
chodzisz	chodzicie	jeździsz	jeździcie
chodzi	chodzą	jeździ	jeżdżą

Chodzimy tam dość często. We go there quite often.
Jak często chodzisz do teatru? How often do you go to the theatre?
Jak często jeździsz do Polski? How often do you go to Poland?

Saying how often

Here are some common ways of saying 'how often':

(dość / bardzo) często (quite / very) often
zawsze always
czasem *or* **czasami** sometimes
od czasu do czasu from time to time
rzadko rarely
nigdy* never
raz / dwa razy / trzy razy   once / twice / three times
   na tydzień, miesiąc, rok   a week, a month, a year

* Statements with **nigdy** involve a double negative:

<u>Nigdy nie</u> mam czasu. I never *(do not)* have the time.
Nigdy nie chodzę do teatru. I never go to the theatre.

Clauses with że 'that'

Wiem, że ona chce zobaczyć ten film.
I know (that) she wants to see this film.

Cieszę się, że jesteście.
I'm glad (that) you're here.

Słyszę, że pan uczy się polskiego.
I hear (that) you're learning Polish.

Myślisz, że to dobry pomysł?
Do you think (that) it's a good idea?

Czy to prawda, że ...?
Is it true that ...?

In English 'that' is often omitted; in Polish **że** is obligatory (so take care), and always preceded by a comma.

Exercise 4

Choose the correct verb:

1 Marek mieszka we Francji, ale często (jeździ / jedzie) do Polski.
2 Czy często (idziecie / chodzicie) na dyskotekę?
3 Dzisiaj wieczorem (chodzimy / jeździmy / idziemy) do restauracji.
4 Na weekend (idę / jadę / chodzę) do Gdańska.

Exercise 5

Match the phrases:

1 Chcesz iść do pubu?   A Oczywiście.
2 Zapraszam panią na obiad.   B Nie, nie lubię alkoholu i nie cierpię hałasu.
3 Czy często chodzisz do teatru?   C Jutro wieczorem.
4 Myślisz, że to dobry pomysł?   D Niestety dziś nie mogę, może innym razem.
5 Kiedy jest nasze spotkanie?   E Od czasu do czasu.

Days of the week (dni tygodnia)

Days are masculine or feminine – with small initial letter. To say *on ... a day*, use **w** + *accusative*:

Monday	poniedział|ek -ku	w poniedziałek
Tuesday	wtor|ek -ku	we* wtorek
Wednesday	środa -y	w środę
Thursday	czwart|ek -ku	w czwartek
Friday	piąt|ek -ku	w piątek
Saturday	sobota -y	w sobotę
Sunday	niedziela -i	w niedzielę

* **w** sometimes appears as **we** when it is followed by a word beginning with **w-**, **f-** or certain groups of consonants, simply to make it easier to say.

The words for 'day' and 'week' are a little quirky:

dzień, dnia   day   **tydzień, tygodnia**   week
(*pl.* **dni** or **dnie**)   (*pl.* **tygodnie**)

More expressions for days / time of day 📼

dziś *or* **dzisiaj** today
wczoraj yesterday

jutro -a tomorrow
pojutrze day after tomorrow

time of day
rano -a morning
wiecz | ór -oru evening
noc -y night
południe -a noon
popołudnie -a afternoon
północ -y midnight

when
rano in the morning
wieczorem in the evening
w nocy at night
w południe at noon
po południu in the afternoon
o północy at midnight

Can you solve these?

- In the very first lesson you met **No to do jutra!** 'See you tomorrow then!' You know now that **do** (+ *gen.*) **jutra** means, literally, 'to, until tomorrow'. So how would you say 'See you on Monday then'?
- If **pojutrze** is the 'day after tomorrow' – where **po** means 'after' – what day is **przedwczoraj** – where **przed** means 'before'?

Reading 📼

Tydzień Neila Howarda

Neil Howard's week

PONIEDZIAŁEK: Przyjazd do Wrocławia. Stefan Wolski i Ewa Wilk organizują zwiedzanie miasta.
WTOREK: Rano Neil idzie do firmy komputerowej 'Net'. Po południu kupuje butelkę wina i kwiaty. Wieczorem idzie na kolację do Stefana.
ŚRODA: Rano Neil planuje ważne spotkanie. Do hotelu przyjeżdża dyrektor dużego koncernu komputerowego. Po południu idą do restauracji na obiad.

Czwartek:	Rano Neil idzie do firmy komputerowej na konferencję. Po południu Ewa organizuje spotkanie.
Piątek:	Ewa i Neil jadą na wycieczkę do Krakowa. Ewa rezerwuje hotel i organizuje zwiedzanie miasta.
Sobota:	Neil i Ewa jadą do Zakopanego. Po południu idą na spacer w góry. Wieczorem idą do parku na koncert.
Niedziela:	Neil i Ewa wracają do Wrocławia. Neil idzie do hotelu na obiad. Wieczorem idzie na rynek na kawę.

Vocabulary

przyjazd arrival	**przyjeżdżać** arrive
zwiedzanie sightseeing	**koncern** company, firm
butelka bottle	**wycieczka** trip, outing
kwiaty flowers	**w góry** in(to) the mountains
ważny -a -e important	**wracać** return, come back
spotkanie* meeting	

*This is the general word for a meeting; **konferencja** 'conference' is the word to use, as in the second dialogue, for a business meeting.

Did you notice? Foreign names of men decline like Polish nouns: **horror Wesa Cravena** 'Wes Craven's horror film', **tydzień Neila Howarda** 'Neil Howard's week'.

Present tense of verbs: -ę, -esz

A very large number of Polish verbs follow this pattern. Many of them are irregular, like **iść (idę, idziesz ...)** / **jechać (jadę, jedziesz ...)**, that you met earlier. Others include **móc** 'can, be able to' **(mogę, możesz ...)**, **chcieć** 'want' **(chcę, chcesz ...)** and **pisać** 'write' **(piszę, piszesz ...)**.

A characteristic group of verbs with these endings are those with infinitives in **-ować**:

kupować buy	**kupuję**	**kupujemy**
	kupujesz	**kupujecie**
	kupuje	**kupują**

Note the change of **-owa-** to **-uj-**. Here are some more examples:

organizować organize	**studiować** study

planować plan	**pracować** work
rezerwować reserve, book	**kosztować** cost
dziękować (za + *acc.*) thank (for)	**podróżować** travel

Exercise 6

Say in Polish:

1 yesterday in the morning
2 on Friday evening
3 on Tuesday in the afternoon
4 today at noon
5 tomorrow Monday at midnight

Exercise 7

Match up the verbs on the left with the nouns on the right:

zwiedzać	bilet
jechać	spotkanie
kupować	do kościoła (*church*)
studiować	miasto
organizować	na wycieczkę
chodzić	polski

7 Muszę kupić parę rzeczy

I must buy one or two things

Dialogue 1

Masz pieniądze?

Have you any money?

Wojtek is walking along the street with his sister Dorota

WOJTEK:	Masz pieniądze?
DOROTA:	Niewiele. Kilka złotych. Czemu pytasz?
WOJTEK:	Muszę kupić parę rzeczy ... bilety autobusowe, chusteczki higieniczne, kartę telefoniczną, papierosy, znaczki i koperty.
DOROTA:	To dużo. Chyba nie mam aż tyle.
WOJTEK:	Ale to wszystko jest tanie. Najwyżej kilka złotych. Poczekaj, tu jest kiosk ...
WOJTEK:	Dzień dobry. Poproszę dwa bilety autobusowe, chusteczki higieniczne i kartę telefoniczną ... Ile kosztuje jedna?

PANI W KIOSKU:	17 (siedemnaście) złotych. Dać panu?
WOJTEK:	Nie, dziękuję. Ale poproszę papierosy.
PANI W KIOSKU:	Jakie? Z filtrem?
WOJTEK:	Z filtrem proszę. I zapałki.
PANI W KIOSKU:	Są tylko zapalniczki. 2 (dwa) złote sztuka.
WOJTEK:	To poproszę. I jeszcze koperty i znaczki.
PANI W KIOSKU:	Ile?
WOJTEK:	4 (cztery). Ile płacę?
PANI W KIOSKU:	Chwileczkę. Bilety – 3 (trzy) złote, chusteczki – 80 (osiemdziesiąt) groszy, papierosy 3.40 (trzy czterdzieści), zapalniczka 2 (dwa) złote, znaczki 2.40 (dwa czterdzieści) i koperty 80 (osiemdziesiąt) groszy. Razem 12 (dwanaście) złotych i 40 (czterdzieści) groszy.
DOROTA:	Wojtek, poczekaj! Mam tylko 12.50 (dwanaście pięćdziesiąt).
WOJTEK:	Akurat wystarczy.
WOJTEK:	*Have you got any money?*
DOROTA:	*Not much. A few zlotys. Why do you ask?*
WOJTEK:	*I must buy one or two things ... bus tickets, tissues, a phone card, cigarettes, stamps and envelopes.*

DOROTA: *That's a lot. I don't think I've got that much.*

WOJTEK: *But it's all cheap. A few zlotys at most. Wait, here's a kiosk.*

WOJTEK:	Hello. I'd like two bus tickets, tissues and a phone card . . . How much does one cost?
WOMAN IN KIOSK:	17 zlotys. Would you like one?
WOJTEK:	No thank you. But I'd like some cigarettes.
WOMAN IN KIOSK:	What kind? Filter-tipped?
WOJTEK:	Filter-tipped, please. And some matches.
WOMAN IN KIOSK:	There are only lighters. 2 zlotys each.
WOJTEK:	I'll take one. And some envelopes and stamps.
WOMAN IN KIOSK:	How many?
WOJTEK:	4. How much is that ? (lit. How much do I pay?)
WOMAN IN KIOSK:	One moment. Tickets – 3 zlotys, tissues – 80 groszes, cigarettes – 3.40, lighter 2 zlotys, stamps 2.40 and envelopes 80 groszy. Altogether 12 zlotys and 40 groszes.
DOROTA:	Wojtek, wait a minute! I've only got 12.50.
WOJTEK:	Just enough.

Plural of nouns (1)

The nominative and accusative plural of most masculine and feminine nouns (except nouns referring to men, which you'll meet later in the lesson) end in:

-i after *k, g*   -y after hard consonant   -e after soft consonant

Masc.

bank, bank-i	**bilet, bilet-y**	**hotel, hotel-e**
znacz/ek, znaczk-i	**dom, dom-y**	**kraj, kraj-e**

Fem.

matka, matk-i	**gazeta, gazet-y**	**komedia, komedi-e**
Polka, Polk-i	**koperta, kopert-y**	**pani, pani-e**

Neuter nouns, with very few exceptions, take the ending **-a**:

Neut.

miasto, miast-a   nazwisko, nazwisk-a   muzeum, muzea

Remember! A soft consonant is one followed by [i] or indicated by an accent: (**koń** 'horse' – **koni-e** 'horses'); the letter [j] is also soft – **kraj** 'country' – **kraj-e** 'countries', **pokój** 'room' – **pokoj-e** 'rooms', **lekcja** 'lesson' – **lekcj-e** 'lessons'.

Furthermore, for (historical) reasons that need not concern you here, Polish grammar treats **c, cz, dz, dż, rz (ż), sz** and **l** as soft consonants: **ulica** – **ulic-e** 'streets', **klucz** – **klucz-e** 'keys', **talerz** – **talerz-e** 'plates'. Note, however, that [ł] is a hard consonant: **stół** – **stoły** 'tables'.

There are always nouns which refuse to behave exactly as you would expect them to. In the previous lesson, for example, you met **dzień** 'day' / **tydzień** 'week' and their plural forms **dni(e)** / **tygodnie.**

Other common irregulars include: **rok** → **lata** 'years', **ręka** → **ręce** 'hands', **oko** → **oczy** 'eyes', **dziecko** → **dzieci** 'children', **człowiek** 'person' → **ludzie** 'people'.

Numbers 1–100

Polish numbers can be a little tricky, as you will see, but it is time to start counting:

1 jeden	**11 jedenaście**	
2 dwa	**12 dwanaście**	
3 trzy	**13 trzynaście**	**30 trzydzieści**
4 cztery	**14 czternaście**	**40 czterdzieści**
5 pięć	**15 piętnaście**	**50 pięćdziesiąt**
6 sześć	**16 szesnaście**	**60 sześćdziesiąt**
7 siedem	**17 siedemnaście**	**70 siedemdziesiąt**
8 osiem	**18 osiemnaście**	**80 osiemdziesiąt**
9 dziewięć	**19 dziewiętnaście**	**90 dziewięćdziesiąt**
10 dziesięć	**20 dwadzieścia**	**100 sto**

Note that the 'teens' in Polish start at 11 and are characterized by the ending **-naście**; for 20, 30 . . . the endings are related to **dziesięć** so **dwadzieścia** is 'two tens'. The word for **0** 'zero, nil' is **zero**.

To form compounds, simply combine the words for individual numbers:

21→ **dwadzieścia jeden**   112→ **sto dwanaście**   121→ **sto dwadzieścia jeden**

Using numbers

This is where you need to take care, but at this stage just remember:

- The number 'one' is adjectival and agrees with its noun:

  jed|en (*masc.*) **bilet**   **jedna** (*fem.*) **gazeta**   **jedno** (*neut.*) **miasto**

- To say 'two' use **dwa** with *masc. / neut.* nouns – **dwie** with *fem.* nouns; the numbers **trzy** and **cztery** are unchanged:

  <u>dwa</u> / trzy / cztery bilety,   **<u>dwie</u> / trzy / cztery gazety, Polki miasta**

- Numbers 1–4 are followed by the nominative singular / plural. But numbers from 5 upwards are followed by the genitive plural,* which you will find in Lesson 9. For the time being just note its use when talking about prices, as in the dialogue. For example:

  dwa złote *(nom. pl.)*   **dwanaście złot-ych** *(gen. pl.)*
  'two zlotys'   'twelve zlotys'

*There is an important exception to this rule: if a compound number ends with 2, 3 or 4 (e.g. 22, 53 ...) then use the nominative plural as above.

- Apart from 'one' – **jeden student / Polak / Anglik** – the numbers as they appear here cannot be used when referring to men or mixed groups of people. If you are curious, see Lesson 9.

Shopping: at the kiosk

You already know how to ask for things using **proszę / proszę o ... +** *acc.* and how to ask about their availability – **czy jest / są ...?** + *nom.* Remember that to say '(Yes) there is / are' you use **jest / są** but the negative answer is **nie ma** (+ *gen.*, if you add a noun) – '(No) there isn't / aren't any ...'

Proszę o ... and **poproszę ...** , politer versions of 'please', express English 'Could I have / I'd like ...' as, for example:

Poproszę 2 (dwa) bilety autobusowe.
Could I have / I'd like 2 bus tickets please.

Poproszę – in answer to an offer, or when you are told that something is available – means 'Yes please', 'I'll take it'.
Other expressions you will hear or use when shopping are:

Gdzie mogę (można) kupić ...?	Where can I (one) buy ...?
Ile kosztuje / kosztują ...?	How much does / do ... cost?
Dać panu / pani?	Would you like it (one, some)?
Coś jeszcze?	Anything else?
Ile płacę?	How much is that (*lit.* do I pay)?

Things you can buy at a kiosk – some you already know:

gazeta newspaper	**długopis** biro
czasopismo magazine	**papierosy** cigarettes
widokówka picture postcard	**zapałki** matches
plan miasta town map	**zapalniczka** cigarette lighter
bilet autobusowy bus ticket	
billet tramwajowy tram ticket	**szampon** shampoo
karta telefoniczna phonecard	**mydło** soap
znaczlek -ka postage stamp	**pasta do zębów** toothpaste
koperta envelope	**chusteczki higieniczne** tissues

To ask the price of an individual item – a phone card, for example – you can say, depending on its gender:

> **Ile kosztuje jeden** [bilet] / **jedna** [karta telefoniczna] / **jedno** [mydło]?
> How much does one cost?

In reply, as in the dialogue, you will hear people use the word **sztuka** meaning 'each – apiece':

> **2 (dwa) / 3 (trzy) złote / 6 (sześć) złotych sztuka**

Exercise 1

You're at a kiosk. How would you ask for the [following]? – Take care to use the correct form of the numbers indicated, and put the names of the <u>items</u> into the plural:

1 Dzień dobry. Poproszę [2 <u>bilet tramwajowy</u>], [3 <u>pocztówka</u> *'postcard'*] i [4 <u>znaczek</u>].
2 Poproszę [3 <u>długopis</u>] . . . [2] czerwone *'red'* i [1] czarny *'black'*.
3 Czy to wszystko? – Nie, poproszę jeszcze [2 <u>szampon</u> do włosów] i [2 <u>pasta</u> do zębów].

Exercise 2

Write in words your answers to the following:

1 dwa + dwa =
2 osiemnaście + dziewiętnaście =
3 dwadzieścia pięć + czterdzieści =
4 osiemdziesiąt – cztery =
5 trzydzieści trzy – dwanaście =

Money

The two units of Polish currency are the **złoty** (*lit.* 'golden' – compare Dutch *guilder*), which behaves like an adjective, and **grosz** (100 = 1 zloty). The full range of coins and banknotes is:

monety 'coins'	1	**grosz**	1	**złoty**
	2	**grosz-e**	2	**złot-e**
	5/10/20/50	**grosz-y**	5	**złoty-ch**
banknoty 'notes'	10/20/50/100/200 (**dwieście**)			**złoty-ch**

Note that **groszy** and **złotych** (after numbers from 5 upwards) are genitive plural forms. The word for 'money' in Polish is most often used in its plural form – **pieniądze /** *gen.* **pieniędzy.**

To change money, other than in a bank or hotel, for instance, look for a **kantor wymiany** or simply **kantor** 'bureau de change'. These words and phrases might help:

karta kredytowa credit card   **konto bankowe** bank account
karta płatnicza charge card   **kurs wymiany** exchange rate
czek podróżny traveller's cheque
bankomat cashpoint / dispenser

Gdzie tu mogę (można) wymienić pieniądze?
Where can I (one) change money round here?

Mam pieniądze. Nie mam pieniędzy. Nie mam ani grosza.
I've got money. I haven't any money. I haven't a penny
  (a cent).

Exercise 3

Express the following prices in words. Add the correct form of **złoty / grosz**, where indicated:
2 zł 50 gr;   19 zł 99 gr;   73.40;   126.-;   280 zł bez VAT

Exercise 4

Match the phrases:

1 Gdzie można kupić znaczki?   A Niestety, nie ma.
2 Poczekaj!   B Nie mam ani grosza.
3 Poproszę kartę telefoniczną.   C Tak, dziękuję.

4 Masz pieniądze?
5 Czy to wszystko?

D Nie mogę, śpieszę się.
E W kiosku, w recepcji.

Dialogue 2 ▣

Targi pracy

A Jobs Fair

*Maciek bumps into his friend Sławek who is on his way to help out
at a Jobs Fair at his university*

MACIEK: Cześć! Gdzie idziesz?
SŁAWEK: Na targi pracy.
MACIEK: Targi pracy? A co to jest?
SŁAWEK: Nasz uniwersytet organizuje takie spotkania. Można
się wiele dowiedzieć. Przychodzą różni profesjonaliści.
Są tam naukowcy, biznesmeni, lekarze, artyści, nauczy-
ciele, ekonomiści, politycy, inżynierowie, policjanci,
żołnierze, nawet księża. Studenci mogą w ten sposób
poznać różne zawody i podjąć decyzję, co chcą robić w
przyszłości.
MACIEK: Zaraz, zaraz. Po co te wszystkie zawody? Przecież studenci już wiedzą, co chcą robić. Na przykład ja studiuję
architekturę. Architekci i policjanci to nie to samo!
SŁAWEK: No wiesz, zawsze możesz jeszcze zmienić zawód ... Ale
tak na poważnie ... te targi są bardzo pożyteczne.
Widzisz, są tam też cudzoziemcy – Francuzi i Niemcy –
biznesmeni. Ja pomagam tłumaczyć. Możesz też iść.
Przecież znasz niemiecki. I jeszcze jedno ... dają
darmowy obiad.
MACIEK: No to idę.

MACIEK: *Hi! Where are you going?*
SŁAWEK: *To a Jobs Fair.*
MACIEK: *A Jobs Fair? And what's that?*
SŁAWEK: *Our university organizes such meetings. You can find out
a lot. Various professional people come. There are scien-
tists, businessmen, doctors, artists, teachers, economists,
politicians, engineers, policemen, soldiers, even priests.
In this way students can get to know a variety of*

professions and decide (take a decision) what they want to do in the future.

MACIEK: *Wait a minute! What do you need all those professions for? After all, students already know what they want to do. For example I'm studying architecture. Architects and policemen are not the same thing.*

SŁAWEK: *You know, you can still always change your profession. But to be serious . . . these (Job) Fairs are very useful. You see there are also foreign – French and German – businessmen there. I help to translate. You can come too. You know German, don't you? And another (one more) thing . . . they give a free lunch.*

MACIEK: *Well, I'm coming then.*

Plural of nouns (2)

A feature of Polish is that it has special forms in the nominative plural for nouns referring to men, or groups of men and women. These are known as masculine personal nouns (as opposed to masculine non-personal nouns, which refer to animals and things), and follow different rules.

- After a hard consonant (except *k, g, r*) the ending is [**i**]; after *k, g, r* the ending is [**y**] – this ending is also taken by nouns with the suffix **-iec**.

- Nouns ending in a soft consonant – or one of the letters which Polish grammar treats as soft (**l rz cz**, for example) – simply add the ending [**e**]:

student, studen-ci	**Polak, Pola-cy**	**nauczyciel -e**
turysta, tury-ści	**kolega, kole-dzy**	**lekarz -e**
Francuz, Francuz-i	**aktor, akto-rzy**	**żołnierz -e**
mężczyzna, mężczy-źni	**chłopiec, chłopc-y**	**gość, gości-e**

Note the spelling changes: **t → ci | st → ści | z → ź | k → c | g → dz | r → rz | ć → ci**.

To complicate matters slightly there is an additional nominative plural ending **-owie**. This occurs with masculine personal nouns denoting relations and some titles. For example:

syn – synowie sons	**profesor – profesorowie** professors
ojciec – ojcowie fathers	**minister – ministrowie** ministers

pan – panowie (gentle)men **inżynier – inżynierowie** engineers

But note: **brat – bracia** 'brothers'; **ksiądz – księża** 'priests'; **biznesmen – biznesmeni**.

Plural of adjectives

Adjectives, like nouns, have special nominative plural forms for men / mixed groups of men and women; note again the spelling changes:

dob<u>ry</u>, **dob<u>rz</u>y studenci**	mój, **moi**
sta<u>ry</u>, **sta<u>rz</u>y panowie**	twój, **twoi**
drogi, **dro<u>dz</u>y goście**	nasz, **nasi**
mło<u>dy</u>, **mło<u>dz</u>i ludzie**	ten, **ci**
mi<u>ły</u>, **mi<u>l</u>i Polacy**	który? **którzy?**
pols<u>ki</u>, **pols<u>c</u>y artyści**	jaki? **jacy?**

The nominative and accusative plural of all other adjectives ends in [**-e**], the same as the neuter singular. So:

**dobr<u>e</u> studentki   star<u>e</u> panie   drogi<u>e</u> bilety   mił<u>e</u> Polki
moj<u>e</u> wakacje**

Remember: that **jego** 'his', **jej** 'hers' and **ich** 'theirs' do not change with the gender of the noun, or in the plural.

Countries and nationalities

country	male – female	people
Ameryka	**Amerykanin – Amerykanka**	**Amerykanie**
Anglia	**Anglik – Angielka**	**Anglicy**
Francja	**Francuz – Francuzka**	**Francuzi**
Hiszpania	**Hiszpan – Hiszpanka**	**Hiszpanie**
Niemcy	**Niemiec – Niemka**	**Niemcy**
Polska	**Polak – Polka**	**Polacy**
Rosja	**Rosjanin – Rosjanka**	**Rosjanie**
Włochy 'Italy'	**Włoch – Włoszka**	**Włosi**

When all is said and done – przecież

In English we sometimes attach 'isn't it?', 'didn't I? / don't you?' or something similar at the end of a sentence, just as the French use *n'est-ce pas?* and the Germans *nicht wahr?* You will hear their equivalents in Polish – **prawda? / czy nie?** – but very often Polish uses a statement with **przecież** (which also renders English 'but / after all') rather than a question:

Przecież znasz niemiecki. (After all) you know German, don't you?

Przecież to nie moja wina. But it's not my fault, is it?

Exercise 5

Rewrite the following in the plural:

1 Mój brat studiuje. Moja siostra pracuje.
2 Czy pani czeka?
3 To jest Polak, a to Niemiec.
4 Kolega mówi, że ona jest bardzo miła.
5 Ten pan nie mówi po polsku.

Exercise 6

1 Give the plural of the following. Take care!
człowiek – długi dzień – trudny rok – stare muzeum – ostatni (*'last'*) tydzień
2 Here are some plurals. Make them singular:
języki obce – cudzoziemcy – ekonomiści – policjanci – miłe panie

Reading 🔊

Polska i Polacy

Janet Watson writes to her friend Susan about her first impressions of Poland and the Poles

Droga Susan,

Jestem tu już tydzień i wszystko idzie bardzo dobrze. Polacy są mili – kobiety bardzo ładne, a mężczyźni uprzejmi. Zawsze całują mnie w rękę. Niestety nie wszyscy mówią po angielsku. Studenci znają języki obce, ale starsi ludzie mówią tylko po polsku. Szkoda. Chyba muszę zacząć uczyć się polskiego. Polscy artyści są bardzo interesujący. Zwłaszcza rzeźbiarze. I uwielbiam polskie plakaty! Pogoda jest wspaniała i mogę zwiedzać Polskę. Jutro jadę do Krakowa. Wszyscy mówią, że to piękne miasto.

Całuję –
Janet

Vocabulary

uprzejmy polite
zawsze always
niestety unfortunately
całować (w rękę) kiss (the hand)
szkoda pity
zacząć begin

zwłaszcza especially
rzeźbiarz sculptor
pogoda weather
plakat poster
wspaniały -a -e splendid
piękny -a -e beautiful

zwiedzać to visit (a place), tour, go sightseeing

All – everything – everyone

The word for 'all, everything' is wszystko:

Wszystko jest tanie / drogie. Everything's cheap / expensive.
Wszystko idzie bardzo dobrze. Everything is going very well.

To say 'all, everyone' + plural noun use wszyscy when referring to men / groups of men and women; otherwise use wszystkie:

Nie wszyscy mówią po angielsku. Not everyone speaks English.
Czy są wszyscy? Is everyone here?
Czy znasz wszystkie kraje Europy? Do you know all the countries of Europe?

Exercise 7

Stereotypes and nationalities. First put the nouns denoting nationality into the plural – you will need to take three intelligent, but
not very difficult guesses – then match them with the phrases. When
you have written your (conventionally correct) answers in the
diagram below you will reveal one more nationality:

Anglik, Amerykanin, Chińczyk, Francuz, Japończyk, Niemiec,
Szwed, Włoch

1 są romantyczni
2 dużo mówią i jedzą (*eat*) spaghetti
3 są wysocy i mają blond włosy (*hair*)
4 są niewysocy i lubią komputery
5 zawsze piją (*drink*) herbatę po południu
6 są punktualni i pracowici (*hard-working*)
7 jedzą ryż (*rice*)
8 jedzą tylko hamburgery

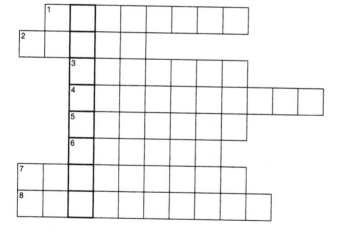

8 W mieście

In town

Dialogue 1 ▣▣

Zwiedzamy centrum

We're visiting the town centre

Maciek is taking his cousin Bartek on a tour of the town centre

BARTEK: Gdzie dzisiaj idziemy?

MACIEK: Dzisiaj zwiedzamy miasto: centrum i stary rynek.

BARTEK: A co ciekawego jest na rynku?

MACIEK: Przede wszystkim wspaniały stary ratusz, kościół i bardzo ładne kamienice. Są tam też kawiarnie i restauracje – możemy coś zjeść, albo czegoś się napić.

BARTEK: A czy idziemy później do tego nowego centrum handlowego?

MACIEK: Do którego?

BARTEK: Nie pamiętam nazwy, ale pamiętam, że na parterze są sklepy, na pierwszym piętrze są restauracje i kawiarnie, a na drugim (piętrze) biura. A w piwnicy jest parking.

MACIEK: Ach, już wiem. Ale to jest na przedmieściu! To bardzo daleko stąd! A co chcesz kupić?

BARTEK: Muszę kupić jakiś prezent dla mamy – ładną bluzkę, albo perfumy. Nie wiem.

MACIEK: Nie musimy jechać tak daleko! Wszystko możesz kupić w centrum.

BARTEK: *Where are we going today?*

MACIEK: *Today we're visiting the town: the centre and the old market square.*

BARTEK: *And what is there of interest on the market square?*

MACIEK: *Above all a magnificent old town hall, a church and very nice [old tenement] houses. There are also cafés and restaurants – we can have something to eat or something to drink.*

BARTEK: *And are we going later to that new shopping centre?*

MACIEK: *Which one?*

BARTEK: *I don't remember the name, but I remember that on the ground floor there are shops, on the first floor there are restaurants and cafés and on the second (floor) offices. And there's a car park in the basement.*

MACIEK: *Ah, now I know. But that's out in the suburbs. It's very far from here! What do you want to buy?*

BARTEK: *I must buy some sort of a present for my mother – a nice blouse or perfume. I don't know.*

MACIEK: *We don't have to go that far! You can buy everything in the town centre.*

Saying where – the locative case

One important use of the locative, as its name suggests, is to express location – most typically with the prepositions → **w** 'in' and **na** 'on, at'.

Co jest ciekawego na rynk<u>u</u>?
What is there of interest on the market square?

Wszystko możesz kupić w centrum.
You can buy everything in the town centre.

Na parterz<u>e</u> są sklepy. W piwnic<u>y</u> jest parking.
On the ground floor there are shops. In the basement there's a car park.

As a general rule use <u>w</u> with countries, towns, institutions, buildings or to say 'in' meaning 'inside, within' as, for example, 'in the newspaper / book / pocket / hand'; <u>**na**</u> is used when referring to open spaces ('on / in the street or market place'), recreational activities and events ('at a concert / conference') and to say 'on *top of*' as in 'on the table / roof'.

After a hard consonant (except *k, g, ch*), masculine and neuter nouns in the locative singular take the ending **-e**:

Kraków, **w Krakowie**	koncert, **na koncercie**
teatr, **w teatrze**	stół *'table'*, **na stole**
kino, **w kinie**	świat *'world'*, **na świecie**
miasto, **w mieście**	zachód *'west'*, **na zachodzie**

Notice the changes in **miasto** and **świat**. Remember: neuter nouns ending in **-um** do not decline in the singular.

After a soft consonant and after *k, g, ch* masculine and neuter nouns take the ending **-u**:

Gdańsk, **w Gdańsku**	rynlek, **na rynku**
kiosk, **w kiosku**	dwolrzec *'station'*, **na dworcu**
pociąg *'train'*, **w pociągu**	lotnisko, **na lotnisku**
hotel, **w hotelu**	przedmieście, **na przedmieściu**
poklój *'room'*, **w pokoju**	morze *'sea'*, **na morzu**

Note also: dom → **w domu** 'in the house; at home' and Paryż → **w Paryżu**.

Feminine nouns after a hard consonant take the ending **-e**; after a soft consonant **-i**:

Polska, **w Polsce**	Anglia, **w Anglii**
ręka, **w ręce**	Francja, **we Francji**
gazeta, **w gazecie**	restauracja, **w restauracji**
poczta, **na poczcie**	konferencja, **na konferencji**
Kanada, **w Kanadzie**	wieś,* **na wsi**

But: **ulica**→ **na ulicy**, **północ** *'north'*→ **na północy**, **twarz** *'face'*→ **na twarzy**, **noc** *'night'*→ **w nocy**.

*****wieś** is the word for 'village' and **we wsi** is 'in the village'; **na wsi** is 'in the country(side)'.

The ending **-e** always turns a hard consonant into a soft consonant. Often this is done by adding to it the letter [**i**]: **kino – w kini-e**, **Kraków – w Krakowi-e, klub – w klubi-e**. At other times there is a consonant swap, as in **Polska – w Polsce**. You met these spelling changes in the previous lesson. Here is a reminder:

d → dzi | k → c | g → dz | r → rz | t → ci | st → ści | ł → l

If all this is a little confusing, don't worry. These endings, and changes, are common, so you will pick them up as you go along.

Locative plurals

The locative plural for nouns of all genders is **-ach**:

**w kinach / teatrach / hotelach / kioskach / restauracjach / miastach
na ulicach / pocztach / lotniskach / konferencjach / twarzach**

Locative of adjectives

In the singular, masculine and neuter adjectives end in **-ym / -im**, feminine adjectives in **-ej**:

Na pierwszym piętrze są restauracje ... na drugim piętrze biura.
On the first floor there are restaurants ... on the second floor, offices.

Note that the first floor is 'one floor up' [US second floor].

W którym hotelu mieszkasz?
Which hotel are you staying (*lit.* living) at?

Na jakiej ulicy pan mieszka?
On which street do you live?

W moim / tym kraju. – Na mojej / tej ulicy.
In my / this country. – On my / this street.

The plural for adjectives of all genders is **-ych / -ich**:

w dzisiejszych czasach   **w dalekich krajach**
in today's times (nowadays)   in distant countries

Being in a country

The locative endings above allow you to say **w** 'in' with the names of most countries – **w Polsce, w Anglii, we Francji** and so on. But take care with the following:

Niemcy 'Germany' **do Niemiec**   → **w Niemczech**
Włochy 'Italy' **do Włoch**   → **we Włoszech**

Węgry 'Hungary' **na Węgry**   → **na Węgrzech**

The names of these three countries are plural in Polish – with irregular locative plural endings. 'China' **Chiny** is also plural (but regular) in Polish so → **w Chinach**; also plural, as you would expect is 'the United States' → **Stany Zjednoczone / w Stanach Zjednoczonych** – or quite simply **USA / w USA** (pronounced: 00-ess-ah).

Exercise 1

Say where you live, using the prompts given:

1 small flat – town centre
2 countryside – France
3 large block of flats (use **blok**) – on the 2nd floor
4 small hotel – Berlin – not far from (+ *gen.*) the railway station
5 student hostel / dormitory (**dom akademicki**) – in Warsaw

Exercise 2

Say where you work – use **pracuję**, and the correct form of the words given:

1 biuro podróży *'travel agency'*   5 duża firma *'large firm'*
2 sklep *'shop'*   6 fabryka *'factory'*
3 księgarnia *'bookshop'*   7 reklama *'advertising'*
4 recepcja *'reception (desk)'*   8 pensjonat *'guest-house'*

Going there + acc. – being there + loc.

To say where located, as in the examples above, use **na / w** + *locative* case. But when **na / w** are used with verbs of motion (**iść** or **jechać**, for example) to say where you are going to, or to what function, event, they are followed by the *accusative*. Compare:

[iść / jechać]	**na lotnisko**	[być]	**na lotnisku**
	na rynek		**na rynku**
	na konferencję		**na konferencji**
	na wakacje (*pl.*)		**na wakacjach**
	w góry (*pl.*)		**w górach**

Idziemy na rynek.	**Jesteśmy na rynku?**
We're going to the market square.	We are on the market square?
Jadę w góry.	**W górach jest pięknie.**
I'm going into the mountains.	It's beautiful in the mountains.

Exercise 3

Say where people are going to (use **iść, jechać** as appropriate) and where they are:

1 We're going to the bus stop – we're at the bus stop.
2 Maria's going to Madrid [**Madryt**] – she's in Madrid.
3 I'm going to the post office – I'm at the post office.
4 Peter's going to Italy – he's already in Italy.

Someone – something – somewhere or other

To say this, all you have to do is add **-ś** to words you already know. For example:

co 'what' → **coś** something   **gdzie** 'where' → **gdzieś** somewhere
kto 'who' → **ktoś** someone   **jaki?** 'what (like)?' → **jakiś** some sort / kind of

Możemy coś zjeść, albo czegoś się napić.*
We can have something to eat or something to drink.

Ktoś tam czeka na pana.
There's someone waiting there for you.

Ona mieszka gdzieś na przedmieściu.
She lives somewhere in the suburbs.

*Use **napić się (czegoś)** for 'have a drink (+ *gen.* of something)', e.g. **herbaty / wody / wina**.

Dialogue 2

Pani na długo w Polsce?

Are you in Poland for long?

Wojtek is on his way to an exhibition of his friend's paintings. He stops to ask Janet Watson the time

WOJTEK: Przepraszam panią, nie mam zegarka. Czy może mi pani powiedzieć, która godzina?

JANET: Niestety, nie mówię za dobrze po polsku. Ale mam zegarek. Proszę – może pan mi powie, która godzina?

WOJTEK: Oczywiście – dziesięć po dwunastej. Pani na długo w Polsce?

JANET: Jeszcze nie wiem. Może na tydzień, na dwa tygodnie, a może na miesiąc. Nie muszę wracać do pracy.

WOJTEK: A co pani robi?

JANET: Maluję.

WOJTEK: Naprawdę? Mój kolega też maluje. . . . Jest chyba dobry, bo właśnie ma wystawę.

JANET: To bardzo ciekawe. Gdzie jest ta wystawa?

WOJTEK: W galerii na rynku. To niedaleko stąd. Może ma pani ochotę ją zobaczyć? Właśnie tam idę.

JANET: Bardzo chętnie. Czy pan też maluje?

WOJTEK: Nie, studiuję informatykę. Przy okazji, pozwoli pani, że się przedstawię. Jestem Wojtek Borowski.

JANET: Bardzo mi miło – Janet Watson.

WOJTEK: *Excuse me, I haven't a watch. Could you tell me what time it is?*

JANET: *Unfortunately I don't speak Polish too well. But I have a watch. Here it is – perhaps you could tell me what time it is?*

WOJTEK: *Certainly – ten past twelve. Are you in Poland for long?*

JANET: *I don't know yet. Perhaps for a week, two weeks – maybe for a month. I don't have to return to work.*

WOJTEK: *And what do you do?*

JANET: *I paint.*

WOJTEK: *Really? My friend paints too. . . . I suppose he's good because right now he has an exhibition.*

JANET: *That's very interesting. Where is this exhibition?*

WOJTEK: *In the gallery on the market square. It's not far from here. Perhaps you'd like to see it? I'm just going there now.*
JANET: *I'd love to. Do you paint too?*
WOJTEK: *No, I'm studying computer science. By the way, let me introduce myself. I'm Wojtek Borowski.*
JANET: *Nice to meet you – Janet Watson.*

Use of właśnie

Właśnie is a useful word to get your point across. As used in the second dialogue it expresses English 'just about to ... (*do something*), right now, at this very moment':

Mój kolega właśnie ma wystawę. **Właśnie tam idę.**
My friend has an exhibition right I'm just going there now.
now.

In other contexts **właśnie** is how you say 'exactly, precisely (so)':

To jest właśnie to, czego That's exactly what I need.
  potrzebuję.
Ale to nonsens! – Właśnie! But that's nonsense! –
  Precisely (quite so)!

Ordinal numbers

Ordinal numbers ('first', 'second' and so on) are adjectives and agree with the noun to which they refer. You will need them to tell the time, as in this lesson, and at a later stage to give the day, month, year:

pierwszy-a -e	**jedenasty**	
drugi-a -ie	**dwunasty**	
trzeci	**trzynasty**	**trzydziesty**
czwarty	**czternasty**	**czterdziesty**
piąty	**piętnasty**	**pięćdziesiąty**
szósty	**szesnasty**	**sześćdziesiąty**
siódmy	**siedemnasty**	**siedemdziesiąty**
ósmy	**osiemnasty**	**osiemdziesiąty**
dziewiąty	**dziewiętnasty**	**dziewięćdziesiąty**
dziesiąty	**dwudziesty**	

The numbers 1–4 decline in the plural. In practice you will rarely meet these forms or need to use them.

To form compounds up to 99 use the numbers above:

21st **dwudziesty pierwszy**   45th **czterdziesty piąty**

In compounds over 100 only the last two numbers are ordinals. So:

145th   **sto** (cardinal) + **czterdziesty piąty** (ordinal)

Telling the time

Która (jest) godzina?   What time is it?

siódma (godzina)

za pięć ósma
za dziesięć ósma

pięć (minut) po siódmej
dziesięć po siódmej

za piętnaście ósma
(za kwadrans ósma)

piętnaście po siódmej
(kwadrans po siódmej)

za dwadzieścia ósma
za dwadzieścia pięć ósma

dwadzieścia po siódmej
dwadzieścia pięć po siódmej

wpół do ósmej
(half to eight)

To say 'at what time', use	**o** + *locative* of the hour: **o siódmej** 'at seven'
For minutes past, say	(no. of minutes) **po** + *locative* of the hour
For minutes to, say	**za** (no. of minutes) + *nominative* of the next hour
To say 'half past', use	**wpół do** *lit.* 'half to' + *genitive* of the next hour

Note also that hours are ordinal numbers, minutes are cardinals; the words for hour and minute(s) are usually omitted. You can also use a digital way of telling the time, as in English; typically this is used when giving the times of trains, flights and so on. For example:

O której (godzinie) odjeżdża pociąg / odlatuje samolot do ...?
At what time does the train / plane leave for (to) ...?

2.15	**druga piętnaście**	**o drugiej piętnaście**
7.30	**siódma trzydzieści**	**o siódmej trzydzieści**
11.40	**jedenasta czterdzieści**	**o jedenastej czterdzieści**

However, to specify the time as a.m. / p.m. you will need to add:
rano 'in the morning', **po południu** 'in the afternoon', **wieczorem** 'in the evening'. To avoid the possibility of misunderstanding timetables and schedules, as elsewhere, use the 24-hour clock:

Pociąg przyjeżdża / samolot przylatuje o piętnastej dziesięć.
The train / plane arrives at 15.10.

Other things you might want to say:

za godzinę, pół *(+ gen.)* **godziny, dziesięć minut**
in an hour's, half an hour's, ten minutes' time

godzinę, pół godziny, dziesięć minut temu
an hour, half an hour, ten minutes ago

co godzinę, co dziesięć minut
every hour, every ten minutes

w południe, o północy
at noon, at midnight

Exercise 4

Can you match the times with the words?:

1	czwarta dziesięć	A 7.45
2	dwunasta trzydzieści	B 4.10
3	trzynasta	C 2.20
4	za piętnaście ósma	D 12.30
5	dwadzieścia po drugiej	E 13.00

Exercise 5

Say at what times (use the digital way) you do the following:

1	get up [**wstawać**]	at 7.45
2	leave [**wychodzić z** + *gen.*] home	at 8.30
3	begin [**zaczynać**] work	at 9.00
4	go for lunch [**lunch** in Polish]	at 13.00
5	finish [**kończyć**] work	at 17.00
6	return [**wracać do** + *gen.*] home	at 18.15

Reading 📼

Kalendarz polskich świąt

A calendar of Polish feast days and holidays

Polacy lubią świętować. Wiele polskich świąt to święta kościelne, choć Polacy często świętują też ważne rocznice historyczne. Prawie w każdym miesiącu można znaleźć okazję do świętowania.

W styczniu mamy Nowy Rok [*New Year*], w lutym dzieci mają ferie zimowe, a zakochani Walentynki [*St Valentine's Day*], w marcu (8 III) obchodzimy Dzień Kobiet [*Women's Day*], w kwietniu często Wielkanoc [*Easter*].

W maju mamy trzy święta: Święto Pracy(1 V) [*Labour Day*], Dzień Konstytucji (3 V) [*Constitution Day*] i Dzień Matki (26 V) [*Mother's Day*]. W czerwcu obchodzimy Dzień Dziecka (1 VI) [*Children's Day*] i (pierwszy czwartek czerwca) Boże Ciało [*Corpus Christi*].

We wrześniu zaczyna się rok szkolny, a w październiku rok akademicki. W listopadzie (1 XI) mamy Wszystkich Świętych [*All Souls*] i (11 XI) Dzień Niepodległości [*Independence Day*]. W grudniu świętujemy Wigilię [*Christmas Eve*], Boże Narodzenie [*Christmas*] i Sylwestra [*New Year's Eve*].

W lecie Polacy mają mniej okazji do świętowania, ale . . . zawsze przecież są wakacje.

Vocabulary

wiele many
święto, *pl.* **święta, świąt** feast day, holiday
święto kościelne / państwowe church / public holiday
świętować celebrate
choć *or* **chociaż** although
ważne rocznice important anniversaries
prawie almost, nearly
w każdym miesiącu (in) every month
znaleźć okazję find an opportunity, occasion
ferie *(pl.)* (school, university) holidays or vacation(s)
zimowy *adj.* winter
zakochani people in love

obchodzić celebrate, commemorate
zaczynać się begin
rok szkolny / akademicki school / academic year

Months and seasons

All the months are masculine in Polish. Like the days of the week, they are written with a small initial letter:

JAN	stycze|ń -nia	w styczniu	*JUL*	lip|iec -ca	w lipcu
FEB	lut|y -ego*	w lutym	*AUG*	sierp|ień -nia	w sierpniu
MAR	ma|rzec -rca	w marcu	*SEP*	wrze|sień -śnia	we wrześniu
APR	kwie|cień -tnia	w kwietniu	*OCT*	październik -a	w październiku
MAY	maj -a	w maju	*NOV*	listopad -a	w listopadzie
JUN	czerw|iec -ca	w czerwcu	*DEC*	gru|dzień -dnia	w grudniu

*luty is an adjective (now archaic) meaning 'severe, bleak'.

Seasons are **pory roku**:

wiosna spring	**na wiosnę**	**wiosną***
lato summer	**w lecie**	**latem***
jesień autumn	**na jesieni**	**jesienią***
zima winter	**w zimie**	**zimą***

* Use these forms to say 'in' meaning 'in the course of / during':

Zimą pada śnieg i jest zimno.
In the winter it snows and it's cold.

The seasons also have adjectival forms – **wiosenny, letni, jesienny, zimowy**. For example: **wiosenna pogoda** 'spring weather', **kurs letni** 'summer course', **zimowe miesiące** 'winter months'.

Here are some other associated expressions:

w tym tygodniu, miesiącu, roku	this week, month, year
w przyszłym / zeszłym roku	next / last year
za miesiąc, tydzień	in a month's, week's time
dwa miesiące / lata temu	two months / years ago

To say how long you're going for, or are here for:

na dzień / tydzień / miesiąc / rok	for a day / week / month / year
na dwa dni / tygodnie / miesiące / lata	for two days ... etc.

Exercise 6

Complete the following letter using the correct form of the words
in brackets:

Droga Suzi,
Bardzo dziękuję za zaproszenie *('invitation')* do Berlina. Niestety
nie mam teraz wolnego czasu. Uczę angielskiego na [uniwersytet],
pracuję też w [mała, prywatna firma] jako tłumacz *('as a translator')*
angielskiego i niemieckiego- to bardzo dużo pracy.
   W [luty] mamy ferie zimowe, ale niestety w [ten rok] muszę być
na [egzamin] z gramatyki. Szkoła kończy się w [czerwiec], ale wtedy
znowu są egzaminy. W [lipiec] to samo *('the same (thing)')*. Dopiero
('only / not until') w [sierpień] mam trochę czasu na odpoczynek
('rest').
   A Ty? Czy masz już plany na wakacje?

Całuję,
Anna

Exercise 7

How would you say?

1 We're going to a restaurant for dinner at eight in the evening.
2 I'm going for three days on a conference to Hungary.
3 We're on holiday in Germany.
4 At what time is the train to ...?
5 The first day of spring.

9 Kolacja w domu
Dinner at home

In this lesson you will learn about:

- Shopping for food
- **O co chodzi?** – What's the problem? / What is it?
- Saying 'supposed / expected to . . .' and 'here you have . . .'
  – two other uses of **mieć**
- Some imperatives
- The genitive plural of nouns and adjectives
- More about numbers and quantities
- Talking about what you were doing or used to do

Dialogue 1 📼

Lista zakupów

A shopping list

Stefan Wolski and his wife Teresa are having guests to dinner. First they make a shopping list

TERESA: Stefan?

STEFAN: Tak, kochanie? O co chodzi?

TERESA: Ile osób ma być dzisiaj na kolacji?

STEFAN: Zaraz . . . Ewa i jej przyjaciel Andrzej, Neil i my – to razem pięć (5) osób. Aha, i jeszcze znajoma Andrzeja i Ewy. Angielka. Nie pamiętam jak się nazywa.

TERESA: Czyli w sumie dwóch (2) . . . nie, trzech (3) panów i trzy (3) panie. To znaczy, że musisz iść do sklepu.

STEFAN: Do sklepu? A po co?
TERESA: Jak to po co? Nie mamy ziemniaków, mięsa ani owoców.
         Musisz też kupić warzywa na sałatkę.
STEFAN: Jakie warzywa?
TERESA: Kilka pomidorów i ogórków, parę marchewek, dwie (2)
         puszki groszku i jedną zieloną sałatę.
STEFAN: A mięso? ... Albo może rybę?
TERESA: To dobry pomysł – ryby są bardzo zdrowe. Nie zapomnij
         kupić owoców. Kilka jabłek, kilo pomarańczy, może
         jeszcze parę bananów.
STEFAN: A lody? Nie chcesz lodów na deser?
TERESA: Tylko nie kawowe! Nie znoszę lodów kawowych. Ale
         możesz kupić czekoladowe albo waniliowe.
STEFAN: Poczekaj, muszę zrobić listę zakupów. Wiesz, że mam
         krótką pamięć.
TERESA: Proszę, tu masz papier i ołówek.

Polish meals

śniadanie	breakfast
drugie śniadanie	*lit.* second breakfast – a mid-morning break for light refreshment
lunch	a light meal or snack about midday, typically in a buffet bar; as work patterns change, lunch is beginning to replace the 'second breakfast'
obiad	dinner – traditionally the main meal of the day, approximately 2 p.m. – 4 p.m.
kolacja	supper – traditionally a light, uncooked meal in the evening. Here again, as work patterns change, it is becoming closer to the idea of dinner as an evening meal. Poles are now more likely to go out to dinner in the evening than in the past, particularly in the cities.

Vocabulary

zakupy *(pl.)* shopping
tak, kochanie yes, darling
zaraz *(here:)* let me see
osoba, *pl.* **osoby, osób** person

znajomy / a acquaintance *m. / f.*
czyli in other words
w sumie in total, in all
jak to po co? what do you mean, what for?
ani (n)or
owoce *(pl.)* fruit
kupić buy
warzywa na sałatkę vegetables for a salad
puszka tin
kilka, parę a few, one or two, some
mięso meat
ryba fish
zdrowy healthy
lody *(pl.)* ice cream
na deser for dessert
tylko nie kawowe! anything but coffee (flavoured)
zrobić listę make a list
krótka pamięć short memory
papier i ołówek paper and pencil

Fruit and vegetables

burak beetroot
cebula onion
fasola beans
groszek -ku peas
grzyb mushroom
kapusta cabbage
marchewka carrot
ogórek -ka cucumber
pomidor tomato
sałata lettuce
ziemniak / kartofiel -la potato

banan banana
cytryna lemon
czarna porzeczka blackcurrant
czereśnia cherry
gruszka pear
jabłko apple
malina raspberry
pomarańcza orange
śliwka plum
truskawka strawberry
winogrona grapes

O co chodzi? *What's the problem? / What is it?*

Here is a quite different use of **chodzić**, used in Lesson 6 to mean going places (on foot) on a regular / habitual basis. You can use **chodzić** to make sure you understand what someone is saying, the point they're trying to make, what's at issue. For example:

O co ci *(casual sing.)* **/ panu, pani** *(formal man, woman)* **chodzi?**
What are you trying to say? What's on your mind?

Nie rozumiem, o co ci chodzi.
I don't understand what you're getting at.

Nie chodzi o to.
That's not the point.

O to właśnie chodzi!
That's precisely the point!

Uses of mieć 'to have'

The verb **mieć** figures in a number of constructions. Examples from previous lessons include:

Jak się masz?	How <u>are you</u>?
Na co masz (pan(i) ma) ochotę?	What do you <u>feel like having / doing</u>?
Nie ma czasu, kawy ...	There's <u>no</u> time, coffee ...

Here are two more uses of **mieć**:

• when combined with another infinitive it provides you with one way of saying 'supposed / expected to be, do':

Ile osób ma być dzisiaj na kolacji?
How many people are we expecting (are supposed to be coming) to dinner today?

Co mam robić?   **Co to ma być?**
What am I (supposed) to do? What's this supposed to be?

• when giving or pointing out something **mieć** expresses English 'here's ... / here you have ...':

Proszę, tu masz papier i ołówek.   Here's paper and a pencil.

Going to get things

To say what you're going for – in order to buy / get – use **iść po** + *accusative*:

Stefan musi iść po zakupy.   **Idę do kiosku po gazetę.**
Stefan has to get (go for) the shopping.   I'm going to the kiosk to get a newspaper.

'To go shopping' is **iść na zakupy**.

Saying: Wait! – Remember! – Take care!

You have already met a number of imperative forms of the type friends use to each other, and which are common in advertising. Here is a reminder and some other examples:

poczekaj wait   **napisz** write
pamiętaj remember   **zadzwoń** ring
nie zapomnij don't forget   **pośpiesz się** hurry
uważaj take care; look out   **siadaj** sit down

To form the plural when talking to friends simply add **-cie** to the above. So: **poczekajcie, pamiętajcie** and so on.

We will come back to the imperative in more detail later.

The genitive plural

- Most **masculine** nouns end in **-ów** in the genitive plural:

nom. sing.	*nom. pl.*	*gen. pl.*
student	studenci	studentów
Polak	Polacy	Polaków
turysta	turyści	turystów
pan	panowie	panów
bilet	bilety	biletów
język	języki	języków

For most nouns denoting nationalities, the genitive plural is formed regularly by adding **-ów** to the male singular form, as in **Polak – Polaków, Anglik – Anglików**. But note the following:

Amerykan|in – Amerykanów, Niem|iec – Niemców, Rosjanin – Rosjan.

Remember that masculine nouns ending in **-a** (**kolega, turysta**) decline like feminine nouns in the singular but like masculine nouns in the plural.

- After a <u>soft consonant</u>, masculine and feminine nouns take the ending **-i** in the genitive plural; after other consonants that Polish grammar treats as soft, for example **c** and **rz (ż)**, they add **-y**:

nom. sing.	nom. pl.	gen. pl.
gość guest	goście	gości
hotel	hotele	hoteli
lekcja	lekcje	lekcji
kawiarnia	kawiarnie	kawiarni
podróż journey	podróże	podróży
lekarz doctor	lekarze	lekarzy
noc night	noce	nocy

Exceptions and deviations include:

dzień day	dni or dnie	dni
tydzień week	tygodnie	tygodni
miesiąc month	miesiące	miesięcy
rok year	lata	lat
kraj country	kraje	krajów
brat brother	bracia	braci

- Feminine nouns ending in **-a** (after a preceding hard consonant), and neuter nouns ending in **-o**, **-e**, drop the final vowel in the genitive plural – but this can lead to spelling changes:

nom. sing.	nom. pl.	gen. pl.
kobieta	kobiety	kobiet
mapa	mapy	map
Polka	Polki	Polek*
matka	matki	matek*
pani	panie	pań
miasto	miasta	miast
słowo	słowa	słów
jabłko	jabłka	jabłek*
mieszkanie	mieszkania	mieszkań

For neuter nouns ending in **-um** the pattern is as follows: **muzeum – muzea – muzeów**.

*The **-e-** in **Polek** and **matek** is added simply for ease of pronunciation. Compare **wtorek** → **we wtorek** 'on Tuesday', which illustrates the reverse process, where nouns whose nom. sing. ends in **-ek** or **-iec / -ies** lose the **-e-**, **-ie-** whenever a case ending is added to them: **od wtorku** 'from Tuesday', **Niemiec – Niemców**.

Genitive plural of adjectives

The genitive plural of all adjectives is **-ych**, or (after *k*, *g* and soft consonant) **-ich**:

ten, nowy, duży	**tych, nowych, dużych**
drogi, mój, twój	**drogich, moich, twoich**

Exercise 1

Look at the shopping list below. Say which products Agnieszka did not buy:

marchewki	carrots	ziemniaki	potatoes
✓ cukier	sugar	banany	bananas
✓ kiełbasa	sausage	ryby	fish
lody	ice-cream	jajka	eggs
bułki	rolls	✓ chleb	bread
✓ ser	cheese	pomidory	tomatoes
ogórki	cucumbers	✓ makaron	pasta

For example: *Agnieszka nie kupiła marchewek.*

Exercise 2

Complete the following, using the correct genitive plural of the words in brackets:

1 Nie mam już _____ (czyste skarpetki '*clean socks*').
2 Nie lubię _____ (słodkie ciastko '*sweet cake*').
3 Nie znam _____ (ten pan).
4 Nie znoszę zimna '*the cold*' i _____ (długa noc).

The accusative plural of masculine personal nouns

The accusative plural of nouns denoting men / mixed groups of people is the same as their genitive plural:

Znam / nie znam tych panów.	I know / don't know these (gentle)men.

Lubię / nie lubię turystów. I like / don't like tourists.

Remember, the accusative plural of all other nouns – masculine, feminine and neuter – is the same as their nominative plural.

More about numbers

With plural nouns that represent men – or groups of men and women – Polish uses the genitive form of the cardinal numbers you met in Lesson 7 + genitive plural of the noun:

1	jed|en -na -no	_____	5	pięć	**pięciu**
			6	sześć	**sześciu**
2	dwa _(m. / n.)_ dwie _(f.)_	**dwóch**	7	sied|em	**siedmiu**
3	trzy	**trzech**	8	oś|em	**ośmiu**
4	cztery	**czterech**	9	dziewięć	**dziewięciu**
			10	dziesięć	**dziesięciu**

For numbers from 11 to 19 replace the 'teen' ending **-naście** with **-nastu:** jede<u>naście</u> → **jede<u>nastu</u>,** dwanaście → **dw<u>unastu</u>,** trzy<u>naście</u> → **trzy<u>nastu</u>** and so on. Similarly: 20 dwadzie<u>ścia</u> → **dw<u>udziestu</u>,** 30 trzydzieści → **trzydziestu**, 40 czterdzieści → **czterdziestu.**

For 50 to 90 replace the **-iąt** endings with **-ięciu**: pięćdziesiąt → **pięćdziesięciu,** sześćdziesiąt → **sześćdziesięciu,** and so on. **Sto** 'hundred' becomes **stu**.

Now for some reminders, and other things you need to know about using numbers.

Numbers and nouns

- After **jed|en -na -no / dwa, dwie / trzy, cztery** use the _nominative sing. / pl._:

  jeden student, bilet; **jedna** Polka, kobieta; **jedno** miasto
  dwa, trzy, cztery bilety, tygodnie, pomidory, miasta
  dwie, trzy, cztery studentki, Polki, kobiety, panie

- After all numbers relating to men – and numbers from 5 upwards relating to other nouns – use the _genitive plural_:

  dwóch, trzech, czterech, pięciu . . . studentów, Polaków, panów
  pięć, sześć . . . studentek, Polek, biletów, tygodni

- Remember that if a compound number ends with **dwa**, **dwie**, **trzy** or **cztery** the noun is *nominative plural*:

  dwadzieścia dwie studentki; dwadzieścia cztery miesiące

- Only the masculine form of 'one' – **jeden** – is used in compounds; it does not change and the case of the noun is determined by the number preceding it. So:

  dwadzieścia jeden studentek / dwudziestu jeden studentów

Numbers and verbs

When numbers (apart from 'one') relating to men, and other numbers from 5 upwards, are the subject of the sentence, Polish uses the 3rd person singular of the verb (present tense) or the 3rd person singular neuter form of the past tense, which you will meet later in this lesson:

   dwóch, trzech, czterech studentów **czeka / czekało** na autobus
   pięć studentek, pięciu turystów **jedzie / jechało** do Warszawy

Exercise 3

Use the correct form of the numbers and words given to complete Wojtek's short account of his train journey:

Siedzę sam w przedziale i czytam książkę. Nagle otwierają się drzwi i do przedziału wchodzą (2 młoda dziewczyna) _____, a za nimi (3 żołnierz) _____ Wchodzi też (2 mały chłopiec) _____, ale szybko zaczynają się nudzić i idą szukać kolegów. Potem (3 żołnierz) _____ wychodzi na papierosa. Nagle pojawia się (3 Japończyk) _____ i siadają na ich miejscach. Kiedy żołnierze wracają zaczyna się kłótnia, ale nikt nie zna japońskiego, więc w końcu żołnierze wychodzą. Następnym razem jadę autobusem!

   Wojtek's story introduces some new words:

siedzieć be sitting	**wychodzić** go out
siadać sit down	**żołnierz** soldier
sam alone	**nudzić się** be bored
przedział compartment	**pojawiać się** appear
nagle suddenly	**kłótnia** quarrel
otwierać się open	**w końcu** finally
wchodzić come in	**następnym razem** next time

How many? - some, a few

Here are some common words (and their genitive forms) to use when talking about quantity:

ile? - ilu? how many, much (of)?
(nie)wiele - (nie)wielu (not) many, much, (not) a lot (of)
parę - paru a couple, one or two
kilka - kilku a few

For higher indefinite numbers you can use *(nom.)* **kilkanaście -** *(gen.)* **kilkunastu** 'a dozen or so', **kilkadziesiąt - kilkudziesięciu** 'twenty and more; dozens; scores', **kilkaset - kilkuset** 'several hundred'.

Remember that expressions of quantity require the genitive - and when referring to men, mixed groups of people, you need to use the genitive forms of the words above:

Ile to kosztuje? - Parę złotych. How much does this cost?
  - A couple of zlotys.
Ilu jest studentów? - Kilkuset. How many students are there? - Several hundred.

But:

Ile osób ma być dzisiaj na kolacji?
How many people (persons) are we expecting to dinner today?

After an indefinite number the verb is 3rd person singular (neuter in the past tense):

Wielu studentów musi dzisiaj płacić za studia.
Many students today have to pay for their studies.

Exercise 4

Count aloud the following:

two days - five months - three years - twenty-one years - two brothers and three sisters - several hundred tourists - a dozen or so guests - thirty students.

Exercise 5

Complete the sentence using the correct form of one of these verbs: **uczyć się, kupować, mieszkać, mówić, zpominać, chodzić, lubić, mieć**. There is one verb too many!

1 Dziś na kolacji _____ być sześć osób.
2 Do tej szkoły _____ 600 uczniów 'pupils'.
3 Wiele kobiet _____ czekoladę i lody.
4 W Warszawie _____ dwa miliony ludzi.
5 Wielu turystów _____ mapy.
6 Kilku studentów _____ się języka polskiego.
7 Wiele osób _____ po angielsku.

Dialogue 2 📼

Przy stole

At the table

One of the guests Stefan has invited, Neil Howard, has had a busy day and is a little late

NEIL: Przepraszam za spóźnienie, ale miałem dzisiaj dużo pracy.
STEFAN: Nic nie szkodzi. Ja też byłem dzisiaj bardzo zajęty. Przez cały dzień pisałem raport dla dyrektora.
NEIL: Mam nadzieję, że państwo nie czekali na mnie.
STEFAN: Nie, jest pan w samą porę. Proszę ... *(They join the other guests).* Ewę pan już zna, a to jest Andrzej i Janet.
NEIL: Bardzo mi miło – Neil Howard.
EWA: Teresa, na pewno gotowałaś przez cały dzień!
TERESA: Ależ skąd!
EWA: Ja nie potrafię gotować. Kiedy byłam mała zawsze chodziliśmy do restauracji, na studiach mieliśmy stołówkę, a teraz mam męża – on gotuje.
TERESA: A ja zawsze lubiłam gotować. Kiedyś dla relaksu szłam do kina, czytałam, albo oglądałam telewizję. Teraz jednak wolę gotować.
JANET: Ja zawsze malowałam. A pan? Co pan robi dla relaksu?

NEIL: Kiedyś grałem w tenisa, albo szedłem na basen. Teraz
         wolę słuchać muzyki.

Vocabulary

stół, stołu, *loc.* **stole** table
zajęty busy, occupied
przez cały dzień all day (long)
mam nadzieję, że I hope that
mnie (*acc.* of **ja**) me
jest pan w samą porę you're right on time
na pewno for sure, no doubt
gotlować -uję, -ujesz to cook
na studiach at college / university
stołówka canteen, refectory
kiedyś in the past, at one time
dla relaksu to relax (*lit.* for relaxation)
malować to paint
na basen to a swimming pool

Nie szkodzi

Nie szkodzi (or **nic nie szkodzi**) means 'never mind', 'it doesn't
matter', 'it's all right'. The verb **szkodzić** means literally 'to harm'
so, in context, 'no harm done'.

Do you remember? **przepraszam za** (+ *acc.*) **spóźnienie** 'I'm sorry
I'm late (*lit.* for the delay, late arrival)'; **ależ skąd** 'not at all, nothing
of the sort'.

Talking about what you were doing or used to do

The Polish verb has three tenses: the present, past and future. So
far we have used only the present tense, to say what people are
doing / what is happening or what they do / what happens on a
regular, habitual basis.

In the second dialogue people are talking about what they were
or had been doing during the day, and what they used to do or
were in the habit of doing in the past. To say this in Polish you
use the past tense imperfective. (The name 'imperfective' does not

mean there is something wrong with it; it comes from Latin and means 'unfinished'.)

Note the exchanges between Neil and Stefan in the first part of the dialogue:

... miałem dzisiaj dużo pracy. / Ja też byłem ... bardzo zajęty. Przez cały dzień pisałem raport dla dyrektora. / Mam nadzieję, że państwo nie czekali na mnie.

... I had a lot of work today. / I too was (have been) very busy. I was (I've been) writing a report for the director all day. / I hope you weren't (haven't been) waiting for me.

Later the conversation turns to what people used to do in the past. For example:

Kiedy byłam mała zawsze chodziliśmy do restauracji.
When I was little we always used to go (out to eat) to a restaurant.

Kiedyś grałem w tenisa, albo szedłem na basen.
In the past I played tennis or I'd go to a swimming pool.

Forming the past tense imperfective

The past tense imperfective is easy to form; simply remove the final **-ć** of the infinitive and add the endings below. The verb **być** 'to be' can serve as a model. Notice that a distinction is made between the three genders in the singular, and between masculine personal nouns (men and mixed groups) and all other nouns in the plural:

Sing.	Masc.		Fem.		Neut.
(ja)	by- łem		by- łam		——
(ty)	by- łeś		by- łaś		——
on	by- ł	ona	by- ła	ono	by- ło

Pl.	Masc. pers.		Other nouns
(my)	by- liśmy		by- łyśmy
(wy)	by- liście		by- łyście
oni	by- li	one	by- ły

In the first and second person plural the stress falls, exceptionally, on the third syllable from the end: **byliśmy, byliście / byłyśmy, byłyście**.

- Verbs ending in **-(i)eć** show a slight deviation from the general rule; in the past imperfective the [e] is replaced by [a], except in the masculine personal forms. For example:

mieć have

Sing. **mia-łem (mia-łam), mia-łeś (mia-łaś), mia-ł (mia-ła)**
Pl. **mia-łyśmy, mia-łyście, mia-ły** *but* mieliśmy, mieliście, mieli

Similarly: **chcieć** 'want', **musieć** 'have to', **wiedzieć** 'know (a fact)', **umieć** 'know (how to)', **myśleć** 'think', **woleć** 'prefer'.

- Two common verbs – **móc** 'be able to' and **iść** 'go (on foot)' – are irregular in the past imperfective:

Sing.

Masc.	*Fem.*	*Neut.*	*Masc.*	*Fem.*	*Neut.*
mogłem	**mogłam**	——	**szedłem**	**szłam**	——
mogłeś	**mogłaś**	——	**szedłeś**	**szłaś**	——
mógł	**mogła**	**mogło**	**szedł**	**szła**	**szło**

Pl.

Masc. pers.	*Other nouns*	*Masc. pers.*	*Other nouns*
mogliśmy	**mogłyśmy**	**szliśmy**	**szłyśmy**
mogliście	**mogłyście**	**szliście**	**szłyście**
mogli	**mogły**	**szli**	**szły**

Take care! In colloquial usage, the past-tense endings **-ś, -śmy** and **-ście** are often separated from the verb and attached to a preceding word; in this process the masculine singular form **-eś** loses the **-e**. Some examples:

Wiem, że tam byłeś / byłaś.   **Wiem, żeś tam był / była.**
I know that you were there.

Gdzie mieszkaliście?   **Gdzieście mieszkali?**
Where did you live?

Długo czekaliśmy na autobus.   **Długośmy czekali na autobus.**
We waited a long time for the bus.

Exercise 6

Say in Polish:

1 We used to meet when I worked in London.
2 When Maria was little she didn't like going to school.
3 What do you (*casual plural*) do to relax?
4 We (*women*) had a lot of work today.
5 Do you (*formal sing.*) often go to Poland?

Exercise 7

Can you remember how to say the following?

1 What are you (*casual sing.*) trying to say?
2 You're (*formal sing.*) right / just on time.
3 I hate / can't stand coffee ice-cream.
4 I'm sorry for being late.
5 That's a good idea.

A reminder about the verbs 'to go'

The verbs **iść** 'go *on foot*' and **jechać** 'go *by transport*' are used when talking about movement in a specific direction at a specific time. To talk about going somewhere regularly or habitually, Polish uses **chodzić** (on foot) and **jeździć** (by transport).

For example, one of the things Teresa found relaxing in the past was to go to the cinema: **szłam do kina** 'I'd go to the cinema'; and Neil says: **grałem w tenisa, albo szedłem na basen** 'I played tennis or I'd go to a swimming pool'. Janet on the other hand says: **Kiedy byłam mała zawsze chodziliśmy do restauracji** 'When I was little we always used to go (out to eat) to a restaurant'.

In the first two, Teresa and Neil use the past tense of **iść** because they're looking back and telling us what *they'd be doing* at a specific time; in the third example Janet uses **chodzić** because she's talking about something her family did regularly in her childhood.

10 Czy mogę panu zadać kilka pytań?

Can I ask you a few questions?

In this lesson you will learn about:

- The instrumental case
- The future tense of **być** 'to be'
- Saying what you are and what you do
- Saying how old someone is
- Travelling – by car, bus, train
- Talking about what you will be doing

Dialogue 1 ▣

Czym się pan zajmuje?

What do you do?

*A journalist (**dziennikarz**) from a local radio station is interviewing people in the street for a programme he's making. He approaches Neil Howard*

DZIENNIKARZ: Dzień dobry panu. Jestem dziennikarzem „Radia W". Czy mogę panu zadać kilka pytań?
NEIL: Proszę bardzo.
DZIENNIKARZ: Czy mogę pana prosić o nazwisko?
NEIL: Neil Howard. Jestem Anglikiem.

DZIENNIKARZ: A czy mogę pana zapytać czym się pan zajmuje?
NEIL: Pracuję w firmie komputerowej w Bristolu.
DZIENNIKARZ: Czyli jest pan informatykiem?
NEIL: Niezupełnie. Jestem dyrektorem tej firmy.
DZIENNIKARZ: Rozumiem. Jak długo jest pan już w Polsce?
NEIL: Dwa tygodnie. Będę tutaj jeszcze miesiąc – może nawet dłużej.
DZIENNIKARZ: A pańska rodzina?
NEIL: Rodzina jest w Anglii. Żona jest nauczycielką, córka – ma teraz 25 (dwadzieścia pięć) lat – jest projektantką mody, a syn jeszcze studiuje.
DZIENNIKARZ: Bardzo dziękuję za rozmowę.
NEIL: Proszę bardzo.

Vocabulary

zadać pytanie ask (*lit.* put) a question (to someone)
panu / pani to you *m. / f.*
zapytać ask
firma komputerowa computer company (a 'computer' is **komputer**)
informatyk computer (systems) specialist
niezupełnie not exactly

będę I will be
może nawet dłużej maybe even longer
rodzina family
nauczyciel / ka teacher *m. / f.*
projektant / ka mody fashion designer *m. / f.*
rozmowa conversation, talk
dziękuję za rozmowę thank you for talking to me

Saying what you are, what you do

In the very first lesson you learned how to introduce yourself, to say who you are, using **być** + *proper name*: **Jestem Janet. Janet Watson.** To say <u>what</u> you are – when talking about your nationality, status, relationship to others – or what you do for a living requires a new case of the noun – the instrumental. This is not a difficult case. For example:

> **Neil jest Anglik<u>iem</u>. Jest dyrektor<u>em</u> firmy komputerowej. Jego żona jest nauczycielk<u>ą</u>, (jego) córka jest projektantk<u>ą</u> mody, a (jego) syn jest student<u>em</u>.**
> Neil is English (an Englishman). He's a director of a computer company. His wife is a teacher, his daughter is a fashion designer and his son is a student.

> **Anna jest siostrą / koleżanką Romana. Stefan jest mężem Teresy.**
> Anna is Roman's sister / friend. Stefan is Teresa's husband.

Instrumental of nouns

When you form the instrumental case:

- masculine and neuter nouns end in **-em** (**-iem** after *k, g*)
- feminine nouns end in **-ą**
- in the plural, nouns (all genders) end in **-ami**: **jesteśmy studentami, Polakami, siostrami**

> **Czym się pan / pani zajmuje?** **Jaki jest pański / pani zawód?**
> What do you do (for a living)? What's your profession?

Here is a selection of job titles and professions:

aktor / ka actor / actress	**architekt** architect
dziennik-arz / -arka journalist	**dyrektor** director
lek-arz / -arka doctor (physician)	**inżynier** engineer

mal-arz / -arka painter

nauczyciel / ka teacher

pielęgni-arz / -arka nurse

policjant / ka policeman / woman

sprzedaw-ca / -czyni salesperson

minister politician in government

prawnik lawyer

profesor professor

redaktor editor

szef boss

Some of these words have a masculine and feminine form as indicated. However, as you can see from the list on the right, the names of some professions are grammatically masculine but embrace both men and women.

You can use **być** + *instrumental* to say what you want to be:

Chcę studiować medycynę i być lekarzem.
I want to study medicine and be a doctor.

You can also use this construction to say what something is:

Europa jest kontynentem.
Europe is a continent.

Warszawa jest stolicą Polski.
Warsaw is the capital of Poland.

Instrumental of adjectives

To put an adjective in the instrumental case, just remember that:

- in the singular, masculine + neuter adjectives take the ending **-ym (-im** after *k, g* and soft consonant)
- feminine adjectives end in **-ą**
- in the plural the ending for adjectives of all genders is **-ymi / -imi**:

Moim ulubionym miastem / krajem jest ...
My favourite town / country is ....

Piotr i Anna są moimi nowymi sąsiadami.
Piotr and Anna are my new neighbours.

Exercise 1

Below you will find a puzzle containing the names of various professions. However, the clues have not been numbered, and appear in the incorrect order. Can you match the numbers in the puzzle with the clues below?

```
 1       11
 K   S   I   Ą   D   Z
         2
         P   I   E   L   Ę   G   N   I   A   R   K   A
     3
     F   R   Y   Z   J   E   R
 4
 N   A   U   C   Z   Y   C   I   E   L
         5
         L   E   K   A   R   Z
             6
             D   Z   I   E   N   N   I   K   A   R   Z
             7
             A   R   C   H   I   T   E   K   T
 8
 K   I   E   R   O   W   C   A
     9
     P   O   L   I   C   J   A   N   T
             10
             M   A   L   A   R   Z
```

CLUES:

teaches at school	catches criminals
designs houses	writes for a newspaper
works in a shop	takes care of ill people
treats ill people	paints pictures or walls
preaches in a church	drives a car
does your hair	

Talking about your age

In Polish you <u>have</u> an age:

Ile masz (pan, pani ma) lat? — How old are you?
Mam osiemnaście, czterdzieści lat. — I'm 18, 40 (years old).
Mam trzydzieści dwa (trzy) lata — I'm 32 (33).

Ona ma dopiero szesnaście lat. — She is only just 16.
On ma prawie dwadzieścia lat. — He's almost 20.

You also <u>finish</u> an age:

Skończyłem(-am) piętnaście / pięćdziesiąt lat.
I've turned 15 / 50.

Note also, colloquially:

On (ona) jest po trzydziestce, czterdziestce, pięćdziesiątce.
(S)he's over 30, 40, 50.

Exercise 2

How would you say these things about yourself or other people?:

1 You are an Englishman, you are 24 years old, a journalist and you work in London.
2 He is German, he is 50, he speaks English, knows Polish, he is a doctor and works in a hospital in Berlin.
3 Teresa is Spanish, she is 19 years old, she is short, has black hair, she is a student in Madrid.
4 You are a Frenchwoman, you are 31, your husband is a lawyer, your son is 5 years old, your daughter is just 3, you live in Lille.
5 They are Swedish, they are architects, they have no children, they live in Stockholm.

Vocabulary

szpital hospital
włosy hair
Madryt Madrid
Sztokholm Stockholm
Lille Lille (*indeclinable*)
Szwed / ka Swede *m. / f.*

Exercise 3

Jaka jest twoja rodzina? What's your family like?

This is an open-ended exercise. Use the vocabulary below to talk about yourself and your family, or an imaginary family, if you prefer – the main point is to consolidate and revise some basic vocabulary and structures:

rodzice -ów parents
ojciec – matka father – mother
syn – córka son – daughter
mąż – żona husband – wife
brat – siostra brother – sister
wujek – ciotka uncle – aunt
dziadek – babcia grandfather – grandmother
kuzyn – kuzynka cousin

Remember that the *acc. / gen.* of **mąż** is **męża**. Include information about what you / they do, how old they are, where they live. For example:

> Nazywam się _____ Mam rodziców, brata / dwóch (2) braci i siostrę / dwie (2) siostry. Mam _____ lat(a) i jestem _____ Mieszkam w (+ *loc.*) _____ Uczę się (+ *gen.*) _____ Chcę być _____ .

The future tense of być 'to be'

Like its present tense, the future of **być** is irregular:

(ja) **będę**	(my) **będziemy**
(ty) **będziesz**	(wy) **będziecie**
on, ona, ono **będzie**	oni, one **będą**

Look out for these forms, and how people talk about what they will be doing, in the second dialogue.

Dialogue 2

Co robisz jutro?

What are you doing tomorrow?

Jacek's father will not be at home during the weekend. He has left behind his car and the car keys. Jacek suggests to his friend Tomek that they take a trip to the seaside but Tomek is worried by the idea

JACEK: Cześć! Co robisz jutro?

TOMEK: Jeszcze nie wiem. A czemu pytasz?

JACEK: Mojego ojca nie będzie w domu przez cały weekend, a ja mam jego kluczyki do samochodu. Co powiesz na wycieczkę nad morze?

TOMEK: Samochodem twojego ojca? A co, jeśli będziemy mieli wypadek?

JACEK: Ty zawsze jesteś pesymistą. W gazecie piszą, że pogoda będzie fantastyczna. Zamiast siedzieć w domu będziemy pływać w morzu i opalać się.

TOMEK: A jeśli coś się stanie? Twój ojciec będzie wściekły, a my będziemy musieli pracować całe lato, żeby naprawić samochód.

JACEK: Nie wierzysz, że jestem dobrym kierowcą?
TOMEK: Nie o to chodzi.
JACEK: Chcesz siedzieć w domu przez cały weekend?
TOMEK: Nie, ale czy nie możemy po prostu pojechać autobusem?
JACEK: I gdzie tu przygoda?

Vocabulary

czemu? *(colloq.)* / **dlaczego? why?**
samochlód -odu car
kluczyki do samochodu car keys
co powiesz na *(+ acc.)* **wycieczkę nad morze?** what would you say to a trip to the seaside?
mieć wypadek have an accident
pogoda the weather
zamiast instead of
siedzlieć -ę, -isz sit, be sitting
a jeśli coś się stanie? and if something happens?
wściekły furious
żeby naprawić in order to repair
wierzlyć -ę, -ysz believe
kierowca driver
nie o to chodzi that's not the point
po prostu simply
pojechać autobusem go by bus
i gdzie tu przygoda? and where's the fun (*lit.* adventure) in that?

Talking about what you will be doing

To say what you will be doing or to talk about things happening in the future, you use the future imperfective. This tense is formed in two ways:

1 the future tense of **być** 'to be' + the imperfective infinitive *or*
2 the future tense of **być** + third person sing. / pl. past imperfective forms of the verb (see previous lesson).

czekać 'to wait'

	1	*2*
będę **będziesz** **będzie**	**czekać**	**czekał, czekała, czekało** *(masc., fem., neuter)*
będziemy **będziecie** **będą**	**czekać**	**czekali, czekały** *(masc. pers., other nouns)*

Both tense-forms convey the same meaning: the first (with the infinitive) is easy, particularly for the learner, but you need to be able to use and recognize both. Remember also that the past-tense forms identify much more clearly who is doing something / speaking.

Pogoda będzie fantastyczna ... Będziemy pływać w morzu i opalać się.
The weather will be fantastic ... We'll be swimming in the sea and sunbathing.

Wieczorem będę oglądać / oglądał(a) telewizję. A co ty będziesz robić / robił(a)?
In the evening I'll be watching television. And what will you be doing?

Gdzie będziecie mieszkać / mieszkali(ły)?
Where will you (are you going to) be living?

Żeby – *so as to, in order to*

Będziemy musieli pracować całe lato, żeby naprawić samochód.
We'll have to work all summer (in order) to repair the car.

Jedziemy do Paryża, żeby zwiedzić Luwr / grób Napoleona.
We're going to Paris (in order) to visit the Louvre / Napoleon's tomb.

Żeby mieć dobrą pracę, musisz studiować.
To have a good job, you have to study.

Means of transport – the instrumental again

This is another opportunity to remind yourself of the verbs – **jechać** 'go, travel' and its partner **jeździć** (when talking about going or travelling on a regular, habitual basis) – used with the instrumental case:

jechać	**autobusem** by bus		**samochodem** by car, auto
	tramwajem by tram, streetcar		**taksówką** by taxi, cab
jeździć	**pociągiem** by train		**metrem** by metro, underground, subway
lecieć 'fly'	**samolotem** by plane		

To form the instrumental plural, remove **-em / -ą** and add **-ami**.

Perhaps you were puzzled when, at the end of the second dialogue, Tomek asked: **Czy nie możemy po prostu pojechać autobusem?** 'Can (could) we not simply go by bus?' The verb **jechać** appears here in a different form. This will be explained in the next lesson.

Other uses of the instrumental case

The instrumental is used after the following prepositions; these appear in a number of constructions but one of their functions is to denote location:

między between **nad** above, over **pod** below, under **(po)za** behind, beyond **przed** in front of, before

Postój taksówek jest przed hotelem. Za hotelem jest park.
The taxi rank is in front of the hotel. Behind the hotel there's a park.

Polska położona jest między Bałtykiem a Karpatami, między Niemcami a Rosją.
Poland is situated between the Baltic and the Carpathians, between Germany and Russia.

Warszawa leży nad (rzeką) Wisłą, Londyn nad Tamizą.
Warsaw lies on the (River)Vistula, London on the Thames.

Clearly Warsaw and London do not lie literally on the surface of a river (in Polish this would be **na rzece**) but above its banks, alongside it.

If you use these prepositions to say where you're going to, then the instrumental is replaced by the accusative. For example, 'at the seaside' is **nad morzem**, like **nad rzeką** 'on, at the river (side)'. So:

Jedziemy nad rzekę / nad morze.
We're going to the river / seaside.

Mieszkamy nad rzeką / nad morzem.
We live on the river / at the seaside.

Exercise 4

Complete the following using the prompts given:

1 Czekamy na przystanku ... *(in front of the station: **dworzec**).*
2 Wakacje spędzamy ... *(out of town).*
3 Piotr często ... *(goes on bicycle to the riverside).*
4 Agata mieszka ... *(between Warsaw and Lublin).*
5 Z Warszawy do Gdańska ... *(one can fly or go by train).*

Exercise 5

Translate into Polish. For the purpose of this exercise, use the future of **być** + the past tense forms of the verb:

1 When are you *(casual, sing.)* going to be in Poland?
2 We'll be waiting for you *(formal, sing.)* at the airport.
3 Teresa will be studying in Germany.
4 Where are you *(casual, pl.)* going to be living?
5 Tomorrow we'll be visiting the Old Town and the market place.

Reading 🔲

Wrocław

Wrocław, situated on the River Odra (Oder), and the fourth largest town in Poland, has a long and rich history. There are many places to visit and things to see, and each year it hosts many international festivals of theatre and music. With this information (and the translations of some key words in the body of the text), see how much you can understand of the passage before consulting the vocabulary and notes at the end

Położony nad rzeką Odrą, Wrocław jest starym i pięknym miastem o bogatej historii.

Najstarszą (*oldest*) częścią miasta jest Ostrów Tumski ze średniowieczną (*medieval*) katedrą. We Wrocławiu trzeba też zobaczyć wspaniały gotycki ratusz (*gothic town hall*) oraz barokową Aulę (*baroque Assembly Hall*), która jest częścią siedemnastowiecznego (*seventeenth-century*) uniwersytetu. Doskonałym miejscem na spacery jest Ogród Botaniczny, a także największy (*largest*) w Polsce Ogród Zoologiczny. W ciągu dnia można spędzić czas w muzeach i galeriach, wieczorem można wybrać się do teatru, opery, filharmonii albo klubu. Wielką atrakcją kulturalną Wrocławia jest też Panorama Racławicka – gigantyczna rotunda z panoramicznym obrazem, który przedstawia Bitwę pod Racławicami.

Wrocław jest czwartym co do wielkości miastem w Polsce i jednym z najciekawszych (*most interesting*) polskich miast. Co roku odbywa się tu wiele międzynarodowych festiwali muzycznych i teatralnych.

Vocabulary

piękny beautiful
o bogatej historii with a rich history
część part (of)
trzeba zobaczyć one should see
wspaniały magnificent
też / także also
doskonały excellent
w ciągu dnia during the day
spędzić czas spend time
galeria gallery
filharmonia concert hall
przedstawiać represent, depict
co do wielkości *lit.* as regards size
odbywać się take place
międzynarodowy festiwal international festival
muzyczny / teatralny *adj.* musical / theatrical

Notes

Wrocław – its other case forms are a little irregular; note in particular **Wrocławia** (*gen.*) and **we** (*loc.*) **Wrocławiu**.

Ostrów Tumski – once an island in the river, this is where Wrocław was originally founded and where its first church was built – hence its name (in old Polish) 'Cathedral Island'.

Panorama Racławicka 'The Racławice Panorama' – a gigantic panoramic painting, housed in a specially designed rotunda, this is one of Wrocław's most visited sights. The painting depicts the Battle of Racławice (1794) where, armed with little more than scythes and pitchforks, a Polish peasant army led by Tadeusz Kościuszko, also one of the heroes of the American War of Independence, won a famous victory over the Russians.

Saying 'with': z + instrumental

Idę z kolegą do kina.	I'm going with my friend to the cinema.
Mieszkam z rodzicami.	I live with my parents.
Mam spotkanie z dyrektorem.	I have got a meeting with the director.

Remember that **z** + *genitive* means 'from (a place)': **jestem z Londynu** 'I'm from London', **wracamy z teatru / z koncertu** 'We're returning from the theatre / from a concert'.

Asking, saying 'which (one), who'

In an earlier lesson you used **który, która, które** as question words to ask 'which one?'. They are also used in clauses when talking about 'the person who' or 'the thing which':

Mam brata, który jest lekarzem i siostrę, która jest pielęgniarką.
I have a brother who is a doctor and a sister who's a nurse.

Mieszkam w hotelu, który jest w centrum miasta.
I'm living (staying) in a hotel that is in the centre of town.

To jest kolega, z którym byłem na wakacjach.
This is the friend with whom I was on holiday.

It is a convention in Polish that clauses beginning with **który -a -e**, **że** 'that' and **żeby** 'in order that' are preceded by a comma.

Trzeba 'one should; it is necessary'

Impersonal constructions – for example, with **trzeba** or **można /
wolno** 'one can', which you met in Lesson 5 – are quite common
in Polish; they translate any person, the impersonal 'you' or 'one'
– depending on context – and are followed by the infinitive:

We Wrocławiu trzeba zobaczyć Panoramę Racławicką.
In Wrocław you should see the Racławice Panorama.

Żeby kupić dom, trzeba mieć dużo pieniędzy.
To buy a house one needs to have a lot of money.

Nie trzeba się martwić.
There's no need to worry.

Exercise 6

Complete the following using the correct form of **który, która,
które**:

1 Do _____ restauracji idziemy na obiad?
2 To jest muzeum, w _____ jeszcze nie byłem.
3 To są koleżanki, z _____ studiuję.
4 Na _____ pan mieszka ulicy?
5 O _____ godzinie jest pociąg?

Exercise 7

Do you remember how to say these?

1 What do you (*casual, sing.*) do?
2 How long have you (*formal, sing.*) been in Poland?
3 I will be here for another month.
4 That is not the point.
5 The weather is going to be fantastic!
6 Wrocław is the fourth largest town in Poland.

11 Co się stało?

What happened?

In this lesson you will learn about:

- Verb aspects
- Saying what happened, what you did — the perfective past
- Verb families
- Saying how long something has been going on
- Prefixed verbs of motion
- Nouns derived from numbers

Dialogue 1 🔲

Czekam już pół godziny

I've already been waiting for half an hour

Maciek has been waiting for Wojtek outside the cinema. The film started twenty minutes ago. Wojtek explains what made him late

MACIEK: Co się stało? Czekam już pół godziny! Dlaczego się spóźniłeś?

WOJTEK: To długa historia.

MACIEK: Nie szkodzi. Film się zaczął 20 minut temu. Mamy dużo czasu do następnego seansu!

WOJTEK: Przepraszam, ale najpierw zadzwoniła Agnieszka, a wiesz jak ona zawsze długo rozmawia przez telefon. Potem przyszła sąsiadka pożyczyć trochę cukru i też plotkowała przez 10 minut. Na ulicy spotkałem profesora i musiałem z nim porozmawiać. Potem uciekł mi autobus.

MACIEK: Mogłeś zrobić to co ja. Ja wyszedłem z domu dużo wcześniej, nie spóźniłem się na autobus i dlatego byłem tu na czas.

WOJTEK: No tak, ale ty zawsze jesteś dobrze zorganizowany.

Vocabulary

pół + *gen. sing.* half (of)
dlaczego się spóźniłeś? why are you late?
to długa historia that's a long story
do następnego seansu to the next screening / showing (of a film)
najpierw / potem first (of all) / then
zadzwoniła / przyszła (she) rang / came
sąsiad / ka neighbour *m. / f.*
pożyczyć borrow
plotkować to gossip
spotkałem I met
z nim (*instr.* of **on** 'he') with him
porozmawiać have a talk
uciekł mi autobus I missed the bus
mogłeś zrobić to co ja you could have done what I did
wyszedłem z domu I left home
dużo wcześniej much earlier
dlatego that's why
na czas on time

Verb aspects

With few exceptions a Polish verb has two closely related forms, called the imperfective and perfective aspects, to translate one English verb. For example:

	Imperfective	*Perfective*
ring, call	**dzwonić**	**zadzwonić**
meet, come across	**spotykać**	**spotkać**
go *on foot*	**iść**	**pójść**
go *by transport*	**jechać**	**pojechać**

The majority of verbs you have met so far have been imperfective. The following is a simplified guide to some of their main uses, and those of their perfective partners:

- The imperfective (unfinished) aspect of a Polish verb describes actions and events happening in the present, past and future. In other words it is used to say what you are doing / what is happening, what you were doing / what was happening or what you will be doing / what will be going on.
- It is also used to talk about repeated, habitual actions and events – 'I go / used to go / will be going to the cinema every week'.
- To say what happened / what you did, as in this lesson, or what will happen / what you will do (see Lesson 12) Polish uses the perfective (finished) form of the verb. Perfective verbs emphasize completion and result and, by definition, do not have a present tense.

Further explanations will be provided as we go along.

What happened? – the perfective past

The perfective past tense is formed in exactly the same way as the imperfective past in Lesson 9. Remember that the past-tense endings indicate gender in the singular and distinguish between masculine personal nouns and all other nouns in the plural:

> Co się stał<u>o</u>? ... Najpierw zadzwoni<u>ła</u> Agnieszka ... potem przysz<u>ła</u> sąsiadka ... spotkał<u>em</u> profesora.
> What (is it that) happened? ... First Agnieszka rang ... then a neighbour came ... I met my professor.

Note that, apart from its use to say what happened and what people did, the perfective is also used when talking about what has / had to be done or to say, for example, what you came to do or want to do. So:

Chcę <u>kupić</u> samochód / <u>pojechać</u> do Rzymu.	I want <u>to buy</u> a car / <u>to go</u> to Rome.
Sąsiadka <u>przyszła</u> <u>pożyczyć</u> trochę cukru.	A neighbour <u>came to borrow</u> some sugar.
Musiałem z nim <u>porozmawiać.</u>	I had <u>to have a talk</u> with him.
Mogłeś <u>zrobić</u> to co ja.	You could <u>have done</u> what I did.

Recognizing imperfectives and perfectives

There is no simple rule what form a perfective verb (or, conversely, an imperfective verb) will take, but there are some ways of recognizing the aspect of a verb and remembering it.

Some perfective verbs are formed by adding a prefix to the corresponding imperfective verb:

dzwonić	za-dzwonić	ring, call
pytać	za-pytać	ask, enquire
czytać	prze-czytać	read
pisać	na-pisać	write
uczyć się	na-uczyć się	learn
rozmawiać	po-rozmawiać	talk, converse
dziękować	po-dziękować	thank
czekać	po-czekać	wait
robić	z-robić	do, make
rozumieć	z-rozumieć	understand
słyszeć	u-słyszeć	hear

Others are formed by changing the suffix or stem of the imperfective, which may result in a change of conjugation:

dawać	dać	give
spotykać (się)	spotkać (się)	meet (one another)
kupować	kupić	buy
wracać	wrócić	return, come back
spędzać	spędzić	spend (time)
zwiedzać	zwiedzić	visit (a place)*
przepraszać	przeprosić	apologize
pomagać	pomóc	help
spóźniać się	spóźnić się	be late

*Remember: to visit people is **odwiedzać / odwiedzić**.

Some verbs have quite different imperfective / perfective partners. For example (but see also the sections on verb families and prefixed verbs of motion later in the lesson):

mówić	powiedzieć	speak, say, tell
widzieć	zobaczyć	see
oglądać	obejrzeć	watch, look at
brać	wziąć	take

A few verbs have no perfective partner. The most common examples include: **być** 'be' – **mieć** 'have' – **chcieć** 'want' – **móc** 'be able to' – **musieć** 'have to (do something)' – **wiedzieć** 'know (a fact)' – **mieszkać** 'live, stay (reside)'.

From now on the aspect of verbs (*impf. / pf.*) will be identified for you.

Aspects in use

Note the contrast between the *imperfective* and <u>perfective</u> in the following examples. Note also that verbs denoting states and processes rather than single actions are normally imperfective (and a number of such verbs – **być** and **mieć**, for example – do not have perfective forms):

Sąsiadka <u>przyszła</u> i *plotkowała* przez dziesięć minut.
A neighbour came and gossiped (kept gossiping) for ten minutes.

Wojtek <u>wyszedł</u> z domu wcześniej i *był* tu na czas.
Wojtek left home earlier and was here on time.

<u>Skończyła</u> pracę, <u>poszła</u> do domu i *oglądała* telewizję.
She finished work, went home and watched television.

***Chciałem* <u>zadzwonić</u>, ale nie *miałem* czasu.**
I wanted to ring (call) but I didn't have time.

Exercise 1

Translate the following pairs of sentences. What is the aspect of each verb and why?

1 (a) Widziałem Piotra dzisiaj rano.
  (b) Proszę zobaczyć, co się stało.
2 (a) Długo rozmawialiśmy przez telefon.
  (b) Spotkałem kolegę i musiałem z nim porozmawiać.
3 (a) Co robiłaś wczoraj?
  (b) Kiedy to zrobiłaś?

Exercise 2

Rewrite the following, using the perfective past:

1 Nie rozumiem, co on mówi.

2 Wieczorem spotykamy się w klubie.
3 Kiedy wracasz do domu?
4 Spędzamy wakacje nad morzem.
5 Marek nie idzie dziś do pracy.

Verb families

A Polish verb can have a smaller or larger extended family. Prefixes, as you have seen, are used to form the perfective aspect but – and here you need to take care – they are also used to create new or related verbs. For example:

Imperfective	*Perfective*	
pisać	**na-pisać**	write

$$\downarrow$$

od-pisywać	**od-pisać**	write back, reply
pod-pisywać	**pod-pisać**	sign (*lit.* underwrite)
o-pisywać	**o-pisać**	describe
prze-pisywać	**prze-pisać**	rewrite
za-pisywać	**za-pisać**	write down, record

Note that each new perfective verb has its own, new imperfective partner.

Similarly:

mówić	**powiedzieć**	say, tell
odpowiadać	**odpowiedzieć**	reply, answer
opowiadać	**opowiedzieć**	relate, recount
prosić	**poprosić**	ask, request
przepraszać	**przeprosić**	apologize
zapraszać	**zaprosić**	invite
dawać	**dać**	give
oddawać	**oddać**	give back, return
podawać	**podać**	pass, hand, serve
zadawać	**zadać**	put a question, set a task

Note that:

- the present tense of **pisać** is irregular → **piszę, piszesz ...**
- in the case of verbs ending in **-ować / -ywać** or **-awać** the present tense is quirky. For example, **plan|ować** → **plan-uję, plan-ujesz**;

odpislywać → odpis-uję, odpis-ujesz ... ; dalwać → da-ję, da-jesz ...

- **prosić** has a change of consonant in the 1st person sing. and 3rd person pl.: (ja) **pro<u>sz</u>ę**, (ty) **prosisz** ... (oni, one) **pro<u>szą</u>**.

Beginning, finishing

Two more verbs you need to know:

zaczynać (się)	**zacząć (się)**	begin, start
kończyć (się)	**skończyć (się)**	finish, end

In these examples, <u>people</u> start and finish things:

Zaczynam mówić / rozumieć po polsku.
I'm beginning to speak / understand Polish.

O której godzinie zaczynasz / kończysz pracę?
What time do you start / finish work?

But when talking about the time that <u>things</u> start / finish, Polish uses reflexive forms of these verbs:

Film zaczął się / skończył się pół godziny temu.
The film started / finished half an hour ago.

Kiedy zaczynają się / kończą się wakacje?
When do the vacations start / end?

The words for 'beginning / end(ing)' are **początek / koniec**.

How long has this been going on?

Note that, to ask and reply to this type of question, English uses a form of the past tense while Polish uses the present tense – because whatever you are referring to is still going on:

Czekam już godzinę / pół godziny.
I've already been waiting an hour / for half (of) an hour.

Znamy się miesiąc / rok / dwa lata.
We've known each other a month / year / two years.

Jak długo tu mieszkasz?
How long have you been living here?

However, if you are referring to a specific day, month, year or clock time since when you've been doing something, then you will need to use **od** + *gen*. For example:

Pracuję tu od poniedziałku / od maja / od siódmej rano.
I've been working here since Monday / May / seven o'clock in the morning.

Note also:

Znamy się od dawna.
We've known each other a long time (from way back).

Dialogue 2 🔵🔵

Przepraszam, chyba się zgubiłam

Excuse me, I think I'm lost

Janet Watson is looking for the Gallery of Contemporary Art. The gallery is near the market place and she has the address. But she

*has lost her way. She asks a passer-by, a man, for directions. He suggests she takes a tram: number 13 (**trzynastka**) will do but numbers two (**dwójka**) and seven (**siódemka**) are better*

JANET: Przepraszam pana, ale chyba się zgubiłam. Jak nazywa się ta ulica?
MĘŻCZYZNA: To jest ulica Matejki. Dokąd pani idzie?
JANET: Do Galerii Sztuki Współczesnej. To gdzieś koło rynku. O proszę, tu mam adres: ul. Krótka 12 a.
MĘŻCZYZNA: Tak, to rzeczywiście koło rynku. Ale rynek jest daleko stąd.
JANET: Wiem. Byłam tam pół godziny temu. Potem poszłam prosto, skręciłam w lewo, przeszłam przez park, minęłam kościół i się zgubiłam.
MĘŻCZYZNA: Najpierw musi pani wrócić na rynek, a potem proszę kogoś zapytać o drogę do galerii. Na rynek może pani dojechać stąd tramwajem. Trzynastka ma przystanek niedaleko rynku, ale lepiej pojechać dwójką albo siódemką. One jadą prosto na rynek.
JANET: Dziękuję panu bardzo.
MĘŻCZYZNA: Nie ma za co.

Vocabulary

gubić się / zgubić się lose one's way, get lost
sztuka współczesna contemporary art (*lit.* art contemporary)
rzeczywiście indeed
skręcać / skręcić w lewo turn left
przechodzić / przejść go through, across
mijać / minąć pass (by); go past
pytać / zapytać o drogę ask the way
kogoś (*acc.* of **ktoś**) someone
dojeżdżać / dojechać get to (a place)
lepiej *adv.* better
albo or
prosto directly, straight
nie ma za co don't mention it

Prefixed verbs of motion

Prefixes are added to the basic verbs 'to go', which you know already, to specify more precisely the different types of motion –

'arriving', 'departing' and so on. Verbs formed from **iść** and **jechać** are perfective, those formed from **chodzić, jeździć** are imperfective:

to go (on foot)   to go (by transport)

Impf.	Pf.		Impf.	Pf.
przychodzić	przyjść	arrive, come	przyjeżdżać	przyjechać
odchodzić	odejść	depart, go away	odjeżdżać	odjechać
wchodzić	wejść	enter, come in	wjeżdżać	wjechać
wychodzić	wyjść	leave, go out of	wyjeżdżać	wyjechać
przechodzić	przejść	cross	przejeżdżać	przejechać
dochodzić	dojść	get to, reach	dojeżdżać	dojechać

Notes and reminders

The conjugation of the imperfective verbs above is the same as for all other regular verbs ending in **-ić** or **-ać**; to remind yourself see the relevant lessons.

Iść, its perfective partner **pójść** and their 'family of verbs' are irregular. To form the perfective past add the imperfective past endings of **iść** after the prefixes; in the case of **pójść** there is a spelling change of **ó → o**. So:

sing. **po-szedłem (-szłam), po-szedłeś (-szłaś), po-szedł (-szła)**
pl. **po-szliśmy (-szłyśmy), po-szliście (-szłyście), po-szli (-szły)**

Note also that **wejść** and **odejść** (but not **przejść**) drop the **-e-** in the masc. sing. forms of the past tense:

w-szedłem, w-szedłeś, w-szedł *but* **we-szłam, we-szłaś, we-szła** etc.

The present tense of **jeździć** is also irregular; here is a reminder which will also explain the source of **-jeżdżać** in the regular verbs above:

sing. **jeżdżę, jeździsz, jeździ** *pl.* **jeździmy, jeździcie, jeżdżą**

Verbs ending in -(n)ąć

This suffix is characteristic of some perfective verbs. There have been two in this lesson: **zaczynać (się) / zacząć (się)** 'start, begin' and **mijać / minąć** 'pass (by)'. Note that in the past tense the **-ą-** is replaced by **-ę-**, except in the masc. sing. forms. So:

sing. **minąłem, minąłeś, minął** *but* **minęłam, minęłaś, minęła**
pl.   **minęliśmy (-łyśmy), minęliście (-łyście), minęli (-ęły)**

Nouns from numbers

In English there are many ways of making 'number words': a banknote is 'a tenner', a bus is a 'no. 63', musicians are 'a trio', and so on. In Polish there is one set of 'number words':

> 1 **jedynka** 2 **dwójka** 3 **trójka** 4 **czwórka** 5 **piątka** 6 **szóstka** 7 **siódemka** 8 **ósemka** 9 **dziewiątka** 10 **dziesiątka** 11 **jedenastka** 12 **dwunastka** ... then in multiples of ten: 20 **dwudziestka** 30 **trzydziestka** ... 100 **setka**.

They are commonly used in colloquial Polish, some in set phrases, to refer to almost anything identifiable by a number – this includes room numbers, banknotes, sizes of clothing, groups of people and bus / tram numbers. All these are feminine nouns and they decline like **matka**.

Trzynastka ma przystanek niedaleko rynku.
The number 13 stops (has a stop) not far from the market square.

Czy może pani rozmienić setkę na dwie pięćdziesiątki?
Can you change a 100 (banknote) for two fifties?

Jedziemy we trójkę na wycieczkę do Gdańska.
The three of us (as a group, threesome) are going on a trip to Gdańsk.

Exercise 3

You want to get to the Teatr Powszechny. You (A) stop someone (B) to ask how you can get there. Here are B's answers. Can you work out the questions you need to ask?

A₁ _____?
B Teatr Powszechny? Niestety to bardzo daleko stąd.
A₂ _____?
B Autobusem nie, ale może pan tam dojechać tramwajem.
A₃ _____?
B Przystanek tramwajowy jest po drugiej stronie ulicy.

A$_4$ _____?
B Tramwajem numer trzynaście.
A$_5$ _____
B Proszę bardzo.

Reading 📼

Z pamiętnika Doroty

From Dorota's diary

Dzień zaczął się bardzo zwyczajnie. Wstałam o siódmej rano, ubrałam się, umyłam* i zrobiłam kawę. Wyszłam z domu o ósmej, żeby zdążyć na autobus. Na przystanku spotkałam Agatę. Niestety nasz autobus nie przyjechał. Zaczęłyśmy się martwić, że spóźnimy się do pracy. Postój taksówek był niedaleko, ale niestety nie miałyśmy dużo pieniędzy. Nagle przy przystanku zatrzymał się samochód i młody kierowca zapytał się, czy wiemy, jak dojechać do dworca. Zanim zdążyłam odpowiedzieć usłyszałam jak Agata mówi: 'Oczywiście, że wiemy. Dworzec jest zaraz obok naszego biura. Czy może nas pan podwieźć?' Popatrzyłam na nią zdziwiona, bo dworzec jest na przeciwnym końcu miasta, ale nic nie powiedziałam. . . . Po paru minutach byłyśmy już przed biurem. 'A gdzie jest dworzec?' zapytał kierowca. 'Proszę jechać za tym autobusem' odpowiedziała Agata i poszła do biura. No i co miałam zrobić?

*When two or more reflexive verbs follow one another the **się** is normally not repeated.

Vocabulary

zwyczajnie *adv.* as usual
wstawać / wstać get up
ubierać (się) / ubrać (się) dress (oneself)
myć (się) / umyć (się) wash (oneself)
zdążyć *(pf.)* **na autobus** be on time for the bus
zdążyć coś zrobić manage to do something (on time)
martwić (się) / zmartwić (się) worry (oneself)
zanim *conj.* before
zaraz obok + *gen.* right next to

Exercise 4

Look at the text above and find the following phrases:

1 At the other (opposite) end of town.
2 Follow that bus.
3 What was I supposed to do?
4 A car stopped at (by) the bus stop.
5 Can you give us a lift?
6 I looked at her in surprise.

Exercise 5

Do you remember how to say these in Polish?

1 I've already been waiting for 20 minutes.
2 I missed the bus / tram.
3 What time does the film start?
4 We've lived here for five years.
5 We must ask someone the way.

12 Dobrze, że pana widzę!

Just the person I want to see!

In this lesson you will learn about:

- Saying what you will do
- Saying 'whether . . . or' and 'either . . . or'
- How to say 'no one', 'nothing' and 'not anyone/anything'
- The accusative and genitive of personal pronouns
- How to say 'by/on my own' and 'together'

Dialogue 1 🔲

Mam problemy z tym tłumaczeniem

I've got problems with this translation

Neil Howard is having difficulties understanding the English translation of a report originally drafted in Polish. His colleague Stefan Wolski offers to help him

NEIL: Dzień dobry. Dobrze, że pana widzę!
STEFAN: Tak? A co się stało?
NEIL: Mam problemy z tym tłumaczeniem, które dostałem wczoraj. Nie rozumiem o co chodzi. Tłumacz chyba nie przetłumaczył całego raportu.
STEFAN: Jeszcze nie widziałem tłumaczenia raportu. Ale mam w domu polską wersję.
NEIL: A czy mogę ją zobaczyć?
STEFAN: Mogę ją panu przynieść jutro do pracy.

NEIL: Niestety, nie wiem, czy mój polski jest tak dobry, żeby przeczytać cały raport i wszystko zrozumieć.

STEFAN: Mam pomysł. Czy ma pan wolny wieczór?

NEIL: Tak, nie zaplanowałem jeszcze niczego.

STEFAN: To zapraszam do nas na kolację. Potem razem przeczytamy ten raport. Teresa nam pomoże – ona dobrze tłumaczy.

NEIL: To wspaniale! Przyjadę do pana o siódmej? Czy ta godzina panu odpowiada?

STEFAN: Jak najbardziej.

Vocabulary

z tym (*instr.* of **to**) with this
tłumaczenie translation
dostawać / dostać get, receive
tłumaczyć / przetłumaczyć translate
czy mogę ją zobaczyć? can I see it?
przynosić / przynieść bring
mam pomysł I've got an idea
planować / zaplanować plan
niczego (*gen.* of **nic**) nothing
do nas to our house (*lit.* to us)
razem together
przeczytamy we will read
Teresa nam pomoże Teresa will help us
to wspaniale! that's fantastic!
przyjadę I'll come
czy ta godzina panu odpowiada? Is that time convenient for you?
jak najbardziej most certainly, very much so

Saying what you will do – the perfective future

The perfective future expresses what you will do, what will happen or will be done. To form the future tense of perfective verbs use the present tense forms of imperfective verbs. Remember that the *impf. / pf.* partners may belong to quite different conjugations, as for example, **kup!ować (-uję, -ujesz) / kupić (-ę, -isz)** 'to buy':

czekać	kupować	iść
poczekać	**kupić**	**pójść**

poczekam I'll wait	**kupię** I'll buy	**pójdę** I'll go
poczekasz	**kupisz**	**pójdziesz**
poczeka	**kupi**	**pójdzie**
poczekamy	**kupimy**	**pójdziemy**
poczekacie	**kupicie**	**pójdziecie**
poczekają	**kupią**	**pójdą**

Examples:

Przeczytamy to wieczorem. We'll read it in the evening.
Teresa nam pomoże. Teresa will help us.
Przyjdę / przyjadę o siódmej. I'll come at seven.
Zadzwonię, kiedy wrócę. I'll ring when I (will) get back.

To remind yourself of the present-tense endings (which you now need to form the perfective future) go back to the relevant lesson for that verb. The easiest way to find this is to refer to the grammar index at the end of the book.

Exercise 1

Rewrite the following, using the perfective future:

1 Co on mówi?
2 Kupiła bilet i wraca do domu.
3 Idziemy wieczorem do kina.
4 Kiedy on przyjechał?
5 Czy piszesz do Moniki?
6 Spotykamy się o siódmej.
7 Zrobiliśmy to razem.
8 Będę rozmawiał z nim jutro.

Exercise 2

Complete the following, using the future tense of the verbs in brackets (but note the aspect of the verbs given):

1 Teresa (wiedzieć) gdzie to jest.
2 Kolega (czekać) na pana na lotnisku.
3 One na pewno (zrobić) to jutro.
4 Jeszcze nie skończyliśmy pracy, (skończyć) jutro.
5 Przepraszam, ale nie (móc) przyjść.

Aspects and tenses reviewed

Learning, recognizing and understanding the different forms of a
Polish verb is an important part of learning the language. To help
you revise, here are some verbs you know in all their tenses – the
present, the imperfective past and imperfective future; the perfective past and perfective future:

	Present	Past	Future
czekać *impf.*	czekam	czekałem (am)	będę czekać/czekał (a)
poczekać *pf.*	——	poczekałem (am)	poczekam
pisać *impf.*	piszę	pisałem (am)	będę pisać / pisał (a)
napisać *pf.*	——	napisałem (am)	napiszę
kupować *impf.*	kupuję	kupowałem (am)	będę kupować / kupował (a)
kupić *pf.*	——	kupiłem (am)	kupię
mówić *impf.*	mówię	mówiłem (am)	będę mówić/mówił (a)
powiedzieć *pf.*	——	powiedziałem (am)	powiem

To continue with the revision, look at these examples of how the
different tenses above are used to say different things:

piszę do Marka	I'm writing to Mark
piszę do Marka często	I often write to Mark
pisałem do brata, kiedy ...	I was writing to my brother, when ...
pisałem co dzień	I used to write every day
będę pisał do Marka jutro	I'll be writing to Mark tomorrow
będę pisał co tydzień	I'll write (be writing) every week
napisałem to wczoraj	I wrote this yesterday
napiszę za tydzień	I'll write in a week's time

If you choose the wrong aspect or tense, then in most everyday
situations a Pole will generally understand what you are trying to
say. However, if you are involved in more complicated discussions,
or if you want to interpret a text accurately, you have to take care
and be alert to the differences.

Exercise 3

Translate the following

1 We meet, go to a café and talk a long time over coffee *'przy kawie'*.
2 I'll ring (call) you *(formal, sing.)* tomorrow.
3 He came in, said good morning and left.
4 I've invited Anna and Marek to dinner.
5 When do you *(formal, sing.)* normally *'zwykle'* finish work?
6 We were waiting. Why didn't you *(casual, sing.)* ring and (not) say that you wouldn't come?

Czy and *albo*

You know **czy** as a word to introduce a question. It is also used as a conjunction to ask / say 'whether (if)' and 'whether ... or ...':

Czy pan jest Anglikiem, <u>czy</u> Polakiem?
Are you English <u>or</u> Polish?

Marek pytał, <u>czy</u> kupiłeś bilety do teatru.
Marek was asking <u>whether (if)</u> you'd bought tickets to the theatre.

Nie wiem, <u>czy</u> mój polski jest tak dobry, żeby zrozumieć wszystko.
I don't know <u>whether (if)</u> my Polish is good enough (in order) to understand everything.

Nie wiem, <u>czy</u> pojechać na konferencję <u>czy</u> nie.
I don't know <u>whether</u> to go to the conference <u>or</u> not.

In 'either / or' statements, which involve two mutually exclusive possibilities, use **albo**:

<u>Albo</u> to jest prawda, <u>albo</u> nie.
Either it's true or it's not.

Wieczorami czytam książki <u>albo</u> oglądam telewizję.
In the evenings I read books or watch television.

Co będziesz robić dzisiaj? – Nie wiem jeszcze. (<u>Albo</u>) będę w domu, <u>albo</u> pójdę do kina.
What are you going to be doing today? – I don't know yet. (<u>Either</u>) I'll be at home <u>or</u> I'll go to the cinema.

Nikt *no one* – nic *nothing*

If you use 'no one' **nikt** (*gen.* **nikogo**) or 'nothing' **nic** (*gen.* **niczego**) in a sentence, or want to say 'not ... anyone / anything', then you must also put **nie** before the verb:

<u>Nikt</u> <u>nie</u> przyszedł.	No one came.
<u>Nic</u> o tym <u>nie</u> wiem.	I don't know anything about it.
<u>Nie</u> zaplanowałem jeszcze niczego.	I haven't planned anything yet.
<u>Nie</u> znam tu <u>nikogo</u>.	I don't know anyone here.

Remember also:

<u>Nigdy</u> <u>nie</u> mam czasu.	I never have time.
<u>Nic</u> <u>nie</u> szkodzi.	It doesn't matter; that's all right.

The accusative and genitive of personal pronouns

It's time to go back to personal pronouns:

Nom.	ja 'I'	ty 'you'	on 'he'	ona 'she'	ono 'it'
Acc.	mnie	ciebie, cię	jego, go (niego)	ją (nią)	je (nie)
Gen.	mnie	ciebie, cię	jego, go (niego)	jej (niej)	jego, go (niego)

Nom.	my 'we'	wy 'you'	oni 'they'	one 'they'
Acc.	nas	was	ich (nich)	je (nie)
Gen.	nas	was	ich (nich)	ich (nich)

Where a personal pronoun has more than one form, use the short form, except after a preposition:

Widziałem ją / go wczoraj.	I saw her / him yesterday.

After a preposition use, where available, the forms in brackets; in the case of 'you' (singular) use the longer form **ciebie**:

Zadzwonię do ciebie jutro.	I'll ring you tomorrow.
Czy napisałaś do niego / do niej?	Have you written to him / to her?
Czekam na nią / na nich.	I'm waiting for her / for them.

When emphasis is required choose (if there is a choice) the longer form:

Ją znam, ale jego nie (znam).   I know *her*, but I don't know *him*.

Kocham ciebie, a nie jego.   I love *you* (and) not *him*.

Remember that **on / ona** mean 'he / she' when referring to people, but 'it' when referring to things.

Exercise 4

Complete the following, using the correct form of the personal pronouns in brackets, first one and then the other:

1 Spotkałem _____ w autobusie.   [on / ona]
2 Czy już napisałeś e-mail do _____?   [on / ona]
3 Zadzwonię do _____ jutro   [ty / wy]
4 Czekaliśmy na _____ przed teatrem.   [oni / one]
5 Jan zaprosił _____ na kolację.   [ja / my]

Dialogue 2 🎧

Idziemy na imieniny

We're going to a name-day party

Monika rings Agnieszka to ask her what she's doing that evening. The telephone is answered by Agnieszka's mother

MAMA AGNIESZKI:	Słucham?
MONIKA:	Dzień dobry. Mówi Monika Jankowska. Czy mogę rozmawiać z Agnieszką?
MAMA AGNIESZKI:	Dzień dobry. Już proszę Agnieszkę.
AGNIESZKA:	. . . Słucham. Tu Agnieszka.
MONIKA:	Cześć Agnieszka! Tu Monika. Co robisz dziś wieczorem?
AGNIESZKA:	Nie mam jeszcze planów, a czemu pytasz?
MONIKA:	Idziemy do Piotra na imieniny. Chcesz też pójść?
AGNIESZKA:	Bardzo chętnie. O której?
MONIKA:	O ósmej, ale przyjedziemy po ciebie o wpół do ósmej.

AGNIESZKA:	Dobrze. Będę gotowa ... Och nie! Monika, poczekaj!
MONIKA:	Co się stało?
AGNIESZKA:	O wpół do ósmej nie mogę! Czekam na bardzo ważny telefon z Anglii o ósmej.
MONIKA:	To może przyjedziesz sama? Podam ci adres. Masz coś do pisania?
AGNIESZKA:	Tak. Możesz mówić.
MONIKA:	Ul. Andromedy 12 / 5. To na osiedlu Kopernika. Mieszkanie na trzecim piętrze, na prawo od windy. Blok ma zielone drzwi. Trafisz?
AGNIESZKA:	Na pewno.
MONIKA:	To do zobaczenia.

Vocabulary

przyjedziemy po + *acc.* **ciebie** we'll come for you
będę gotowa I'll be ready
ważny telefon important telephone call
sam(a) by yourself *m.* *(f.)*
podam ci adres I'll give you the address
masz coś do pisania? have you something to write with?
osiedle (housing) estate
na prawo od windy to the right of the lift / elevator
blok block of flats / apartment block
drzwi *(pl.)* door
trafiać / trafić find one's way (to somewhere)
na pewno certainly, (for) sure

Imieniny

Poles traditionally celebrate their name day (**imieniny**) – the feast day of the saint after whom they were named – rather than their birthday (**urodziny**). Polish calendars, diaries and newspapers indicate whose name day is celebrated on any given day of the year.

Alone, oneself – together

sam -a -o alone, oneself   **razem** together

Monika przyjedzie sama. Monika will come on her own.
Sam to zrobiłem. I did it myself.
Mieszkasz sam, czy razem z Do you live alone or with your
rodziną? family?
Idziemy wszyscy razem. We're all going together.

Sam is also used to say 'the same':

Mieszkamy na tej samej We live on the same street.
ulicy.
Myślę to samo, co ty. I think the same as you.
To wszystko jedno i to samo. It's all one and the same thing.

Addresses

Here is a typical example:

imię i nazwisko   **Piotr Kawecki**
ulica, numer domu, numer   **ul. Andromedy 12 / 5** [*or* **ul.**
mieszkania   **Andromedy 12, m. 5**]
kod pocztowy, miasto   **04 – 320 Wrocław**

When addressing the envelope, unless to family or friends, add **Szanowny Pan**, **Szanowna Pani**, **Szanowni Państwo** before the name. It is common practice to use the abbreviated forms – **Sz. Pan**, **Sz. Pani**, **Sz. Państwo**.

If you want to tell someone the second line of the address above, say the following:

ulica Andromedy dwanaście przez (= ' / ') **pięć** *or*
ulica Andromedy dwanaście, mieszkania (numer) **pięć**

Although you don't live literally (out) on a street (**na ulicy**), but in a house alongside it (**przy ulicy**), colloquial Polish uses both, but increasingly prefers **na**:

Na / przy której mieszkasz ulicy?   Which street do you live on?

However, when it comes to large companies or institutions, it is normal to use **przy**:

Ministerstwo ... jest przy ulicy ...   The Ministry (of) ... is on ... Street

Street names

Names of streets, squares and so on are either:

- adjectives – often derived from the institution or occupation originally associated with them. For example, **ulica Szpitalna**, **ulica Szewska** = Hospital Street, Shoemakers' Street, or
- genitives of names of people and of historical events. For example, **ulica św.** (= **świętego**) **Jana**, 'St John's Street', **Aleja Solidarności**, 'Solidarity Avenue', **Plac Niepodległości**, 'Independence Square' (= Avenue of Solidarity, Square of Independence).

Reading ▢▢

Wakacje

Holidays

Kiedy kończy się zima wielu Polaków zaczyna myśleć o wakacjach. Kiedyś Polacy jeździli na wakacje nad Bałtyk, w Tatry, albo na Mazury, teraz coraz częściej wyjeżdżają na ciepłe zagraniczne plaże. Biura turystyczne organizują wiele ciekawych wyjazdów dla każdego i – co jest bardzo ważne – na każdą kieszeń. Dlatego wiele dzieci zamiast w Bieszczady pojedzie na obozy do Grecji, albo Bułgarii, a może też na wycieczkę szkolną do Londynu albo Paryża. Wiele rodzin będzie wypoczywać na włoskich albo hiszpańskich plażach. Wielu polskich turystów zwiedzi Francję, Niemcy, Włochy, Turcję. W poszukiwaniu przygód niektórzy trafią nawet do Meksyku, Indii lub Australii. Wszyscy zrobią setki zdjęć, a potem wrócą do pracy czy do szkoły. I przez następny rok będą wspominać i planować następne wakacje.

Vocabulary

kiedyś [*or* **dawniej**] once, in the past
wyjeżdżać za granicę go abroad
każdy *adj.* each; every one
na każdą kieszeń to suit everyone's pocket
obóz, *gen.* **obozu** camp
wycieczka szkolna school trip *(noun + adj.)*
wypoczywać / wypocząć take a rest
zwiedzać / zwiedzić visit (a place)
w poszukiwaniu przygód in search of adventures
niektórzy some people
lub / albo or
setki zdjęć hundreds of photographs
następny *adj.* next, following
wspominać / wspomnieć remember, recall

Notes

Bałtyk / Morze Bałtyckie – Baltic / The Baltic Sea.
Tatry – the Tatra Mountains, the highest range in the Carpathians, run along Poland's southern border with Slovakia. The main tourist, holiday and health resort is Zakopane.
Mazury – the Mazurian Lakes cover an extensive area in the northeast of Poland; scattered among forests and connected by a network of rivers and canals, they are particularly popular for their sailing and their rich and unique habitat.
Bieszczady – stretching along the south-east corner of Poland, the Bieszczady Mountains are one of the most attractive areas in the country.

Exercise 5

Say how the people below spend, or plan to spend their holiday(s)?

1 Adam loves the sea. In the past he used to go on his holidays to the Baltic. Now he often goes to Spain or Italy.
2 Every year (*co roku*) Dorota goes abroad in search of adventures. She takes hundreds of photographs.

3 Barbara and Zygmunt adore the Mazurian Lakes. There they can sail (*żeglować*), sunbathe and rest.
4 Zuzanna is going on a school trip to Berlin. She'll be there two weeks.
5 This year Mr Kowalski is not going on holiday. He'll be at home and he'll be watching television.

Exercise 6

Can you remember how to say the following in Polish?

1 That's great.
2 I've got an idea.
4 I'll come to get you *(sing. formal)* at eight.
5 Is this true or not?
6 We have the same dentist.
7 Have you something to write with?

13 Czy może mi pani pomóc?

Can you help me?

In this lesson you will learn about:

- The dative case
- Asking and saying 'why'
- Parts of the body
- Saying you are not well
- Writing letters and the vocative case
- Numbers from 100
- Dates

Dialogue 1 🔲

Okradli mnie!

I've been robbed

Janet Watson has just been robbed – a street thief has snatched her handbag. She asks a woman passer-by to help her

JANET: Przepraszam, czy może mi pani pomóc?!
KOBIETA: Co się stało?
JANET: Okradli mnie! Przed chwilą złodziej wyrwał mi z ręki
            torebkę! Nie wiem, co robić!
KOBIETA: Bardzo mi przykro. Czy zginęło pani coś ważnego?
JANET: Wszystko.
KOBIETA: To straszne! Musi pani pójść na policję. Pokażę pani
            gdzie jest komisariat.

JANET: Bardzo pani dziękuję.

Na policji

POLICJANT: Dzień dobry. Co się stało?
KOBIETA: Tę panią ktoś okradł na ulicy.
POLICJANT: Rozumiem. Pani nazwisko?
JANET: Janet Watson.
POLICJANT: Proszę opowiedzieć dokładnie, co się stało.
JANET: Szłam do sklepu i nagle podbiegł do mnie młody mężczyzna. Wyrwał mi z ręki torebkę i uciekł.
POLICJANT: Co miała pani w torebce?
JANET: Paszport, karty kredytowe, komórkę i notes z adresami znajomych. Teraz nawet nie wiem, jak się z nimi skontaktować.
POLICJANT: Na pewno możemy pani pomóc znaleźć numer telefonu do znajomych, ale złodzieja może być trudno złapać. Dlatego proszę skontaktować się z bankiem i unieważnić karty, a potem poinformować ambasadę o kradzieży paszportu.
JANET: Czy to znaczy, że policja nie będzie szukać złodzieja?
POLICJANT: Oczywiście, że będzie, ale często takie sprawy trwają bardzo długo.
JANET: Rozumiem.

Vocabulary

złodziej wyrwał mi z ręki torebkę a thief has snatched my bag from my hand
bardzo mi przykro I'm so sorry
czy zginęło pani coś ważnego? have you lost anything important?
to straszne! that's terrible!
pokazywać / pokalzać -żę, -żesz to show
komisariat police station
tę panią ktoś okradł someone's robbed this lady
dokładnie exactly, precisely
podbiegł do mnie ... i uciekł he ran up to me ... and ran off (*lit.* escaped)
komórka *colloq.*, **telefon komórkowy** mobile, cellular telephone
notes notebook
nawet *adv.* even
z nimi (*instr.* of **oni / one** 'they') with them
znajdywać / znalleźć -jdę, -jdziesz find

łapać -pię, -piesz / złapać catch
dlatego so, for that reason
informować / poinformować _o_ + _loc_ inform about
kradzież theft
unieważniać / unieważnić cancel, invalidate
często takie sprawy trwają bardzo długo such matters often take (lit.
  last) a very long time

The dative case

Although not as frequently used as some other cases, the dative
appears in some very common constructions, particularly with
personal pronouns.

Dative of nouns

Most masculine nouns in the dative end in **-owi**; a few end in **-u**:

student, student-owi	**brat, brat-u**
syn, syn-owi	**ojciec, ojc-u**
Polak, Polak-owi	**pan, pan-u**
Marek, Mark-owi	

For feminine nouns, the dative sing. is the same as the locative
sing., which you met in Lesson 8, in other words: **-e** after a hard
consonant, with accompanying spelling changes; **-i** after a soft
consonant:

kobieta, kobie-cie	**babcia, babc-i**
matka, mat-ce	**pani, pan-i**
Monika, Moni-ce	
siostra, siost-rze	

Remember that masculine nouns like **kolega**, **turysta** behave, in the
dative singular, like feminine nouns. So: **koledze**, **turyście**.
In the dative, neuter nouns end in **-u**:

dziecko, dzieck-u	**państwo, państw-u**

The dative plural of all nouns ends in **-om**:

studentom, Polakom, panom, kobietom, paniom _but take care_:
braciom, dzieciom.

Dative of adjectives

In the dative singular, masculine and neuter adjectives have the ending **-emu**; feminine adjectives have the ending **-ej**.
In the dative plural, the ending for all genders is **-ym** (**-im** after soft consonant or *k, g*)

Nom.	Dative		
Sing.	Masc. / Neut.	Fem.	Plural
nowy	**nowemu**	**nowej**	**nowym**
drogi	**drogiemu**	**drogiej**	**drogim**
mój	**mojemu**	**mojej**	**moim**
twój	**twojemu**	**twojej**	**twoim**
ten	**temu**	**tej**	**tym**

Exercise 1

Give the dative singular and plural of the following:

mój brat – twój kolega – nasz sąsiad – ten pan – młodsza córka

Dative of personal pronouns

ja	ty	on / ono	ona	my	wy	oni / one
mi	**tobie, ci**	**jemu, mu**	**jej (niej)**	**nam**	**wam**	**im (nim)**
		(niemu)				

The use of the different forms of personal pronouns was explained in the previous lesson.

Uses of the dative

As the case of the indirect object, the dative is used for the recipient of an action – the person <u>to whom</u> something is given, said, shown or <u>for whom</u> something is bought. For example:

Agata dała <u>Monice</u> twój adres.
Agata gave Monika your address.

Powiedział <u>mi / nam</u>, że przyjdzie jutro.
He told me / us that he'd come tomorrow.

Co pan kupił <u>żonie</u> na urodziny?
What did you buy your wife for her birthday?

Pokażę ci (wam, panu, pani), gdzie jest. ...
I'll show you where the ... is.

Other common verbs requiring the dative include **dziękować /
podziękować** 'thank' (give thanks to someone), **pomagać / pomóc**
'help' (give help to someone), **pożyczać / pożyczyć** 'lend' (something to someone), **radzić / poradzić** 'advise', **życzyć** 'wish' (e.g.
success to someone):

Czy możesz mi / może mi pani pomóc?
Can you help me?

Bardzo ci (panu, pani) dziękuję za list.
Thank you very much for your letter.

Życzymy ci (wam, państwu) zdrowia, szczęścia i powodzenia.
We wish you health, happiness and success.

Here are more examples, some from previous lessons:

Proszę mi mówić Maria.	Please call me Maria.
Uciekł mi autobus.	I missed the bus.
Czy mogę panu zadać kilka pytań?	Can I ask you a few questions?
Jestem ci (panu) bardzo wdzięczny / -a.	I'm *(m. / f.)* very grateful to you.

In impersonal constructions denoting states of being, the dative is
used:

Zimno / gorąco mi (jest).	I'm cold / hot. (*lit.* to me it is cold / hot)
Bardzo mi / nam (jest) przykro.	I'm / we're so sorry.
Miło mi (jest) pana / panią poznać.	I'm pleased to meet you.
Trudno mi w to uwierzyć.	I find this difficult to believe.

Alternatively, you can say: **Jest mi zimno – Jest mi bardzo przykro**
and so on. Incidentally, **przykro mi** expresses pity, sympathy or
pained regret; **przepraszam**, as you know, is used to apologize
or excuse oneself.
Similarly:

Chce mi się pić / spać.	I'm thirsty / sleepy. (to me it is wanting to ...)

Brak mi (jest) czasu i pieniędzy.	I'm short of time and money.

To refer to the past / future in the above constructions with **być** use **było / będzie**. So: **zimno mi było / będzie – było / będzie mi zimno.**

The dative is also used after the following prepositions – **dzięki** 'thanks to', **przeciw(ko)** 'against', **wbrew** 'contrary to', **ku** 'towards':

To wszystko dzięki tobie / niemu.	It's all thanks to you / him.
Nie mam nic przeciwko temu.	I've got nothing against that.
To jest wbrew przepisom.	This is contrary to the rules.
Ku końcowi miesiąca.	Towards the end of the month.

Exercise 2

This is what happened to Janet Watson. Unfortunately all the sentences got jumbled. Can you put them in the correct order?

a. Janet Watson podeszła do kobiety na ulicy.
b. Złodziej podbiegł do niej.
c. Janet Watson dokładnie opowiedziała przykrą historię.
d. Janet poprosiła ją o pomoc.
e. Janet Watson szła ulicą.
f. Policjant zadał Janet Watson kilka pytań.
g. Złodziej uciekł.
h. Kobieta poszła z Janet na komisariat.
i. Policjant poradził Janet, co ma zrobić.
j. Złodziej wyrwał jej torebkę z ręki.

1	2	3	4	5	6	7	8	9	10
e									

Exercise 3

Say what happened and what you / other people did:

1 In the morning you helped your sister to write a letter to her aunt in Poland.
2 Piotr showed a group (**grupa**) of English tourists where the

National Museum is. They thanked him and gave him a map of London.

3 We wanted to go to the cinema but missed the bus and were late.

4 My brother has a new girlfriend. He wanted to buy her flowers for her nameday but he didn't have any money so (**więc**) I lent him 20 zł.

5 In the evening the director rang you. He told you that he was very sorry but that such matters often take a very long time.

Asking and saying 'why'

<u>Dlaczego</u> nie przyszedłeś / nie kupiłeś biletów na koncert?
Why didn't you come / buy tickets for the concert?

Nie przyszedłem, <u>bo</u> miałem dużo pracy.
I didn't come because I had a lot of work

Nie kupiłem biletów, <u>dlatego że</u> biletów już nie było.
I didn't buy the tickets because there weren't any tickets left.

<u>Ponieważ</u> było późno, pojechaliśmy do domu taksówką.
Since it was late we went home by taxi.

Nie miałem twojego adresu i <u>dlatego</u> nie napisałem.
I didn't have your address and that's why I didn't write.

The difference between **bo** and **dlatego że / ponieważ** is the difference between the colloquial 'because, 'cos' and the more formal / emphatic 'because, for the reason that, on account of the fact that'.

Dialogue 2 🔲

Nie czuję się zbyt dobrze

I don't feel too well

Wojtek is not looking or feeling too well. After asking him a few questions Agnieszka has diagnosed the problem

AGNIESZKA: Co ci jest? Źle wyglądasz.
WOJTEK: Nie wiem, nie czuję się zbyt dobrze. Raz mi zimno, raz mi gorąco. Mam dreszcze.

AGNIESZKA: Masz temperaturę?
WOJTEK: Chyba jeszcze nie, ale nie jestem pewien. Myślisz, że się przeziębiłem?
AGNIESZKA: Może, chociaż za oknem taka piękna pogoda, że trudno mi w to uwierzyć. A boli cię żołądek?
WOJTEK: Teraz już nie tak bardzo, ale rano mnie bolał. I wczoraj też.
AGNIESZKA: A może coś zjadłeś?
WOJTEK: Wczoraj nic nie jadłem oprócz tej twojej sałatki z lodówki.
AGNIESZKA: Sałatki?! O nie! Ona stała tam chyba od dwóch (2) tygodni! Musisz pójść do lekarza.
WOJTEK: Ale po co? Już mi lepiej ... O, nie! Znowu mi niedobrze ...

U lekarza

LEKARZ: Co panu dolega?
WOJTEK: Panie doktorze, zjadłem nieświeżą sałatkę z majonezem.
LEKARZ: Rozumiem. To nic poważnego, ale proszę przez kilka dni przestrzegać diety: jeść dużo owoców i warzyw. Przepiszę panu krople na żołądek i tabletki, które proszę brać raz dziennie przez pięć dni.
WOJTEK: Dziękuję.

Vocabulary

źle wyglądasz you don't look well
nie jestem pewien / pewna I'm not sure *m. / f.*
chociaż (al)though
za oknem taka piękna pogoda it's such beautiful weather outside (the window)
wierzyć / uwierzyć believe
nie tak bardzo not so much
a może coś zjadłeś? maybe it's something you ate?
oprócz apart from
lodówka fridge, refrigerator
stlać -oję, -oi stand, be standing
znowu again
nieświeży *lit.* not fresh
to nic poważnego it's nothing serious
przestrzegać (+ *gen.*) **diety** keep to a diet

przepiszę I'll prescribe
krople drops
proszę brać raz dziennie przez pięć dni take one daily for five days

Ciało człowieka 'the human body'

głowa head	**ręka,** *pl.* **ręce** hand(s)
twarz face	**palec,** *pl.* **palce** finger(s)
nos nose	**łokieć,** *pl.* **łokcie** elbow(s)
oko, *pl.* **oczy** eye(s)	**ramię,** *pl.* **ramiona** arm(s)
ucho, *pl.* **uszy** ear(s)	**noga** leg
usta *(pl.)* mouth	**kolano** knee

Talking about how you feel

To make a general enquiry:

Jak się czujesz (pan / pani czuje)?	How do you feel?
Co ci jest?	What's the matter with you?
Co panu / pani dolega?	What seems to be the trouble?
Gdzie pana / panią boli?	Where does it hurt?

To say how you feel:

Nie czuję się zbyt dobrze.	I don't feel too well.
Czuję się dobrze / źle.	I feel well / unwell.
Przeziębiłem się.	I've got (caught) a cold.
Raz mi zimno, raz gorąco.	First I'm cold, then I'm hot.
Mam temperaturę / gorączkę.	I've got a temperature / a fever.
Mam dreszcze.	I've got the shivers.
Mam grypę.	I've got the flu.
Boli mnie głowa, żołądek.	I've got a headache, stomach-ache.
Boli mnie noga, gardło.	My leg, throat hurts.
Bolą mnie oczy, uszy.	My eyes, ears hurt.
Już mi lepiej.	I'm better now.

Boli, bolą are the third-person singular, plural forms of **boleć** 'to hurt, ache'. Their past tense forms are **bolał -a -o** (sing.) and **bolały** (pl.). You are unlikely to meet forms other than these.

Normally, when a Polish verb is negated the direct object (the accusative) is replaced, as you know, by the genitive; **boleć** is an exception to this rule. So:

Boli mnie głowa.   **Nie boli mnie głowa.**

Exercise 4

What do you say?

1 if you're sleepy.
2 if you're very grateful *(to your friends)*.
3 to express sympathy for someone's bad luck.
4 if you've got a temperature and are not feeling too well.
5 to ask a friend why she didn't write to you.
6 if your friend's got flu and it's nothing serious.

Writing to people

Ania and Wojtek, who are touring England, send a postcard to their friend Kasia

York, 14 maj 2000 r. Cześć Kasia!! Spędziliśmy dwa cudowne dni w przepięknym Yorku. Wszystko jest fantastyczne: ludzie serdeczni i gościnni, czarujące domki z wąskimi uliczkami pomiędzy nimi ... i pyszne jedzenie! Pogoda była wspaniała, zrobiliśmy więc mnóstwo zdjęć. Resztę opowiemy Ci po naszym powrocie! Pozdrawiamy serdecznie, Ania i Wojtek	Kasia Kowalska ul. Główna 12/3 45-789 Suwałki Poland/Polska

Vocabulary

cudowny wonderful
przepiękny most beautiful
ludzie serdeczni i gościnni the people (are) warm and hospitable
czarujące domki charming little houses

z wąskimi uliczkami with narrow little streets
pyszne jedzenie delicious food
zrobiliśmy mnóstwo zdjęć we took lots of photographs
resztę the rest
powrót return

Tomasz, a third-year student of marketing and management at the Institute of Macroeconomics, University of Silesia, is in hospital following a car accident. He writes to the Pro-Rector with a request to defer his examinations from June until September. The style is formal and stylized, as you will see from the literal English translation which follows

---

Katowice, dnia 1 czerwca 1999 r.

Tomasz Malczarek
Student 3 roku Marketingu i zarządzania
Instytut Makroekonomii

Pan prorektor Uniwersytetu Śląskiego
prof. dr hab. A. Niewiadomski

Szanowny Panie Profesorze,

Zwracam się do Pana z uprzejmą prośbą o przesunięcie terminu mojego egzaminu z dnia 20 czerwca 1999 na wrzesień 1999. Ze względu na niedawny wypadek samochodowy w chwili obecnej przebywam w szpitalu i opuszczę go dopiero w miesiącu lipcu. Dlatego też nie będę mógł stawić się na czerwcowy egzamin.
Proszę o pozytywne rozpatrzenie mojej prośby.

Z poważaniem,
Tomasz Malczarek

Literal translation
Esteemed Professor,
I am turning to you with a polite request about moving the date of my examination from the day of the 20th of June 1999 to September 1999. On account of a recent car accident I am at present staying

in hospital and will leave it only in the month of July. Therefore I will not be able to present myself for the June examination.
I ask for a positive consideration of my request.

With respect,
Tomasz Malczarek

Jan Zborowski confirms by e-mail the arrangements for the next day's meeting

Do:	✉ a.stasiuk@komputer_swiat.com.pl
Cc:	✉
Bcc:	✉
Temat:	✉ przyjazd do Wroclawia

```
Dzień dobry,
Piszę,by potwierdzić,że zgodnie z wcześniejszą rozmową
telefoniczną, przyjadę jutro rano do Wrocławia i wezmę
udział w spotkaniu dotyczącym sprzedaży naszych komputerów
przez Komputer Świat.
Do zobaczenia,
Jan Zborowski
```

Vocabulary

by *or* **aby** in order to
potwierdzić confirm
zgodnie z + *instr.* in accordance with
wcześniejszy earlier
wezmę udział w I'll take part in
dotyczącym sprzedaży regarding the sale
przez by

Writing a letter, postcard, note

You can begin a letter in a number of ways, depending on the intimacy of the relationship:

formal   **Szanowny Panie!** (to a man) – **Szanowna Pani!** (to a woman)

formal + title	As a further courtesy it is customary to add a person's title: **Szanowny Panie Profesorze / Dyrektorze! – Szanowna Pani Profesor / Dyrektor!**
to colleagues	**Drogi Panie Adamie! – Droga Pani Ewo!**
to close friends / family	**Drogi Marku! – Droga Agnieszko!** *or* **Cześć Peter! Cześć Kasia!**
affectionate	**Kochany Stefanie! – Kochana Mamo!**

A note you leave someone may just start and end with names, or it might start with a simple **Dzień dobry! / Dobry wieczór!**. Even when writing to friends it is the convention to write the word for 'you' (**Pan, Pani, Ty** and so on) with a capital letter.

A letter may end formally or informally, as appropriate:

formal	**Z poważaniem**	Yours faithfully (*lit.* With respect)
	Z wyrazami szacunku	With expressions of respect
friendly	**Proszę pozdrowić Monikę**	Say hello to Monika
more friendly	**Pozdrawiam serdecznie**	Best wishes (*lit.* I greet you warmly)
affectionate	**Całuję**	With love (*lit.* I kiss you)

The vocative case

The vocative case is only used when addressing someone, as in the second dialogue – **Panie doktorze, zjadłem nieświeżą sałatkę ...** , or in letters.

Masculine singular nouns take the same endings in the vocative as in the locative (see Lesson 8):

Drogi Janie, Piotrze, Marku! *but* **Drogi Panie!, Kochany Tato!** 'Dear Dad!'

Feminine singular nouns take the ending **-o**:

Droga Agnieszko, Ewo! Kochana Mamo! *but* **Kochana Pani!**

Shortened or pet forms of Polish Christian names, such as Basia (Barbara), Kasia (Katarzyna), Ania (Anna), Adaś (Adam), take the ending **-u**:

Droga Basiu, Kasiu, Aniu, Adasiu!

Note that friends, even when writing, very often prefer the nominative: **Cześć Kasia! Dzień dobry Marek!**

With job titles that apply to both men and women (**profesor, dyrektor, minister**, for example) you use their vocative form when addressing a man (**Szanowny Panie Profesorze**) but the nominative when addressing a woman (**Szanowna Pani Profesor**).

Some common forms of address you will meet in the plural include: **Szanowni / Drodzy Państwo** (to a man and woman) – this is also one way of saying 'Ladies and Gentlemen', and to close friends – **Moi Drodzy! Kochani!**

Exercise 5

Write a letter to a Polish friend telling him / her what you did last weekend or on holiday. You should try to use some of the expressions in this lesson, and earlier lessons, but of course you are free to say whatever you like.

Numbers from 100

For cardinal numbers 1–100 see Lesson 7; take this opportunity to remind yourself about the use of numbers in Polish, in particular about what case of the noun to use after a number (nom. and gen. given here) and the different form of the number when referring to men or mixed groups of people (Lesson 9):

100	sto	stu	1 000		tysiąc -a
200	dwieście	dwustu			*pl.* tysiące, tysięcy
300	trzysta	trzystu	2 000		dwa tysiące
400	czterysta	czterystu	5 000		pięć tysięcy
500	pięćset	pięciuset			
600	sześćset	sześciuset	1 000 000		milion -a
700	siedemset	siedmiuset			*pl.* miliony, milionów
800	osiemset	ośmiuset			
900	dziewięćset	dziewięciuset			

The genitive endings above are for counting men or mixed groups of men and women.

Dates

Dates are expressed using the ordinal numbers (see Lesson 8), as in English, but note that the number and month are in the genitive:

Którego jest (*or* mamy) dzisiaj? What's the date today?
Dwudziestego drugiego maja. The 22nd of May.
Czwartego lipca. The 4th of July.

Dzisiaj jest środa (mamy środę) czternastego kwietnia.
Today is (we have) Wednesday (of) the 14th of April.

But in colloquial, informal language you will also hear: **czternasty kwiecień, czwarty lipiec**.

The same rules apply to dates that include the year – **rok** (abbreviated as **r.**). Remember, however, that in compounds over 100 only the last two numbers are ordinals and, therefore, affected by case:

Katowice, dnia **1 czerwca 1999 r.** = Katowice, dnia **pierwszego czerwca tysiąc dziewięćset dziewięćdziesiątego dziewiątego roku.**

You can see why **pierwszy czerwiec tysiąc dziewięćset dziewięćdziesiąt dziewięć**, still a mouthful, is preferred in colloquial usage. The inclusion of **dnia** 'of the day of' is typical of official letters, which tend to use the month.day.year form (as in North America). The more usual style is (day.month.year): **Katowice, 1 czerwca (czerwiec) 1999 r.** or simply 1.06.99. Note the two digits for month and year.

Here are some examples with the year 2000 – **rok dwa tysiące** *or* **rok dwutysięczny** *lit.* 'the two thousandth year':

14 May 2000   czternastego maja dwutysięcznego roku (*or* roku dwa tysiące); czternasty maj dwa tysiące
4 August 2001   czwartego sierpnia dwa tysiące pierwszego roku; czwarty sierpień dwa tysiące pierwszy (*or* dwa tysiące jeden)
          The form **dwa tysiące jeden** for '2001' was used in **„Odyseja kosmiczna dwa tysiące jeden"** – in English, *2001 – A Space Odyssey*.

To say when something happened, use the forms with the genitive:

Urodziłem się trzeciego maja. I was born on the 3rd of May.

If you want to give the day of the week use **w** + *acc.*: **w poniedziałek, we wtorek, w środę** 'on Monday, Tuesday, Wednesday'.

To add the month (see Lesson 8) or year use **w** + *loc.*, for example:

Urodziłem się w styczniu (January) / **w tysiąc dziewięćset osiemdziesiątym piątym roku** (1985) or, simply, **w osiemdziesiątym piątym roku.**

Wybory (the elections) **będą w dwutysięcznym (pierwszym, drugim . . .) roku.**

Exercise 6

In the following, write out the numbers and dates in full:

1 450 kilometrów – 200 studentów – 312 dolarów.
2 Mieszkamy tu od *(+ gen.)* 1980 roku.
3 Pracowałem w Polsce od 1997 do 2000 roku.
4 Kolumb odkrył *'discovered'* Amerykę w 1492 r.
5 Będziemy w Londynie między *(+ instr.)* 15 a 25 grudnia.

Exercise 7

This is a quick revision exercise based on examples taken from the dialogues:

1 What would you / they say if the person robbed / going to the shop had been a man?
   (a) tę panią ktoś okradł na ulicy (the woman tells the policeman)
   (b) szłam do sklepu (explains Janet)
2 „Panie doktorze" – says Wojtek in addressing the doctor. What would he have said if the doctor had been a woman?

14 Nie przeszkadzaj mi!

Don't bother me!

In this lesson you will learn about:

- Telling people to do things – the imperative
- Saying 'one's own'
- The uses of **żeby**
- Saying 'when', 'as soon as'
- Expressing polite wishes, requests

Dialogue 1 ▣

Pożycz mi swojego walkmana

Lend me your Walkman

Wojtek finds his sister listening to music in his room

WOJTEK: Dorota! Co ty tu robisz?!
DOROTA: Słucham muzyki.
WOJTEK: Coś podobnego! To jest mój pokój. Idź stąd!
DOROTA: Ale chciałam posłuchać tej nowej płyty.
WOJTEK: A co się stało z twoim odtwarzaczem?
DOROTA: Nie wiem, nie działa.
WOJTEK: To zanieś go do naprawy. Ja mam dzisiaj dużo pracy,
          więc bądź tak miła i idź do swojego pokoju ... i nie
          przeszkadzaj mi!
DOROTA: Skoro masz tak dużo pracy, to pożycz mi swojego walk-
          mana. I tak nie będziesz teraz niczego słuchał.

WOJTEK: No, dobrze. Ale przynieś mi go z powrotem, jak
            skończysz! Nie zapomnij!

Po 10 minutach

DOROTA: Wojtku ...
WOJTEK: Mówiłem, żebyś mi nie przeszkadzała! Naprawdę jestem
            bardzo zajęty.
DOROTA: Ale ...
WOJTEK: Co się stało?
DOROTA: Twój walkman ...
WOJTEK: Tak?
DOROTA: On nie działa.
WOJTEK: Ale działał przed chwilą.
DOROTA: Właśnie. Nie wiem ...
WOJTEK: Nie chcę tego słuchać! Odtwarzacz nie działa, teraz mój
            walkman nie działa. Weź i zanieś je do naprawy!
DOROTA: No, dobrze, ale daj mi pieniądze!
WOJTEK: Żartujesz! Chyba się przesłyszałem. Zepsułaś mojego
            walkmana, a ja mam za to płacić?
DOROTA: No, to pożycz mi pieniądze. Oddam ci w przyszłym
            tygodniu.
WOJTEK: Tak lepiej. Tylko nie zapomnij!

Vocabulary

coś podobnego! really! I don't believe it!
poklój -oju room
idź stąd! get out of here!
płyta record, disc
płyta kompaktowa, *colloq.* **kompakt** compact disc (CD)
odtwarzacz CD CD player
nie działa it's not working
to zanieś go do naprawy then take (*lit.* carry) it to be repaired
bądź tak miła be so kind
idź do swojego pokoju go to your (own) room
skoro since, seeing that
walkman personal stereo
i tak *(here:)* in any case, anyway
no, dobrze well, all right (OK)
przynieś mi go z powrotem, bring it back to me
jak skończysz when you finish
mówiłem, żebyś mi nie przeszkadzała I said you were not to bother me

naprawdę really, truly
przed chwilą a moment ago
daj / pożycz mi pieniądze give / lend me some money
żartłować -uję, -ujesz to joke
chyba się przesłyszałem I think I misheard (you)
psuć -ję, -jesz / zepsuć *(here:)* damage, break
płaclić -ę, -isz / zapłacić za pay for
w przyszłym tygodniu next week
tak lepiej that's better

Telling people to do things – the imperative

You have met a number of examples of the imperative in earlier lessons. This is the form of the verb used among friends to ask them to do something or to give instructions.

Formation of the imperative

Regular verbs ending in **-ać** drop the final letter of the 3rd person plural of the present tense *(impf. verbs)* / future tense *(perfective verbs)**:

czytać / przeczytać*:	(prze)czytają	→ **(prze)czytaj!** read!
czekać / poczekać*:	(po)czekają	→ **(po)czekaj!** wait!
słuchać / posłuchać*:	(po)słuchają	→ **(po)słuchaj!** listen!
pytać / zapytać*:	(za)pytają	→ **(za)pytaj!** ask!
pamiętać:	pamiętają	→ **pamiętaj!** remember!
uważać:	uważają	→ **uważaj!** take care!

The imperative of most other verbs is formed by dropping the final letter of the 3rd person singular present tense / future perfective*:

iść:	idzie	→ **idź!** go!
mówić:	mówi	→ **mów!** speak!
patrzeć / popatrzeć*:	(po)patrzy	→ **(po)patrz!** look!
uczyć się / nauczyć się*:	(na)uczy się	→ **(na)ucz się!** learn!
dzwonić / zadzwonić*:	(za)dzwoni	→ **(za)dzwoń!** ring!
myśleć / pomyśleć*:	(po)myśli	→ **(po)myśl!** think!
dziękować / podziękować*:	(po)dziękuje	→ **(po)dziękuj!** thank!

kupować / kupić*:	kupuje / kupi	→ **kupuj! / kup!** buy!
pisać / napisać*:	(na)pisze	→ **(na)pisz!** write!
pomóc*:	pomoże	→ **pomóż (mi)!** help (me)!

Notice the spelling changes: **dzi(e)** and **ni** become **dź, ń** ; similarly **si, zi, ci** would become **ś, ź, ć**. Note also **o → ó** in **pomóż**.

The imperative of some verbs is formed irregularly, or deviates from the above rules. The most common examples are:

być	→ **bądź!** be!	zapomnieć* → **zapomnij!** forget!
mieć	→ **miej!** have!	powiedzieć* → **powiedz (mi)** tell (me)!
brać / wziąć*	**bierz! /** take! **weź!**	dawać / dać* → **dawaj! / daj!** give!

The imperfective verbs **pomagać** 'help' and **zapominać** 'forget' form their imperatives like all other regular **-ać** verbs. So: **pomagaj! – zapominaj!**

If you are addressing a command or request to more than one person, add **-cie** to the forms above: **poczekajcie! – posłuchajcie! – zapomnijcie!** To say 'Let's ... (do something)' add **-my**, for example: **Posłuchajmy, co on mówi** 'Let's listen to what he's saying', **Pomyślmy o tym** 'Let's think about this'.

Did you notice? Another way you can form the imperative of regular **-ać** (**-am, -asz**) verbs is by removing **-ć** from the infinitive and adding **-j**; in the case of verbs whose infinitives end in **-ić, -yć** or **-(i)eć** simply by removing this suffix. But take care – there are always exceptions!

Choice of aspect in the imperative

Most positive commands, requests and instructions to do something use perfective verbs:

Zadzwoń do mnie jutro.	Ring me tomorrow.
Pożycz mi pieniądze.	Lend me some money.
Powiedz nam gdzie byłeś.	Tell us where you've been.
Zróbcie to dzisiaj.	Do this today.

The perfective is not uncommon in advertising, as you might expect: **Odkryj smak swobody** 'Discover the taste of freedom' – or **Poczuj różnicę po 7 dniach** 'Feel the difference after 7 days'.

However, to tell someone to keep doing something now, in principle or on a regular basis, then the imperfective is used:

Uczmy się polskiego.	Let's learn Polish.
Pamiętaj o tym.	Remember about this (keep it in mind).
Pij dużo wody.	Drink a lot of water.

In a few examples the use of the imperfective imperative makes for a 'please do ...' invitation, as in: **Proszę, siadajcie** 'Do please sit down' or **Proszę, częstujcie się** 'Do please help yourselves' (to whatever you as a host are offering your guests).

Negative commands (advising people against doing something) are imperfective:

Nie przeszkadzaj mi.	Don't bother me.
Nie mów / nie myśl o tym.	Don't talk / think about it (this).
Nie róbcie tego.	Don't do that.

Nie zapomnij (*perf.*), a warning (against something that might happen) rather than a command, is an exception to the rule. Compare English 'Mind you don't forget'.

Remember that some verbs – **być** and **mieć** are two obvious examples – can only ever be imperfective: **bądź tak miły / miła i ...** 'be so kind (*m. / f.*) and ...'; **miejmy nadzieję, że on przyjdzie** 'let's hope (that) he'll come'.

If you don't know the imperative form you can always use **proszę** + the infinitive: **proszę zadzwonić / poczekać, proszę mi nie przeszkadzać, proszę nie mówić o tym.**

Saying 'go!' / 'let's go' and 'come (on)!'

To say 'Go!' Polish uses the imperfective imperative forms of **iść** and **jechać**:

Idź (idźcie) do domu.	Go home.
Idź prosto, a potem skręć w lewo.	Go straight ahead and then turn left.
Nie jedź tak szybko.	Don't drive so fast.

Note also: **Idź stąd!** 'Get out of here!'

To say 'Let's go!' (on foot) requires, oddly enough, the imperative form of **chodzić**:

Chodźmy na spacer / do kina.	Let's go for a walk / to the cinema.

But if transport is involved then use **jechać: Jedźmy na weekend za miasto** 'Let's go out of town for the weekend'.

To say 'Come (on)!' also requires **chodzić**:

Chodźcie tu! – Chodź ze mną!   Come here! – Come with me!

Note that other (prefixed) verbs of motion – for example, **przychodzić / przyjść** 'come, arrive' – follow the general rules explained previously. So:

Przyjdź jutro o ósmej.   Come tomorrow at 8.
Nie przychodź tak późno.   Don't come (keep coming) so
                                 late.

Exercise 1

Complete the following, using the correct imperative form of the verb in brackets:

1 Nie lubię tego programu. – To *'then'* nie [oglądać *'watch'*] go.
2 Mamy dzień wolny. [Jechać (my)] na wycieczkę nad morze.
3 Kiedy będziecie w Krakowie, [zadzwonić] do nas.
4 Jest już późno. [Chodzić (my)] do domu.
5 To bardzo daleko stąd. – [Wziąć (ty)] taksówkę.

Exercise 2

Address the following requests to a friend, using the imperative:

1 Proszę pomyśleć o tym.
2 Proszę mu o tym powiedzieć.
3 Proszę kupić bilety.
4 Proszę zapytać Dorotę.

Exercise 3

Now tell your friend <u>not to do</u> the things you asked him / her to do in the exercise above. Remember that in a negated statement or command the noun (unless its case is already determined by a verb or preposition) appears in the genitive.

Saying 'one's own'

swój, swoja, swoje   *pl.* swoi, swoje

The possessive adjective **swój** (declined like **mój** and **twój**) always refers to the subject of the sentence:

Idź do swojego pokoju.   Go to your (own) room.
Pożycz mi swoją książkę.   Lend me your book.
Mam swoje mieszkanie.   I've got my own flat.

When working from English into Polish, take particular care not to confuse **swój** with **jego**. It could be embarrassing:

Kocha swoją żonę.   He loves his (own) wife.
Kocha jego żonę.   He loves his (someone else's) wife.

The uses of *żeby*

You met **żeby** + *infinitive* in clauses of purpose (Lesson 10) to say 'in order to, so as to':

Jedziemy do USA, żeby zobaczyć Wielki Kanion.
We're going to the USA to see the Grand Canyon.

Jane pojechała do Polski, żeby nauczyć się polskiego.
Jane's gone to Poland to learn Polish.

Note that when you use **żeby** + *infinitive* the subject of both clauses must be the same. However, to express a wish that someone else do something or that something should be done (in other words when the subject of the subordinate clause is not the same as that of the main clause) then you need to use the following:

żebym (ja)	**żebyśmy** (my)	+ 3rd person sing. / pl.
żebyś (ty)	**żebyście** (wy)	past tense of the verb
żeby (on, ona, ono)	**żeby** (oni, one)	

Mówiłem, żebyś mi nie przeszkadzał (przeszkadzała).
I said (that) you were not to bother me.

Dyrektor proponuje, żebym nauczył(a) się rosyjskiego.
The director suggests that I learn Russian.

Monika prosiła, żebyśmy zadzwonili (zadzwoniły) do niej.
Monika asked that we ring her.

In colloquial Polish żeby (occasionally you will also meet it as
ażeby) is often replaced by aby or by; similarly (a)żebym, (a)żebyś
and so on, become (a)bym, (a)byś . . .

Future time clauses – 'when', 'as soon as'

kiedy or gdy (*colloq.* jak) 'when'   jak tylko 'as soon as'

Przyjdę, gdy skończę pracę.
I'll come when I've finished work.

Powiem ci, kiedy się spotkamy.
I'll tell you when we meet.

Przynieś mi go z powrotem, jak skończysz.
Bring it back to me when you finish.

Zadzwonię, jak tylko wrócę do domu.
I'll ring as soon as I get home.

Note that in 'when, as soon as' clauses, Polish, unlike English, uses
the future tense (perfective): 'I'll come when I will have finished
work'. These clauses can also precede the main clause – often with
to 'then' at the head of the second clause: **Jak tylko wrócę do domu,
to zadzwonię.**

Exercise 4

Complete the following, using żebym, żebyś and so on, and the
prompts given:

1 Monika prosiła nas _____ (to come at seven).
2 Wojtek prosi Dorotę _____ (to lend him some money).
3 Powiedziałem koledze _____ (to go to the kiosk and buy
                              Newsweek).
4 Dyrektor chce _____ (that we finish this today).
5 Mówiłem mu _____ (to ring me as soon as he gets home).

More about *no – to – dobrze*

These three useful words have appeared on quite a number of occasions. Here is a quick review of their uses, with examples old and
new:

No to do zobaczenia.	(Well) see you later then.
No to co?	(Well) so what?
No, to pożycz mi pieniądze.	Well, lend me some money then.
To (jest) mój pokój / moja siostra.	This is my room / my sister.
To (są) nasi sąsiedzi.	These are our neighbours.
No, dobrze, ale ...	Well, all right but ....
Mówisz dobrze po polsku.	You speak Polish well.
Nie wiem, czy dobrze zrozumiałem.	I don't know if I've understood correctly.

Note also:

| Zadzwoń jutro, dobrze? | Ring tomorrow, OK? |

Dialogue 2

Niech się pan nie przejmuje!

Don't worry!

Stefan Wolski has spent the weekend writing a report for the director but, without a missing page of facts and figures, was unable to complete it. His secretary comes to his aid

STEFAN: Dzień dobry pani Zosiu.
SEKRETARKA: Dzień dobry. Jak minął panu weekend?
STEFAN: Fatalnie. Przez cały czas pisałem sprawozdanie dla dyrektora, ale nie udało mi się go skończyć. Myślę, że zgubiłem ostatnią kartkę z danymi. Dyrektor mnie zabije!
SEKRETARKA: Niech się pan nie przejmuje!
STEFAN: Jak ja się mogę nie przejmować! Co ja mam teraz zrobić?
SEKRETARKA: Niech pan chwileczkę poczeka. Proszę usiąść, a ja poszukam. Może mam gdzieś fotokopię tych danych.
STEFAN: Pani Zosiu, pani jest aniołem!
SEKRETARKA: Niech pan przestanie, bo powiem pańskiej żonie, że pan ze mną flirtuje! Czy to ta kartka?

STEFAN: Tak, właśnie tej kartki mi brakuje.

SEKRETARKA: Zrobię panu kopię. Proszę.

STEFAN: Cudownie! Teraz muszę tylko jeszcze raz sprawdzić dane. Pani Zosiu, niech pani będzie tak miła i powie dyrektorowi, że się trochę spóźnię.

SEKRETARKA: Oczywiście. Na drodze są dziś straszne korki ...

STEFAN: Jeszcze raz pani dziękuję. Bez pani nie wiem, co bym zrobił.

SEKRETARKA: Niech pan nie przesadza! Zawsze jest jakieś wyjście.

Vocabulary

jak minął panu weekend? how was your weekend? (*lit.* how did the weekend pass for you?)

fatalnie *adv.* dreadful(ly), awful(ly)

sprawozdanie report

nie udało mi się go skończyć I didn't manage to finish it

gublić -ię, -isz / zgubić lose

ostatni last

kartka piece, sheet of paper; *(here)* page

dane *pl.* data

zabijać / zabić -ję, -jesz kill

siadać / usiąść -ądę, -ądziesz sit down

szukać / poszukać look for

anioł angel

przestlawać -aję, -ajesz / przestać -nę, -niesz stop (doing something)

flirtlować -uję, -ujesz (to) flirt

właśnie tej kartki mi brakuje that's just the page I'm missing

cudownie! wonderful! splendid!

jeszcze raz once more

sprawdzać / sprawdzlić -ę, -isz check

spóźniać się / spóźlnić się -nię, -nisz be late

droga, *loc.* **drodze** road

straszny terrible

korlek -ka traffic jam (*lit.* cork)

nie wiem, co bym zrobił I don't know what I would do

przesadzać / przesadzlić -ę, -isz exaggerate

wyjście *(here:)* solution (*lit.* way out, exit – as opposed to **wejście** 'way in, entrance')

Expressing polite wishes, requests

The normal polite way of expressing polite wishes and requests is
to use **proszę** 'please' + *infinitive*:

Proszę poczekać.	Please wait.
Proszę się nie przejmować.	Please don't worry (upset yourself).

If you are on formal terms with a person, another polite way is to
use **niech** + **pan**, **pani** and so on, and the 3rd person present tense /
future perfective:

Niech pan(i) chwilkę poczeka.	Wait a moment.
Niech się pan(i) nie przejmuje.	Don't worry.
Niech pan(i) przestanie.	Do stop (*doing something*).
Niech państwo siadają.	Do sit down (ladies and gentlemen).

Niech can also translate 'let me, him, her . . .':

Chwileczkę, niech pomyślę.	Just a moment, let me think.
Niech ona sama to zrobi.	Let her do it herself.

Note also: **Niech żyje Polska!** 'Long live Poland!'

Exercise 5

Using **niech**, as above, what would you say?

1 To ask your client (a woman) to ring you tomorrow in the afternoon.
2 If you wanted Mr and Mrs X not to worry.
3 To advise someone with toothache to go to the dentist.
4 To suggest to your colleague that he should ask the director.

Reading 🔛

Przepis na placki ziemniaczane

Recipe for potato pancakes

This simple, popular dish is served as a light snack at any time of day or as part of a larger meal. Here is a typical version of the recipe, accompanied by an English translation

Czas wykonania: 45 minut   Preparation and cooking time: 45 min.

Składniki: Ingredients:
1 kg ziemniaków   1 kg potatoes
1–2 cebule   1–2 onions
2 jajka   2 eggs
2 łyżki mąki   2 tablespoons flour
sól, pieprz   salt, pepper
tłuszcz do smażenia   lard or oil for frying

Ziemniaki obierz i umyj, a następnie zetrzyj na drobnej tarce i lekko odciśnij. Cebulę obierz i utrzyj na tarce. Do ziemniaków dosyp mąkę, dodaj cebulę i wbij jajka. Dopraw do smaku. Na patelni rozgrzej tłuszcz i kładź łyżką porcje ciasta. Rumień z obu stron.

Placki możesz podawać ze śmietaną lub z cukrem. Jeśli podajesz je na słodko, nie dodawaj soli i pieprzu.

Peel and wash the potatoes, then (next) grate them finely and squeeze out the excess moisture. Peel and grate the onion. Add the flour and onion to the potatoes and mix in the eggs. Season to taste [with salt and pepper]. Heat the oil or lard in a pan and spoon the batter into it. Fry on both sides until golden brown.

You can serve the pancakes with sour cream or with sugar. If you're serving them sweet, don't add salt and pepper.

15 Nie mam w czym chodzić

I've got nothing to wear

In this lesson you will learn about:

- Shopping for clothes and shoes
- The comparison of adjectives and adverbs – 'good, better, best'
- Saying you need something
- Saying 'should, ought to (have)'

Dialogue 1 ▱

Muszę kupić sobie buty

I must buy myself some shoes

Monika is shopping for some new shoes. She meets Maciek who, as it turns out, also needs to buy one or two things for his wardrobe

MONIKA: Cześć, świetnie, że cię widzę! Pomożesz mi w zakupach.

MACIEK: Znowu idziesz na zakupy? Dlaczego dziewczyny spędzają tyle czasu w sklepach?

MONIKA: Nie przesadzaj. Wcale nie chodzę często do miasta, bo nie mam na to pieniędzy. Ale muszę kupić sobie buty, a nie wiem które.

MACIEK: Dobrze, pomogę ci kupić buty, jeśli ty też pójdziesz ze mną do sklepu.

MONIKA: No proszę! I kto tu chodzi na zakupy?

W *sklepie obuwniczym* (in the shoe shop)

MONIKA: Przepraszam, czy mogę przymierzyć te buty?
SPRZEDAWCA: Jaki rozmiar?
MONIKA: 37.
SPRZEDAWCA: Przykro mi, ale mamy tylko większe numery: 39 i 40.
MONIKA: To już trzeci sklep i nic. Zawsze są tylko mniejsze albo większe rozmiary.
MACIEK: Nie przejmuj się, na pewno coś znajdziesz.
MONIKA: Łatwo powiedzieć, ale ja naprawdę muszę kupić nowe buty, bo nie mam w czym chodzić. Ale zawsze coś jest nie tak ... Chodźmy lepiej zrobić twoje zakupy. Gdzie idziemy?
MACIEK: Do domu towarowego. Muszę kupić białą koszulę, garnitur i krawat.
MONIKA: To poważne zakupy.
MACIEK: Dostałem propozycję dobrej pracy. W piątek mam rozmowę kwalifikacyjną i muszę wyglądać najlepiej ze wszystkich.
MONIKA: Z moją pomocą będziesz najprzystojniejszym i najbardziej eleganckim kandydatem. Wtedy już będziesz tylko musiał być najinteligentniejszy, najbardziej elokwentny i po prostu najlepszy, no ale to już najłatwiejsze zadanie.
MACIEK: Czy ty przypadkiem nie chcesz być ironiczna?

Vocabulary

pomagać / po|móc -mogę, -możesz komuś (*dat.*) **w** (*loc.*) ... help someone with (*lit.* in) ... *doing something*
wcale nie not at all
jeśli if
no proszę! well, I ask you!
przymierzać / przymierz|yć -ę, -ysz try on for size
rozmiar size
mniejszy / większy smaller / larger
zawsze coś jest nie tak there's always something not quite right
dom towarowy department store
propozycja offer, proposal
rozmowa kwalifikacyjna (job) interview
wyglądać look, appear
(naj)lepszy *adj.* / **(naj)lepiej** *adv.* better (best)

najprzystojniejszy most handsome, good-looking
najbardziej elegancki the most smartly dressed (*lit.* elegant)
wtedy then, after that
elokwentny eloquent
zadanie task
przypadkiem by chance

Odzież męska
Menswear

garnitur suit (for him)
marynarka jacket (for him)
spodnie trousers
koszula shirt
krawat -a tie
skarpetki socks
swet|er -ra sweater
płaszcz -a coat
buty shoes
bielizna underwear

Odzież damska
Women's wear

garsonka suit (for her)
żakiet jacket (for her)
spódnica skirt
bluzka blouse
sukienka dress
rajstopy tights
pończochy stockings
szalik -a scarf
kapelusz -a hat
rękawiczki gloves

Comparison of adjectives

Forming the comparative of adjectives (better, younger, more beautiful) is usually straightforward. Adjectives ending in a single consonant add **-szy, -sza, -sze**:

młod-y	*young*	**młod-szy**	tani	*cheap*	**tań-szy**
star-y	*old*	**star-szy**	miły	*pleasant*	**mil-szy**
now-y	*new*	**now-szy**			

Adjectives ending in **-(o)ki, -(o)gi, -eki** drop this suffix before adding **-szy, -sza, -sze** (but note the spelling changes):

bliski	*near*	**bliższy**	drogi	*dear*	**droższy**
daleki	*far*	**dalszy**	długi	*long*	**dłuższy**
wysoki	*tall, high*	**wyższy**	krótki	*short, brief*	**krótszy**
niski	*low, short*	**niższy**	ciężki	*heavy*	**cięższy**

Adjectives ending in more than one consonant add the suffix **-ejszy, -ejsza, -ejsze** (which softens the preceding consonant):

trudny *difficult* **trudniejszy** zimny *cold* **zimniejszy**

łatwy	*easy*	**łatwiejszy**	ciepły	*warm*	**cieplejszy**
ładny	*nice*	**ładniejszy**	piękny	*beautiful*	**piękniejszy**

The comparative of some of the most common adjectives is irregular:

dobry	*good*	**lepszy**	duży	*big*	**większy**
zły	*bad*	**gorszy**	wielki	*great*	**większy**
mały	*little*	**mniejszy**	lekki	*light*	**lżejszy**

The superlative

To form the superlative (best, youngest, most beautiful) simply add the prefix **naj-** to the comparative:

To jest najwyższy budynek w mieście.
This is the tallest building in town.

To jest dobre, to jest lepsze, ale to jest najlepsze.
This is good, this is better, but this is the best.

Remember! In the nominative plural (see Lesson 7) adjectives, like nouns, have different endings which distinguish between men / mixed groups of people, and all other things. For comparative adjectives the endings are, respectively, **-si** and **-sze**:

Mój starszy brat / moja starsza siostra.	**Moi star<u>si</u> brac<u>ia</u> / moj<u>e</u> star<u>sze</u> siostr<u>y</u>.**
My older brother / my older sister.	My older brothers / my older sisters.

Don't forget! To say what someone or something is, you use **być** + *instrumental* of both the noun <u>and</u> any accompanying adjective (see Lesson 10):

Będziesz najprzystojniejsz<u>ym</u> kandydat<u>em</u>

But if the adjective stands alone then it is in the *nominative* case:

Będziesz tylko musiał być najinteligentniejszy i po prostu najlepszy.

In constructions with **to (jest)** ... you also use the *nominative*: to **najłatwiejsze zadanie**.

Adjectives and adverbs compared

Here is a brief reminder. Adjectives describe people and things. Adverbs modify or qualify other words – they are used to say how someone looks, how something is done, how well, how often, how far it is, and so on:

adj. **Julia jest młoda, lepsza, najładniejsza.**
Julia is young, better, the prettiest.

To jest tanie radio.
That's a cheap radio.

adv. **Wygląda młodo, lepiej, najładniej.**
She looks young, better, the prettiest.

Kupiła to radio tanio.
She bought that radio cheaply.

Comparison of adverbs

Comparative adverbs are formed in much the same way as comparative adjectives. In the majority of cases just replace the ending with **-ej** (which softens the preceding hard consonant); adverbs ending in **-(o)ko, -(o)go, -eko** drop this suffix before adding **-ej** but, as with adjectives, there are spelling changes:

trudno	**trudniej**	blisko	**bliżej**
tanio	**taniej**	daleko	**dalej**
zimno	**zimniej**	wysoko	**wyżej**
ciepło	**cieplej**	nisko	**niżej**
młodo	**młodziej**	drogo	**drożej**
staro	**starzej**	długo	**dłużej**
ładnie	**ładniej**	krótko	**krócej**
pięknie	**piękniej**	ciężko	**ciężej**
wolno *slow*	**wolniej**	szybko *fast*	**szybciej**
bardzo *very*	**bardziej** *more*		

The familiar irregulars are:

dobrze	**lepiej**	dużo	**więcej**
źle	**gorzej**	lekko	**lżej**
mało	**mniej**		

For the superlative of an adverb, you once again simply add the prefix **naj-**:

łatwo *eas(il)y* **łatwiej** *easier* **najłatwiej** *easiest*

Exercise 1

Complete the following, using the correct form of the adjective in brackets; in the second sentence of each pair use the adjective in its comparative form:

1 Warszawa jest [duży]. Paryż jest _____
2 Wisła jest [długi]. Dunaj *('Danube')* jest _____
3 Telewizor *('TV')* jest [drogi]. Komputer jest _____
4 Tatry są [wysoki]. Pireneje są _____
5 Moi [młody] bracia. Moje _____ siostry.

Exercise 2

Complete the following, using the prompts given:

1 Edward mówi po polsku ... *[very well]*, ale Agata mówi ... *[better]* i rozumie ... *[more]*.
2 Tutaj jest teraz ... *[cold]*. W Hiszpanii jest ... *[warmer]*.
3 Monika wygląda ... *[the best]*.
4 Afryka jest *[far]* ... stąd. Azja jest ... *[farther]*, a Australia ... *[farthest]*.

Other forms of the comparative and superlative

An alternative way of forming the comparative / superlative of adjectives is by placing **bardziej** 'more' – **najbardziej** 'most' before the adjective. There was one example in the dialogue (with **elegancki,** *comp.* **elegantszy**):

Z moją pomocą będziesz ... najbardziej eleganckim kandydatem.
With my help you'll be ... the most smartly dressed candidate.

In practice this is rare. However, as in English, some adjectives can form their comparative / superlative only in this way, for example:

zmęczony 'tired', **zadowolony** 'pleased / satisfied', **interesujący** 'interesting', **zajęty** 'busy, occupied', **towarzyski** 'sociable', **elokwentny** 'eloquent'

Monika zrobiła się ostatnio bardziej towarzyska.
Monika has become more sociable recently.

To jeden z najbardziej interesujących pisarzy polskich.
This is one of the most interesting Polish writers.

Conversely, to say 'less / least' use **mniej / najmniej** before the adjective:

W tym tygodniu byłem mniej zmęczony.
This week I've been less tired.

To jest najmniej interesująca z jego książek.
This is the least interesting of his books.

Note that **(naj)bardziej – (naj)mniej** are most commonly used as adverbs in their own right:

Jest mniej pracy, więc mamy więcej czasu.
There's less work so we have more time.

Najbardziej lubię wiosnę, zimę najmniej.
I like spring the best, winter the least.

Making comparisons

• ... -er than → **niż** + *nom.* or **od** + *gen.*

Londyn jest większy, niż Warszawa / od Warszawy.
London is bigger than Warsaw.

Mówią, że margaryna jest zdrowsza, niż masło / od masła.
They say that margarine is healthier than butter.

Mieszkam tutaj dłużej, niż ty / od ciebie.
I've been living here longer than you.

But only **niż** can be used when the next word is a verb or adverb:

On jest starszy, niż myślałem.   **Lepiej późno, niż wcale.**
He's older than I thought.   Better late than never.

• much / a lot / far ... -er (than) → **o wiele**

Życie dzisiaj jest o wiele łatwiejsze, niż dawniej.
Life today is much easier than in the past.

Ona pisze dobrze, ale ty piszesz o wiele lepiej.
She writes well, but you write a lot better.

- the ... -er, the ... -er → **im ... tym ...**

Im lepsza dzielnica, tym droższe domy.
The better the area (district), the more expensive the houses.

Im wcześniej przyjdziesz, tym lepiej.
The earlier you come, the better.

- more and more / less and less → **coraz**

Pogoda jest coraz bardziej wiosenna.
The weather is more and more spring-like.

Mówisz po polsku coraz lepiej.
You speak better and better Polish.

Mam coraz więcej pracy, a coraz mniej czasu.
I have more and more work and less and less time.

Notice that **bardziej** = degree, intensity; **więcej** = quantity.

- the .... -est, the most ... of (them) all → **ze wszystkich**

Ona jest najładniejsza ze wszystkich.
She is the prettiest of them all.

Ten hotel jest najdroższy ze wszystkich.
This hotel is the most expensive of all.

- as ... as possible; the ... -est possible → **jak**

Proszę to zrobić jak najszybciej.
Please do this as soon as possible.

Kupiłem jak najtańszy bilet.
I bought the cheapest ticket possible.

- one of the ... -er / ... -est → **jed|en, -na, -no z**

To jedna z lepszych młodych aktorek.
This is one of the better young actresses.

Uniwersytet Jagielloński w Krakowie jest jednym z naj-starszych uniwersytetów w Europie.
The Jagiellonian University in Kraków is one of the oldest universities in Europe.

Exercise 3

Can you make sense of these jumbled sentences?

1 więcej tym w im czasu domu pracuje mniej spędza.
2 są coraz w dni dłuższe lecie.
3 Kasi wiele o Ania od młodsza jest.
4 jest ten ze telewizor wszystkich najdroższy.
5 polskich to z najlepszych filmów jest jeden.
6 wiele od Adam Filipa jest gorszym o graczem *'player'*.

Another use of chodzić

You have met **chodzić** – to go (regularly) *on foot*; to walk about (**chodzić po** + *locative*) – in a number of different constructions. It is also used to say what people wear:

Monika nie ma w *(+ loc.)* **czym chodzić.**
Monika has nothing to wear (*lit.* in which to go about in).

Wszyscy teraz chodzą w takich spodniach.
Everyone now is wearing trousers like these.

Exercise 4

Use this exercise to revise the different uses of **chodzić**, as well as a few other constructions you've met earlier:

1 I don't like going to the dentist.
2 We prefer going to the theatre than to the cinema.
3 When I was little we always used to go shopping on a Saturday.
4 Come on (*plural, casual*), we're going for a coffee.
5 What are you (*man, formal*) trying to say?
6 Do you (*sing., casual*) always wear a suit?

Exercise 5

Refer back to Dialogue 1 and find how to say the following:

1 I can't afford it.
2 Great to see you!
3 I've really got to buy some new shoes.
4 Simply the best.
5 I've got an offer of a good job.

Dialogue 2 ▱

Rano zawsze pracuję lepiej

I always work better in the morning

Neil Howard arrives at the office one morning and finds Stefan Wolski already working at his desk

NEIL: Dzień dobry.
STEFAN: Witam pana.
NEIL: Tak wcześnie w pracy?
STEFAN: Rano zawsze pracuję lepiej. Później przychodzi coraz więcej ludzi i robi się coraz głośniej. A poza tym, kiedy przychodzę wcześniej do pracy mogę zrobić sobie dłuższą przerwę, a dzisiaj właśnie takiej potrzebuję.
NEIL: Czy coś się stało?
STEFAN: Ależ skąd. Tylko muszę zanieść marynarkę do pralni chemicznej. Nie mogę tego zrobić po pracy, bo pralnia jest czynna tylko do 15-tej, a żona wyjechała na konferencję.
NEIL: Rozumiem. Też mam parę rzeczy do czyszczenia. Może pójdę z panem i pokaże mi pan gdzie jest ta pralnia?
STEFAN: Ależ oczywiście. Po drodze możemy wstąpić na lunch. Znam miejsce gdzie zawsze mają najlepsze sałatki i najświeższe pieczywo w mieście.
NEIL: Doskonale. Kiedy będzie pan wolny?
STEFAN: Muszę jeszcze napisać parę listów i wysłać fax do Brukseli. Nie powinno mi to zająć więcej niż dwie godziny. Co pan powie na 12-tą?
NEIL: Świetnie. Ja też powinienem skończyć moją pracę do

12-tej. Proszę do mnie zadzwonić, kiedy będzie pan wychodził, dobrze?
STEFAN: Oczywiście.
NEIL: To czekam na telefon i życzę miłej pracy.
STEFAN: Dziękuję.

Vocabulary

witać / przywitać greet, welcome
robić się / zrobić się become, get
głośno *(here:)* noisy
poza tym apart from that; besides
zrobić (sobie) przerwę take a break (for myself)
akurat *(here:)* as it happens
potrzeblować -uję, -ujesz need
pralnia chemiczna dry-cleaner's
czynny *(here:)* open
do czyszczenia to (be) clean(ed)
po drodze on the way
wstąpić na lunch stop by / drop in (somewhere) for lunch
świeże pieczywo* fresh bread
wysyłać / wylsłać -ślę, -ślesz send
zajmować / zająć -mę, -miesz occupy, take up (time)
powinno, powinienem it should, I should

* **pieczywo** is a collective name for bread, bread rolls, baguettes and so on; a 'loaf of bread' is **bochenek chleba.**

Saying you need something

To say what you need (are in need of) use **potrzebować**; lack or shortage of something is expressed by **brakować**, which is used impersonally: **brakuje** *(pres.)* – **brakowało** *(past)* – **brakowało będzie** *(future)*. Both verbs require the genitive case of the noun to which they refer. Additionally, with **brakuje**, the person or thing affected (the indirect object) appears in the dative:

Czego potrzebujesz (pan, pani potrzebuje)?
What do you need?

Dzisiaj Stefan potrzebuje (potrzebował) dłuższej przerwy.
Today Stefan needs (needed) a longer break.

Czego ci (panu, pani) brakuje?
What are you short of?

Brakuje mi (nam) czasu / pieniędzy / wszystkiego.
I'm (we're) short of time / money / everything.

The need or lack of something can be expressed also (impersonally) using **potrzeba** or **brak**:

Tego właśnie mi potrzeba.
That's just what I need.

Brak mi było (będzie) pieniędzy.
I was (will be) short of money.

Note also the useful phrase **brak mi słow** 'I'm at a loss for words; I don't know what to say' and **brak mi go / ciebie** 'I miss him / you'.

Saying 'should, ought to (have)'

To say 'I, you, he, she . . . should, ought to do (have done) something' Polish uses the following forms (when reference is to the past you add **był, była, było – byli, były**):

Singular

Masc.		Fem.		Neut.	
powinienem	**(był)**	**powinnam**	**(była)**		
powinieneś	**(był)**	**powinnaś**	**(była)**		
powinien	**(był)**	**powinna**	**(była)**	**powinno**	**(było)**

Plural

Men / mixed groups		Other nouns	
powinniśmy	**(byli)**	**powinnyśmy**	**(były)**
powinniście	**(byli)**	**powinnyście**	**(były)**
powinni	**(byli)**	**powinny**	**(były)**

The main uses of this construction are to express (a) duty, obligation (b) advisability, and (c) strong probability. For example:

Powinienem (był) napisać do niego.
I ought to write (have written) to him.

Powinniśmy byli to zrobić wczoraj.
We should have done this yesterday.

Nie powinnaś mówić takie rzeczy.
You shouldn't say (go around saying) such things.

Nie powinno mi to zająć więcej niż dwie godziny.
It shouldn't take me more than two hours.

Note that after **powinienem (był)** ... the verb is in the infinitive, and usually perfective.

Another way of expressing necessity is to use the following impersonal construction:

trzeba *(pres.)*   **trzeba było** *(past)*   **trzeba będzie** *(future)*

Trzeba has less idea of duty, obligation than **powinienem**; it is used to say what 'someone (one) has, should, needs to do', and is very common in colloquial speech:

Jest późno. Trzeba iść do domu.
It's late. I've got to go (it's time to be going) home.

Trzeba było to zrobić wcześniej.
You should have done this earlier.

Trzeba będzie kogoś się zapytać.
We'll have to ask someone.

Nie trzeba się przejmować.
Don't worry. (There's no need to worry).

Useful words

Witam (pana, panią)! *(lit.* I greet you) is another way of saying 'hello'; it is also used as a welcome – **Witam / witamy w Warszawie / Londynie / Rzymie!** 'Welcome to Warsaw / London / Rome!' (I / we welcome you in ...).

Czynny (-a, -e), an adjective meaning 'active', is commonly used to denote opening times of shops, museums, art galleries, restaurants. Its negative form – **nieczynny (-a, -e)** – means 'closed' or, in the case of equipment, such as a telephone or a vending machine, 'out of order':

Restauracja – Winiarnia
Ariel
Restauracja czynna
od 12.00 do 24.00
w poniedziałki nieczynna

Exercise 6

Using **powinienem** and so on say what you / others should do (or have done):

1 I should have rung her yesterday.
2 She should go to the doctor's *[here use: lekarz]*.
3 He should have told us earlier.
4 What should we (*mixed group*) have done?

Exercise 7

What is a **winiarnia** (as in the short advert above)? Similarly, what is a **piwiarnia** or what might it be?

16 Co byś zrobił, gdybyś . . .?

What would you do if you . . .?

In this lesson you will learn about:

- Saying what you would do if . . . – the conditional
- Different kinds of conditions
- The reflexive pronoun **siebie, sobie, sobą**
- How to say 'none, no, not any one'
- Another way of saying you like something
- Points of the compass

Dialogue 1 🔘

Chciałbym robić coś interesującego

I'd like to do something interesting

Tomek and Jacek are daydreaming about what they would do if they had a lot of money

TOMEK: Co byś zrobił, gdybyś miał dużo pieniędzy?

JACEK: Nie wiem, może pojechałbym do ciepłych krajów. Mam już dosyć tej okropnej pogody.

TOMEK: Ja bym wolał kupić sobie samochód.

JACEK: Po co ci samochód, skoro nie masz prawa jazdy? A w ogóle czemu zadajesz takie głupie pytania? Przecież żaden z nas nie ma pieniędzy.

TOMEK: No właśnie, i to mnie martwi. Próbowałeś kiedyś grać na loterii?

JACEK: Chyba żartujesz! Przecież to strata czasu. Już lepiej grać
            na giełdzie.
TOMEK: Na giełdzie? A skąd ja na to wezmę pieniądze?
JACEK: A myślałeś kiedyś o pracy?
TOMEK: Oczywiście. Chciałbym robić coś interesującego. W mojej
            wymarzonej pracy często bym podróżował, zarabiałbym
            dużo pieniędzy, poznawałbym sławnych ludzi i miałbym
            długie wakacje ...
JACEK: Czy ty nie przesadzasz? Ciągle słyszę „chciałbym to,
            chciałbym tamto ..."
TOMEK: Przecież mogę sobie trochę pomarzyć.
JACEK: Jeśli tylko będziesz pamiętał, jak wygląda rzeczywistość.
            Nie chciałbym, żebyś się rozczarował.
TOMEK: Ale pomyśl sobie tylko: wakacje na Karaibach, piękna
            pogoda, wspaniały hotel ...
JACEK: No nie! Mógłbym do ciebie mówić cały dzień, a ty dalej
            swoje!

Vocabulary

okropny terrible, dreadful
po co ci ...? what do you need ... for?
skoro since, considering that
w ogóle czemu ...? why ... at all?
żadlen -na -ne not any one
próbować / spróbować try
grać na loterii play the lottery
to strata czasu it's a waste of time
giełda stock exchange
wymarzona praca ideal job, job of one's dreams
zarabiać / zarobić earn (money)
poznawać / poznać get to know
sławny famous
ciągle constantly
marzyć / pomarzyć daydream
rzeczywistośłć, -ci reality
rozczarować się become disillusioned
Karaiby Caribbean
wspaniały magnificent, splendid
no nie! oh no! good grief!
a ty dalej swoje! and you just go on

Saying what you would do if . . . – the conditional

The conditional is formed very simply – take the 3rd person singular / plural past-tense forms of the verb (let's take **kupić** 'buy' as an example) and add the endings below:

Singular

masc.	*fem.*	*neut.*
kupił **-bym**	kupiła **-bym**	
kupił **-byś**	kupiła **-byś**	
kupił **-by**	kupiła **-by**	kupiło **-by**

Plural

men / mixed groups	*other nouns*
kupili **-byśmy**	kupiły **-byśmy**
kupili **-byście**	kupiły **-byście**
kupili **-by**	kupiły **-by**

The stress remains on the same syllable as before the endings were added: **kupiłbym**, **kupiłabym**. The conditional endings can be attached to the verb or, as you have seen, they can precede it. Where **gdyby** 'if' is used, the conditional ending is always attached to it.

Uses of the conditional

Use the conditional to say, or speculate about, what you would do or would happen if . . . (when the likelihood of you doing it, or of something happening, is improbable):

Co byś zrobił, gdybyś miał dużo pieniędzy?
What would you do if you had a lot of money?

Jacek pojechałby do ciepłych krajów.
Jacek would travel to warm countries.

Tomek by wolał kupić sobie samochód.
Tomek would prefer to buy himself a car.

These sentences refer to the future, but, in a different context, they could be used to say what you would have done or what would have happened if . . . :

Gdybyśmy mieli wtedy pieniądze, kupilibyśmy dom.
If we'd had the money then, we'd have bought a house.

You can also use the conditional to say what you would like to do, to ask politely, and to make requests and suggestions in a way that is polite, even charming:

Chciałbym z panem porozmawiać.
I'd like to (have a) talk with you.

Czy moglibyśmy się spotkać jutro?
Could we meet tomorrow?

Czy mógłbyś / mogłabyś mi pomóc dzisiaj?
Could you help me today?

Radziłbym ci (panu, pani) tego nie robić.
I'd advise you not to do that.

Miło by było, gdybyście mogli przyjść.
It would be nice if you could come.

Note also:

Nie chciałbym, żebyś się rozczarował.
I wouldn't want you to become disillusioned.

For constructions with **żebym**, **żebyś** ... (to express a wish that someone else do something / that something should happen, or not) see Lesson 14.

Take care!

Do not automatically use the conditional in Polish whenever English uses 'would'; there are contexts in which English uses this verb form to refer to the future, or to say what used to happen in the past. For example:

Powiedziała, że zadzwoni jutro wieczorem.
She said (that) she'd ring tomorrow evening.

Dawniej często chodziliśmy do teatru.
In the past we would often go to the theatre.

Exercise 1

Rewrite the following sentences, as in the example – note the person speaking:

Mam pieniądze. Kupię samochód. (*he*)

Gdybym miał pieniądze, kupiłbym samochód.
Kupiłbym samochód, ale nie mam pieniędzy.

1 Mam czas. Pójdę z tobą na kawę. (*he*)
2 One mają bilety. Nie muszą czekać.
3 Znamy francuski. Pojedziemy do Paryża. (*mixed group*)
4 Napisz do mnie. Spotkam cię na lotnisku. (*he*)
5 Wiem o tym. Przyjdę. (*she*)

Exercise 2

Translate into Polish – note again the person speaking:

1 We'd (*he + she*) like to know what he said.
2 I (*he*) don't know what I'd do without you. (*friend*)
3 Could you (*woman, formal*) help me?
4 What would you do, Kasia, if you won *[wygrać na]* the lottery?
5 It would be very nice if we (*mixed group*) could meet in London.

Real conditions – jeśli

To say 'if' when talking about something that you know to be the case (or is going, or is likely to be the case), Polish uses **jeśli** – often with **to** at the head of the second clause, equivalent to English 'if ... , then ... '. The important thing to remember with **jeśli** is that when the *if*-clause refers to the future, the future tense must be used in Polish (where English often uses the present):

Jeśli chcesz, (to) możemy pójść na kawę.
If you want, (then) we can go for a coffee.

Jeśli będę miał czas, (to) przyjdę jutro.
If I have time, (then) I'll come tomorrow.

Jeśli pan będzie w Warszawie, (to) proszę zadzwonić.
If you're in Warsaw, (then) please ring.

If-clauses can precede or follow the main clause:

Zadzwonię, jeśli będę miał czas.

In colloquial Polish **jeśli** – it also appears as **jeżeli** – is often replaced by **jak**:

Jak będę miał czas, to zadzwonię.

Exercise 3

The possible versus the improbable. Translate the following:

1 If we'd known, then we'd have told you (*man, formal*).
2 If he said he'd come, then he'll come.
3 If you (*friend, male*) meet her, tell her I'm waiting.
4 I'd (*female*) have rung, but the phone was out of order.
5 If the weather's nice, we'll (*mixed group*) go to the park for a walk.

Using *siebie, sobie, sobą*

In English, reflexive pronouns differ in person, gender and number (myself, yourself, herself, ourselves . . .). In Polish, they differ only in case, and, since they always refer back to the subject, they do not have a nominative form:

acc. **siebie, się**   *dat. / loc.* **sobie**
gen. **siebie**   *instr.* **sobą**

Until Lesson 15, you had used only **się**, mainly as part of a reflexive verb. Now compare the following:

Monika musi kupić sobie *(dat.)* **buty.**
Monika has to buy herself some shoes.

Nie myśl tylko o sobie *(loc.)*.
Don't think (keep thinking) only about yourself.

Nigdy nie mam czasu dla siebie *(gen.)*.
I never have time for myself.

Często rozmawiamy ze sobą *(instr.)*.
We often talk with each other.

Ona kocha tylko siebie *(acc.)*.
She loves only herself.

Note also, from the first dialogue: **Przecież mogę sobie trochę pomarzyć** 'I can (allow myself to) daydream a little, can't I?'; **Pomyśl tylko sobie: wakacje na Karaibach ...** 'Just think (to yourself): holidays in the Caribbean ...'.

Look out for more examples in the next dialogue.

Saying 'none, no, not any one'

żaden *masc.* **żadna** *fem.* **żadne** *neut.*

These forms can refer to people or things; note that the verb following them is negative:

Żaden z nas nie ma pieniędzy.	None (neither) of us has any money.
Żadna z nich nie przyszła.	None of them came.
To nie ma żadnego znaczenia.	That's of no importance at all.
To żadna pociecha.	That's no consolation.

Remember: to say 'everyone, all' use **wszyscy** for men / mixed groups, **wszystkie** for other nouns; to say 'everything' use **wszystko**.

More useful words

The following are not restricted to, but are most typical of, colloquial speech:

Po co to (jest)?	What's this for?
Po co ci samochód?	Why do you need a car?
Po co to robić?	What's the point of doing this?

W ogóle means 'in general, on the whole' – for example, **W ogóle wszystko idzie dobrze** 'On the whole everything's fine' – but you'll find it most often used to say such things as '(Why) . . . at all?':

W ogóle czemu zadajesz takie pytania?	**W ogóle o tym nie pomyślałem.**
Why do you ask such questions at all?	I didn't think about that at all.

Dialogue 2

Och, gdybym wiedziała

Oh, if (only) I'd known

Janet Watson is at the British Embassy to get an Emergency Travel Document as a temporary replacement for the passport she lost when, as you remember, a street thief snatched her handbag

JANET:	Dzień dobry. Nazywam się Janet Watson. Byłam umówiona na jedenastą.
URZĘDNIK:	Dzień dobry, pani. Pani w sprawie skradzionego paszportu, prawda?
JANET:	Tak. Chciałabym wyrobić paszport zastępczy.
URZĘDNIK:	Czy przyniosła pani ze sobą zdjęcia?
JANET:	Tak, proszę.
URZĘDNIK:	Tu jest tylko jedno zdjęcie, a potrzeba trzy.
JANET:	Och, gdybym wiedziała przyniosłabym więcej.
URZĘDNIK:	Proszę się nie przejmować. Jeśli pani chce, może pani zrobić sobie zdjęcie w pokoju obok.
JANET:	Już idę. Czy mogłabym zostawić tu u pana torbę? Jest strasznie ciężka.
URZĘDNIK:	Proszę bardzo.

Po 15 minutach

JANET:	Proszę, tu są zdjęcia. Są straszne! Gdybym miała więcej czasu zrobiłabym lepsze.
URZĘDNIK:	Może mi pani wierzyć, widziałem wiele gorszych zdjęć. Proszę wypełnić ten formularz.
JANET:	Proszę bardzo.
URZĘDNIK:	To wszystko. Paszport proszę odebrać o 13.00. A na razie proszę wziąć to zaświadczenie.
JANET:	Dziękuję. Do widzenia.
URZĘDNIK:	Do widzenia.

Vocabulary

byłam umówiona na jedenastą I was given an appointment for 11 o'clock
w sprawie + *gen.* regarding, concerning
skradziony stolen
wyrabiać / wyrobić *(here:)* to get, obtain
paszport zastępczy replacement, substitute passport
potrzeba you need, one needs (to have)
(z)robić zdjęcie take a photograph
zostawiać / zostawić leave, leave behind
torba bag
straszny *adj.*, **strasznie** *adv.* terrible, terribly
wypełniać / wypełnić formularz fill in a form
odbierać / odebrać *(here:)* collect, pick up
na razie for now
zaświadczenie *(here:)* receipt

Taking things somewhere – bringing them with you

In the last few lessons you have met verbs derived from **nieść** 'to carry by hand / on foot' and its partner **nosić** 'to carry regularly, habitually by hand / on foot'. For example: **zanosić / zanieść** 'carry, take something somewhere', **przynosić / przynieść** 'bring something with you':

Muszę zanieść marynarkę do pralni chemicznej.
I've got to take my jacket to the dry-cleaner's.

Czy przyniosła pani ze sobą zdjęcia?
Did you bring the photographs with you?

Note that the present tense of both **nieść** and **nosić** is irregular:

nieść	*sing.*	**niosę**	**nosić**	*sing.*	**noszę**
		niesiesz			**nosisz**
		niesie			**nosi**
	pl.	**niesiemy**		*pl.*	**nosimy**
		niesiecie			**nosicie**
		niosą			**noszą**

The past tense of **nieść** is also irregular:

sing. masc.	**niosłem**	*sing. fem.*	**niosłam**
	niosłeś		**niosłaś**
	niósł		**niosła**
pl. men / mixed groups	**nieśliśmy**	*pl. other nouns*	**niosłyśmy**
	nieśliście		**niosłyście**
	nieśli		**niosły**

As you progress with the language you will meet other members of this family of verbs, often with unpredictable meanings.

Note: that to say 'take' in the sense of 'take into one's hands' or 'take one's medicine *x* times a day' (see the second dialogue in Lesson 13), you need **brać / wziąć**.

Word-formation

In the course of the book you have come across a number of verb
families, as above, but there have also been examples of nouns
related to each other (or to other words). For example: **dzień** 'day'
and **dziennikarz** 'journalist', a person who writes for a daily newspaper – for which Polish has a separate word: **dziennik**, which is
also the word for 'diary'. Now look at the following:

Gdyby ...
Gdyby nie było ręki – nie byłoby ręcznika,
Gdyby nie było świecy – nie byłoby świecznika,
Gdyby nie było kury – nie byłoby kurczaka,
Gdyby nie było ryby – nie byłoby rybaka,
Gdyby nie było wiosła – nie byłoby wioślarza,
Gdyby nie było piłki – nie byłoby piłkarza,
Gdyby nie było stali – nie byłoby stalówek,
Gdyby nie było klasy – nie byłoby klasówek.
   Roman Pisarski, (In: Witold Gawdzik, *Gramatyka na wesoło*,
                                       PAX, Warszawa, 1970)

Compare:

ręka hand – **ręcznik** (hand) towel
świeca candle – **świecznik** candlestick
kura hen – **kurczak** chicken (to eat)
ryba fish – **rybak** fisherman
wiosło oar – **wioślarz** oarsman
piłka ball – **piłkarz** footballer
stal steel – **stalówka** (steel) nib
klasa class, form – **klasówka** written class test

It is not always easy for a learner to spot these family relationships and deduce the meaning of individual words, but, with practice, it does become easier.
Notes and reminders:

- When you use **gdyby** the verb in both clauses must be conditional
- In a negated statement the direct object (accusative) is replaced
  by the genitive
- As a general rule, the genitive sing. of masculine nouns is **-a** (people, animals) and **-u** (objects), though names of tools, equipment
  – **ręcznik, świecznik**, for example – are exceptions to this rule

- To remind yourself of how the genitive plural of feminine / neuter nouns is formed, see Lesson 9

Exercise 4

Can you provide a common word – a noun or verb (as indicated) – that appears in this book and is related to the following:

1 **pracownik** 'employee' (verb)
2 **widz** 'spectator' (verb)
3 **pocztówka** 'postcard' (noun, place)
4 **malować** 'paint' (noun, person)
5 **wejście** 'entrance' (verb)
6 **przestać** 'stop' (noun, place)
7 **ojczyzna** 'fatherland' (noun, person)
8 **koniec** 'the end' (verb)

Exercise 5

Continuing with the exercise above, here are three common compound words – the **-o-** in the middle (in one case already part of a word) provides the linkage. Can you work out their component parts? The clues are in brackets.

1 **listonosz** 'postman'   (noun + verb)
2 **samochód** 'car'   (pronoun + verb)
3 **radiosłuchacz** 'radio listener'   (noun + verb)

Reading 🔲

Moim zdaniem

In my opinion

A popular Polish magazine asked its readers to say in which period of history they would like to live (the verb is żyć), or have lived, and why. Here are some of their answers

Daniel, 20 lat: Chciałbym być kowbojem, takim prawdziwym, na Dzikim Zachodzie, jak to się widzi w filmach. Najbardziej podobały mi się „saloony", do których mężczyzna chodził się zabawić. Ludzie kiedyś byli chyba bardziej tolerancyjni. Teraz, mimo że żyjemy w czasach, gdy w każdym większym mieście jest kilka „sex-shopów" i jest tzw. swoboda seksualna, to i tak kasety wideo z nieprzyzwoitymi filmami wypożycza się po cichu i ogląda w wielkiej tajemnicy.

Wojtek, 18: Zdecydowanie chciałbym żyć w przyszłości, kiedy wszystko będzie skomputeryzowane. Nie trzeba by chodzić do pracy, bo wszystko robiłyby maszyny. Człowiek oddawałby się tylko przyjemnościom. Można by latać na wycieczki na Księżyc czy Marsa i zwiedzać te nieznane lądy. Wierzę, że kiedyś tak będzie, przecież kilkaset lat temu ludzie nawet nie przypuszczali, że będzie można przedostać się z jednego kontynentu na drugi w kilka godzin. Teraz nam wydaje się niemożliwe podróżowanie między planetami, ale nauka i technika ciągle idą naprzód. Żałuję, że tego nie doczekam.

Weronika, 20: Cieszę się, że żyję właśnie teraz. Gdybym miała urodzić się jeszcze raz, to tylko w Polsce i w obecnych czasach. Myślę, że są one bardzo ciekawe. W Polsce i w Europie Wschodniej byliśmy świadkami historycznych przemian społecznych i politycznych i mogliśmy w nich uczestniczyć. Uważam, że nie ma co zazdrościć tym, którzy żyli przed nami i tym, którzy będą po nas. Może to oni będą nam zazdrościć, więc cieszmy się naszym życiem.

Filipinka, nr 1 (1013), 15–18 I 1997 r. (adapted).

Vocabulary

Some words and phrases have been deliberately omitted from this vocabulary. See if you can figure out what they mean from the context.

prawdziwy real, genuine
dziki wild
jak to się widzi as one sees
podobały mi się I liked
zabawiać / zabawić się enjoy oneself
mimo że despite the fact that
tzw. = tak zwany (-a, -e) so called

swoboda freedom
nieprzyzwoity obscene
wypożyczać / wypożyczyć take out on loan
po cichu on the sly
tajemnica secret
przyszłość / przeszłość the future / past
oddawać się przyjemnościom devote oneself to pleasures
ląd land
przypuszczać / przypuścić suppose, guess
przedostawać / przedostać się get somewhere
wydaje się it seems
nauka *(here:)* science (but also the word for 'learning')
iść naprzód go forward
doczekać live to see
urodzić się be born
obecne czasy the present time(s)
świadek witness
przemiana społeczna social change
uczestniczyć take part in
zazdrościć + *dat.* to envy someone

Podoba mi się . . .

An everyday way of saying you 'like' someone or something is to use the verb **podobać się** *lit.* to please, be pleasing (to). Most commonly it will appear in the third person singular / plural. Note that what pleases you is the subject of the sentence, and 'you' (or the person who likes – to whom someone, something is pleasing) appear in the dative case:

Czy podoba / podobała się wam Polska?
Do you / did you like Poland?

Najbardziej podobają / podobały się nam Mazury.
We like / liked the Mazurian Lakes most of all.

Monika bardzo mi się podoba.
I like Monika very much.

Exercise 6

Say / ask the following:

1 Did you (*to friends*) like this film?
2 Do you (*to a friend*) like my new dress?
3 We don't like life *[życie]* in a big town.
4 Did you (*to friends*) like Greece *[Grecja]*? Did you like Athens *[Ateny – which in Polish is treated as a plural noun]*?

Points of the compass

wschlód -odu east	**na wschodzie** in the east
zachlód -odu west	**na zachodzie** in the west
północ -y north	**na północy** in the north
południe -a south	**na południu** in the south

The corresponding adjectives are: **wschodni – zachodni – północny – południowy**. So for example:

Europa Wschodnia / Zachodnia.	Eastern / Western Europe.
Europa Środkowa.	Central Europe.
Ameryka Północna / Południowa.	North(ern) / South(ern) America.

Remember **Bliski / Daleki Wschód** for 'Middle / Far East'.

More ways of expressing an opinion

You have used **myślę, że** 'I think that ... ' quite frequently; here are some alternative ways of introducing your views:

uważam, że I think (consider) that	**żałuję, że** I regret that
sądzę, że I think (judge) that	**cieszę się, że** I'm happy that
wierzę, że I believe that	**przypuszczam, że** I assume that
wydaje (mi) się, że It seems (to me) that	**moim zdaniem** In my opinion

17 Wyszła za mąż za Francuza

She married a Frenchman

In this lesson you will learn about:

- Saying 'as / while you were doing something'
- How to say who's marrying whom
- Ways of saying you have problems

Dialogue 1 🔲

Zgadnij, kogo spotkałem idąc na uczelnię

Guess who I met as I was going to college

Wojtek and Agnieszka are talking about a friend from their student days

WOJTEK: Zgadnij, kogo spotkałem dzisiaj idąc na uczelnię.

AGNIESZKA: Nie mam pojęcia.

WOJTEK: Pamiętasz Agatę, która była z nami na studiach?

AGNIESZKA: Tę blondynkę trzy lata starszą od nas? Tak, co u niej?

WOJTEK: Pisząc pracę magisterską wyjechała na stypendium do Francji. Zbierając materiały załatwiła sobie pracę na uczelni i od dwóch lat tam mieszka. Wyszła za mąż za Francuza, którego poznała studiując.

AGNIESZKA: A co robi we Wrocławiu? Odwiedza rodzinę?

WOJTEK:	To też. Ale przede wszystkim szuka pracy. Powiedziała mi, że byłaby szczęśliwsza mieszkając blisko rodziny i przyjaciół i wychowując dzieci w kraju.
AGNIESZKA:	To dzieci też już ma?
WOJTEK:	Jeszcze nie. Ja tylko powtarzam to, co mi powiedziała.
AGNIESZKA:	A jakiej pracy szuka?
WOJTEK:	Chciałaby znaleźć pracę w jakiejś firmie polsko-francuskiej. Biorąc pod uwagę jej kwalifikacje, chyba nie będzie to zbyt trudne.
AGNIESZKA:	A co na to jej mąż?
WOJTEK:	Wiesz, jaka jest Agata. Nigdy nie spotkałem jej męża, ale nie znam nikogo, kto potrafiłby zmusić ją do zmiany decyzji.

Vocabulary

zgadywać / zgadnąć guess
nie mam pojęcia I've no idea
uczelnia college (*uczelnia is a place of learning or any institute of, normally, higher education*)
na studiach at university (*studia are undergraduate studies; ukończyć studia is 'to finish one's studies, to graduate'*)
blondynka blonde
praca magisterska MA dissertation (*this is a normal part of first degree studies in Poland; students graduate with the title magister, shortened to mgr*)
stypendium scholarship
zbierać / zebrać collect, gather together
załatwiła sobie pracę she got herself a job
poznawać / poznać meet, get to know
przede wszystkim above all, first and foremost
wychowywać / wychować bring up, raise (children)
w kraju in the country (*meaning here: in Poland*)
powtarzać / powtórzyć repeat
znajdować / znaleźć find
firma firm, business concern
biorąc pod uwagę considering, in view of
potrafić + *inf.* manage, be able to do something
zmuszać / zmusić force
zmiana a change (*in the last lesson you met przemiana, also meaning 'change', but in the sense of 'transformation, transition'*)
decyzja decision

Adverbial participles – 'doing, going'

Adverbial participles are forms of verbs that don't change. The present or -ing form is used to describe actions taking place at the same time as something else, and corresponds to clauses introduced in English by 'as, when, while . . . ing something'. There were a number of examples in the dialogue:

Zgadnij, kogo spotkałem idąc na uczelnię.
Guess who I met as I was going to college.

Pisząc pracę magisterską wyjechała . . . do Francji.
When writing her MA dissertation she went (away) . . . to France.

Byłaby szczęśliwsza mieszkając blisko rodziny i przyjaciół.
She'd be happier living near her family and friends.

The present -ing participle is formed simply, from the 3rd person plural, present tense:

	iść	id-ą	id-ąc
	pisać	pisz-ą	pisz-ąc
	mieszkać	mieszkaj-ą	mieszkaj-ąc
	mówić	mówi-ą	mówi-ąc
	widzieć	widz-ą	widz-ąc
	studiować	studiuj-ą	studiuj-ąc
but	być	będ-ą (*future*)	będ-ąc

An adverbial participle – whether past or present – can only be used when the subject of both halves of the sentence is the same, as in the examples above. In Polish, a participle cannot be used when the subjects are different – and you would avoid doing this in English. So a sentence such as 'Returning (as I was . . .ing) home, it was raining' must be rendered by a time clause introduced by **kiedy**, *colloq.* **jak**, or by two sentences:

Kiedy (jak) wracałem do domu, padał deszcz.
or **Wracałem do domu. Padał deszcz.**

The version: **Wracając do domu, padał deszcz** means in effect that it was the rain which was doing the walking and falling.
To say what you like doing or like to do requires not an adverbial participle but **lubić** + *inf.*:

Lubię chodzić do kina.   I like going to the cinema.

218

The adverbial present participle is more a feature of the written than the spoken language. Note however its use in these common expressions:

krótko mówiąc	briefly, in short
prawdę mówiąc	to tell the truth, in all honesty
mówiąc między nami	between ourselves / you and me
biorąc pod uwagę	considering, in view of, taking into consideration

Adverbial participles – 'having done, having gone'

Adverbial past participles are formed from perfective verbs by removing the past tense (masculine) endings and adding **-wszy** (after a vowel) or **-łszy** (after a consonant):

napisać	napisa-łem	napisa-**wszy**
powiedzieć	powiedzia-łem	powiedzia-**wszy**
pójść	poszed-łem	poszed-**łszy**
przyjść	przyszed-łem	przyszed-**łszy**

For example:

Napisawszy list, poszedłem na pocztę.
Having written the letter, I went to the post office.

Wróciwszy do domu, oglądał telewizję.
Having returned home, he watched television.

While it is important to be able to recognize it, the adverbial past participle is now only really used in literary Polish; colloquial Polish prefers the simple past tense. So:

Napisałem list i poszedłem na pocztę.
or **Kiedy napisałem list, poszedłem na pocztę.**

Exercise 1

Complete the following using the present or past adverbial participle, as appropriate:

1 [Mieć] dziesięć lat, pojechałem do Włoch po raz pierwszy.
2 [Kupić] bilety, wróciłem do domu.

3 [Stać] na przystanku, czytałam gazetę.
4 Siedziała, [pisać] list i [słuchać] radia.
5 [Jechać] do biura, widziałem na ulicy wypadek.
6 [Przeczytać] gazetę, zadzwonił do kolegi.

Exercise 2

Translate the following – use the present adverbial participle, where appropriate, but avoid using the past form:

1 As I was saying this, the phone rang.
2 Having finished work, she went to the cinema.
3 Visiting the Old Town, we met our neighbours from London.
4 To tell the truth, I don't feel too well.
5 Having returned home, she made coffee and watched television.
6 We waited, not knowing what to do.

Saying who's marrying whom

How you say this depends on whether you are referring to a man, a woman or a couple:

man	**żenić / ożenić się** + z (*instr.*)
woman	**wychodzić / wyjść za mąż** + za (*acc.*)
couple	**pobierać / pobrać się**

Piotr żeni się z Anną.
Piotr is getting married to Anna.

Agata wyszła za mąż za Francuza.
Agata married a Frenchman.

Pobraliśmy się dwa miesiące temu.
We got married two months ago.

Vocabulary about marriage

narzeczony / -a fiancé / fiancée
ślub wedding ceremony
wesele wedding reception
małżeństwo marriage
pan młody / panna młoda bridegroom / bride
małżeństwo *or* **para małżeńska** married couple

żonaty / zamężna married man / woman
rozwiedziony / -a divorced man / woman
teść / teściowa father-in-law / mother-in-law
teściowie parents-in-law
szwagier / szwagierka brother-in-law / sister-in-law
zięć / synowa son-in-law / daughter-in-law

Remember also: **rodzina** 'family', **rodzice** 'parents', **dziecko** 'child', **dzieci** 'children' and **krewny / -a**, *pl.* **krewni** 'relative(s)'.

Friends and acquaintances

Znajomy / -a, a word which behaves like an adjective, is a person you know, are acquainted with, and can be translated as both 'acquaintance' and 'friend': **mój znajomy** 'an acquaintance of mine', **znajomi i krewni** 'friends and relations (kith and kin)'.

A close friend is a **przyjaciel / przyjaciółka**. The plural forms of **przyjaciel** are a little quirky: *nom.* **przyjaciele**, *acc. / gen.* **przyjaciół**, *dat.* **przyjaciołom**, *instr.* **przyjaciółmi**, *loc.* **przyjaciołach**.

Kolega (*pl.* **koledzy**) is a friend, mate, pal; **koleżanka** is the female equivalent. You can say **kolega ze szkoły** 'school friend' and also **koleżanka z pracy** 'colleague at work'.

Exercise 3

Say in Polish:

1 Guess *(speaking to friends)* who we *(girls)* met today.
2 My brother's getting married in May.
3 We've *(married couple)* been living here for five years / since October *[use od + gen.].*
4 I've no idea.
5 I'm only repeating what I heard on *[w + loc.]* television.
6 I'd like you *(to your girlfriend)* to meet *[use poznać]* my family.

Exercise 4

1 Translate the following short extract from Dialogue 1:
   A: A jakiej pracy szuka?
   W: Chciałaby znaleźć pracę w jakiejś firmie polsko-francuskiej. Biorąc pod uwagę jej kwalifikacje, chyba nie będzie to zbyt trudne.

A: A co na to jej mąż?

2 What is the case of the words underlined, and why?

Pamiętasz tę blondynkę?

To remind you: in the accusative singular, feminine adjectives take the ending **-ą**; though **tę** (the accusative form of **ta** 'this, that') is an exception to this rule. In spoken Polish you will often hear it pronounced as **tą**; in the written language this is a mistake – you must write **tę**. However, **tamta** 'that one (there)' is regular. So: **Pamiętasz tamtą blondynkę?**

But remember that the form **tą** does exist – it is the instrumental singular of **ta**: so, **Czy rozmawiałeś z tą blondynką?**

Dialogue 2 ▣

Mieliśmy w domu mały wypadek

We had a small accident at home

Neil Howard is waiting for Stefan whose day has begun with a series of accidents (but remember: no one was really hurt, and the cat survived)

STEFAN: Dzień dobry. Długo pan czeka?

NEIL: Dzień dobry. Nie dłużej niż 15 minut.

STEFAN: Przepraszam pana za spóźnienie, ale mieliśmy w domu mały wypadek.

NEIL: Mam nadzieję, że nic groźnego?

STEFAN: Żona poślizgnęła się biegnąc po schodach i zwichnęła sobie nogę. Musiałem zawieźć ją na pogotowie.

NEIL: Ale to nic poważnego?

STEFAN: Nie. Będzie tylko musiała być ostrożna ... Ale to nie koniec porannych kłopotów. Jadąc na pogotowie niechcący przejechałem kota sąsiadki. Spiesząc się nie zdążyłem jej o tym powiedzieć, ale widział mnie jej syn, więc na pewno teraz już o tym wie. Kiedy wrócę do domu czeka mnie awantura.

NEIL: To naprawdę pechowy początek dnia.

STEFAN: To jeszcze nie wszystko. Parkując, ponieważ bardzo się spieszyłem, przypadkowo zarysowałem samochód szefa. Nie mam pojęcia, jak mu o tym powiedzieć. I co by pan zrobił na moim miejscu?

NEIL: Nie wiem, nie znam tak dobrze pańskiego szefa. Ale pamiętam, że kiedyś zdarzył mi się podobny wypadek.

STEFAN: I co pan zrobił?

NEIL: Zacząłem szukać nowej pracy zaraz po tym, jak szef mnie zwolnił.

Vocabulary

nic groźnego / nic poważnego nothing serious
poślizgnąć się slip
biegnąc po schodach running (up *or* down) the stairs
schody stairs
zwichnąć nogę sprain one's ankle
zawozić / zawieźć take (by transport)
pogotowie accident and emergency / casualty department (*an ambulance is **karetka pogotowia**)*
ostrożny careful
poranny *adj.* morning (*from the noun **poranek***)
kłopot trouble, bother
niechcący *adj.* unintentionally
przypadkowo *adv.* accidentally, by chance
przejechałem kota I ran over a cat
nie zdążyłem + *inf.* I didn't have time (to do something)
awantura row, scene
pechowy *colloq.* unlucky
zarysować *(here:)* to scratch
szef boss
zdarzać / zdarzyć się happen, occur
podobny similar
zaraz po tym, jak ... straight after that, when ...
zwalniać / zwolnić (z pracy) dismiss, sack

Talking about problems

Here are some words you can use, and which are sometimes interchangeable:

Polish **problem** corresponds to English 'problem, difficulty': **Problemy społeczne, polityczne, gospodarcze** 'Social, political, economic problems', **Mam problemy z tym tekstem** 'I've got problems with this text'.

Kłopot is also used to talk about problems and difficulties, but in the sense of 'troubles, worries': **On ma duże kłopoty rodzinne** 'He's got great family problems / worries', **Nie rób sobie kłopotów** 'Don't make trouble for yourself', in other words, 'Don't make a rod for your own back'.

Sprawa can be translated as 'matter, question, issue, case (also in the legal sense)': **To bardzo skomplikowana sprawa** 'This is a very complicated issue', **Sprawa życia i śmierci** 'A question of life and death', **Wygrać / przegrać sprawę** 'To win / lose one's case'. **Sprawa** appears also in a number of common expressions. For example: **Nie ma sprawy!** *colloq.* 'No problem!', **Zdaję sobie sprawę, że ...** 'I realize (am aware) that ...'.

To się zdarza – These things happen

Zdarzać / zdarzyć się is 'to happen, take place, occur', often in the sense of English 'to meet with, experience', for example, an accident, problem, misfortune:

Kiedyś zdarzył mi się podobny wypadek.
I once had (met with) a similar accident.

Zdarzyło się wczoraj wielkie nieszczęście.
A great misfortune occurred yesterday.

Note also: **Tak się zdarzyło, że ...** 'It so happened that ... ', **Zdarzają się dnie, kiedy ...** 'There are days when ...'.

Perfective verbs in -(n)ąć revisited

You met some of these verbs earlier. Three more appeared in this lesson: **zgadnąć** 'guess', **poślizgnąć się** 'slip', **zwichnąć (nogę)** 'sprain (one's ankle)'.

One characteristic of this family is that in their past tense the **-ą-** is replaced by **-ę-**, except in the masculine singular forms: **zwich|nąłem, -nąłeś, -nął** *but* **zwich|nęłam, -nęłaś, -nęła** and so on. In the future the pattern is: **-nę, -niesz, -nie ...**

Perfective verbs in **-(n)ąć** are also often unpredictable or irregular. For example, the future of **zacząć** 'begin' behaves as if its infinitive ended in **-nąć** (**zacznę** 'I'll begin'); the future of **wziąć** 'take' is **wezmę, weźmiesz, weźmie / weźmiemy, weźmiecie, wezmą**, but its past tense follows the rules (**wziąłem ... wzięłam**); the future of **zgadnąć** follows the rules, but its past tense is irregular: **zgadłem (-am), zgadłeś (-aś), zgadł (-a), zgadlliśmy (-łyśmy)** and so on.

The imperative of **wziąć** is **weź** 'take!'. Other verbs in the family, including **zacząć**, take the ending **-nij** : **zacznij** 'begin!', **zgadnij** 'guess!', but take care to check.

Exercise 5

Say in Polish:

1 I'm sorry but I (*male*) won't be able to go with you (*friends*) on the trip to Munich *[Monachium]*. I've twisted my ankle.
2 I (*female*) realize this is a complicated matter but I'd be very grateful for a quick reply *[odpowiedź]*.
3 I (*man*) don't know him that well but in your (*man, formal*) place I'd start looking for a new job.
4 We (*man + woman*) didn't wait more than 10 minutes.
5 Because she was in a hurry she didn't have time to tell you (*woman, formal*) about it.

Reading

Ludność Polski – prognoza demograficzna

The population of Poland – a demographic forecast

First read the following passage, then listen carefully to the tape. This is an opportunity to revise dates and numbers – use the grammar / topic index at the end of the book to find the appropriate lessons

Jeszcze pod koniec 1998 r. Główny Urząd Statystyczny (GUS) twierdził, że w 2010 r. ludność Polski wyniesie 40 mln osób, a w 2020 r. – 40,7 mln.* Jednak w ostatnich dniach grudnia 1999 r. GUS przyznał, że dotychczasowa prognoza demograficzna była zbyt

optymistyczna. Polaków będzie coraz mniej. Według nowych przewidywań w najbliższych pięciu latach ludność Polski zmniejszy się
o 30 tysięcy osób. Potem nieco wzrośnie, przekraczając w 2015 r.
– 39 mln osób, ale od 2019 r. znów zacznie spadać i w połowie XXI
w. prawdopodobnie będzie nas tylko 35 mln. Koniec marzeń o 40
milionowym narodzie?

Według demografów, w zeszłym roku liczba mieszkańców Polski
zmniejszyła się o 13 tys. – do 38,7 mln osób. Po raz pierwszy od
zakończenia drugiej wojny światowej liczba zgonów przewyższyła
– o około tysiąc – liczbę urodzeń.

Marek Henzler, *Polityka* nr 3 (2228), 15 stycznia 2000 (adapted)

*40,7 mln = czterdzieści przecinek *'comma'* siedem milionów; this
is the continental European equivalent of the British and American
40.7 million.

Vocabulary

pod koniec towards the end
Główny Urząd Statystyczny Central Office of Statistics
twierdzić / stwierdzić claim, say
wyniesie *(here:)* will amount to, be
w ostatnich dniach in the last days
przyznawać / przyznać admit, concede
dotychczasowy *adj.* so far, until now
według nowych przewidywań according to new predictions
w najbliższych pięciu latach in the next five years
ludność ... zmniejszy się o the population will decrease by
potem ... wzrośnie then it will increase
nieco slightly, somewhat
przekraczając exceeding, going over
znów = znowu once again
zacznie spadać (it) will begin to fall
w połowie XXI w. in the middle of the 21st century (*w połowie
   dwudziestego pierwszego wieku*)
prawdopodobnie probably, supposedly
koniec marzeń o end of the (day-) dreams about
naród nation, country
w zeszłym roku in the past year
liczba mieszkańców the number of inhabitants (= people living in ...)

The last sentence (translated literally) reads as below. See if you
can follow the vocabulary and structure:

'For the first time since the ending of the Second World War the number of deaths has surpassed – by about a thousand – the number of births.'

18 Jak dobrze, że już wróciłaś!

How good to see you back!

In this lesson you will learn about:

- Adjectival participles – 'a working woman', 'a cooked dinner'
- Nouns formed from verbs
- The passive voice
- Going places by train

Dialogue 1 ▭

Nie potrafiłem sobie bez ciebie poradzić

I haven't been able to cope without you

For the last week Roman's wife Anna has been away, visiting her parents in Gdańsk. Doing the housework and looking after the children on his own has not been easy, so, when he returns from work and finds she is home, he is delighted. But, after the news she has received, not everything is going to be the same as before

ROMAN: Witaj kochanie, jak dobrze, że już wróciłaś!
ANNA: Przecież nie było mnie tylko przez tydzień.
ROMAN: Tak, ale nie potrafiłem sobie bez ciebie poradzić. Kiedy jesteś w domu wszystko jest inaczej: posprzątane mieszkanie, ugotowany obiad, wyprane i wyprasowane ubrania. Dorota ma zawsze odrobione lekcje, a Wojtek wcześniej wraca do domu. Ja sobie nie potrafię z tym wszystkim poradzić.

228

ANNA: To tylko wymówki. Zresztą nie martw się, od dzisiaj wszystko się zmieni.
ROMAN: Co masz na myśli?
ANNA: (*Pokazuje mu list*) Przyjęto mnie do pracy w tej nowej, rozwijającej się firmie farmaceutycznej. Będę więc kobietą pracującą i zarabiającą ... tak jak ty ... i będę miała o wiele mniej wolnego czasu. Dlatego musisz mi pomóc w domu.
ROMAN: To znaczy?
ANNA: Podzielimy się obowiązkami. Ja mogę nadal robić pranie i prasować, a ty zajmiesz się sprzątaniem. Dzieci mogą ci pomóc. A gotować możemy wspólnie. Następnym razem nawet nie zauważysz, że wyjechałam.
ROMAN: Dlaczego musiałem ożenić się z kobietą sukcesu?
ANNA: Trzeba było słuchać mamy. A teraz, przestań narzekać i wyciągnij odkurzacz.

Vocabulary

inaczej *adv.* different (*in the sense of things being different from normal, or of doing or saying something in another way*)
posprzątane mieszkanie tidy flat
ugotowany obiad cooked dinner
wyprane / wyprasowane ubrania washed / ironed clothes (*Roman uses the plural of* **ubranie** *because he's talking about all the family's sets of clothes*)
odrobione lekcje homework done
wymówka excuse
zresztą wszystko się zmieni in any case everything will change
przyjęto mnie do pracy I've got a job (*lit.* I've been accepted to work)
pracujący working
zarabiający earning money
dzielić / podzielić się + *instr.* share something
obowiązek duty, responsibility
nadal robić pranie continue to do / go on doing the washing
prasować / wyprasować iron
zajmować / zająć się + *instr.* occupy oneself, deal with something
sprzątanie cleaning, tidying up
wspólnie jointly
następnym razem next time
zauważać / zauważyć notice
narzekać complain

wyciągać / wyciągnąć get (*lit.* pull) out
odkurzacz vacuum cleaner

Adjectival present participles – 'a working woman'

The adjectival present participle is formed in exactly the same way as the present adverbial, but with the addition of adjectival endings:

czekać	czekaj-ąc	czekaj-**ący** -**ąca** -**ące**
mieszkać	mieszkaj-ąc	mieszkaj-**ący** -**ąca** -**ące**
dawać	daj-ąc	daj-**ący** -**ąca** -**ące**
jechać	jad-ąc	jad-**ący** -**ąca** -**ące**
mówić	mówi-ąc	mówi-**ący** -**ąca** -**ące**
myśleć	myśl-ąc	myśl-**ący** -**ąca** -**ące**
pracować	pracuj-ąc	pracuj-**ący** -**ąca** -**ące**

In the plural use **-ący** (men, mixed groups of people), **-ące** (other nouns).

Adjectival participles, like all adjectives, agree in number, gender and case with the nouns to which they refer:

Będę kobietą pracującą i zarabiającą ... tak jak ty.
I'll be a working woman and earning money ... just like you.

Przyjęto mnie do pracy w rozwijającej się firmie farmaceutycznej.
I've got a job in a growing pharmaceutical company.

Ten pan rozmawiający z Moniką jest naszym dyrektorem.
That man talking with Monika is our director.

The present participle is frequently met in written texts and complex sentences where it serves to replace clauses introduced by **który -a -e** 'which, who'. Below are two typical examples extracted from longer texts on the 'situations vacant' pages – in the first advert we have a company enjoying dynamic growth in the field of beauty care, in the second the offer of interesting and satisfying work in a young, ambitious team of people, a company car and an attractive salary:

Laboratorium Kosmetyczne ABC jest dynamicznie rozwijającą się polską firmą specjalizującą się [*jest polską firmą, która rozwija się dynamicznie i specjalizuje się*] w produkcji kosmetyków pielęgnacyjnych.

Oferujemy:
- interesującą, dającą satysfakcję pracę [*pracę, która jest interesująca i daje satysfakcję*] w młodym i ambitnym zespole
- samochód służbowy
- atrakcyjne wynagrodzenie

A few present participles used adjectivally (**interesujący** is one) can occur alone. For example: **to jest interesujące / denerwujące / męczące** 'this is interesting / irritating / tiring', **kurs języka dla początkujących** 'a language course for beginners (those beginning)'.

In expressions such as 'I saw / heard someone doing something' it is better, in colloquial Polish, to avoid a participle, and use the following construction with **jak**:

Widziałem, jak on to robił.   I saw him doing it.
Słyszałem, jak ona to mówiła.   I heard her say(ing) this.

Exercise 1

Produce an English version of the ads above. You already know the gist of what they say. Be inventive, but accurate.

Exercise 2

In the following sentences use present adjectival participles to replace the clauses introduced by **który -a -e**:

1 Kobiety, które pracują nie mają dużo czasu na zakupy.
2 Czy widzisz tego pana, który stoi tam przy wejściu?
3 Ta pani, która rozmawia z bratem jest naszą sąsiadką.
4 Co wy wiecie o ludziach, którzy mieszkają na prowincji?

Exercise 3

Express the difference in meaning in each of the following pairs of sentences:

1 (a) Idąc ulicą spotkałem Piotra.
  (b) Spotkałem Piotra idącego ulicą.
2 (a) Widziałem kobietę czekającą na tramwaj.
  (b) Widziałem ją, czekając na tramwaj.

Adjectival past participles – 'a cooked dinner'

Adjectival past (or, to be exact, past passive) participles correspond to the English past-tense forms such as 'done', 'forgotten' and those ending, more typically, in -ed: 'finished', 'cooked', 'washed'. They are formed from perfective verbs, as follows:

Verbs ending in *-ać / -eć*	*Past participles end in* *-any -ana -ane, pl. -ani -ane*	
napis-ać	napis-**any**	'written'
podpis-ać	podpis-**any**	'signed'
ugotow-ać	ugotow-**any**	'cooked'
wyprasow-ać	wyprasow-**any**	'ironed, pressed'
zapomni-eć	zapomni-**any**	'forgotten'

Verbs ending in *-ić / -yć and -ść / -źć*	*Past participles end in* *-ony -ona -one pl. -eni -one*	
kupi-ć	kupi-**ony**	'bought'
zaprosi-ć	zaprosz-**ony**	'invited'
zapłac-ić	zapłac-**ony**	'paid'
zgubi-ć	zgubi-**ony**	'lost'
skończ-yć	skończ-**ony**	'finished'
znaleźć	znalezi-**ony**	'found'
skraść	skradzi-**ony**	'stolen'

Some verbs – those ending in **-(n)ąć**, for example – behave differently or deviate from the above rules. For now, note the following common examples:

zaj-ąć	zaj-**ęty -a -e**	'busy, occupied'
zamkn-ąć	zamkn-**ięty**	'closed'
otworzyć	otwarty	'open(ed)'
umyć	umyty	'washed'
zabić	zabity	'killed'

Their plural endings are **-(ę)ci -(ę)te.**

Adjectival past (passive) participles describe completed actions, decisions taken and results achieved. Like their adjectival present (active) partners, they can be used attributively – as in the first dialogue where Roman talks about having a 'cooked dinner', the 'clothes washed and ironed' – or they can occur alone, as in: **naprawdę jestem zajęty** 'I'm really busy'. Some are used as ordinary adjectives:

otwarte drzwi 'an open door'; **list otwarty** 'an open letter'; **zakazany owoc** 'forbidden fruit'; **osoba wykształcona** 'an educated person'; **kurs dla zaawansowanych** 'a course for advanced students (the advanced)'.

Adjectival participles – the present passive

Adjectival participles can also be formed from imperfective verbs to produce the present passive. These are less common but you will meet them, particularly when the talk is about processes – things 'being done / being -ed' – rather than completed actions, results. We shall return to this later in the lesson.

These participles in the present passive, too, look and behave like ordinary adjectives, so their endings must agree in number and gender. For example: **język mówiony / pisany** 'the spoken / written language' (the language now being spoken and written); similarly **film animowany** is a film which involves the process of animation and **parking strzeżony** is a car park which is being supervised, on which someone is keeping watch (the verb is **strzec**).

A passive participle you already know is **kochany** *lit.* 'being loved (beloved)', which is how you address family and close friends in writing: **Kochana Moniko** 'Dear Monika'.

Exercise 4

Complete the following, using the adjectival past (passive) participle of the most appropriate verb given here: **zamknąć – zająć – skończyć – kupić – zaprosić – napisać – zrobić**

1 Czy znasz tę powieść *'novel'* _____ przez Konwickiego?
2 Jesteśmy _____ na kolację.
3 Wszystkie miejsca w restauracji były już _____ .
4 Poszła szybko do sklepu, ale sklep był _____ .
5 Ona nigdy nie ma czasu. Zawsze jest bardzo _____.

Nouns from verbs

In the course of this book you have met a number of neuter nouns ending in **-anie**, **-enie**, **-cie**. These are nouns dervied from verbs; they are very common in Polish and can be formed from almost any verb. Typically, they denote activities (the doing of something) directly associated with the verb, as in 'reading is a great pleasure':

czytać	czyt**anie** 'reading'	mówić mów**ienie** 'speaking'
pisać	pis**anie** 'writing'	uczyć ucz**enie** 'teaching'
prać	pr**anie** '(the) washing'	myśleć myśl**enie** 'thinking'
prasować	prasow**anie** '(the) ironing'	

Many such nouns (for example, **pranie**, **prasowanie**) have, to a lesser or greater extent, acquired their own status in the vocabulary. For example:

mieszkać 'to live, reside'	**mieszkanie** 'a flat'
podróżować 'to travel'	**podróżowanie** 'travel(ling)'
ubrać 'to clothe'	**ubranie** 'clothes, clothing'
kochać 'to love'	**kochanie** 'darling, dearest'
zaprosić 'to invite'	**zaproszenie** 'invitation'
powiedzieć 'to say'	**powiedzenie** 'a saying, adage'
żyć 'to live'	**życie** 'life'
wejść 'to enter'	**wejście** 'entrance, way in'
wyjść 'to go out'	**wyjście** 'exit, way out'

As a simple guide, the endings **-anie -enie -cie** are typical of nouns derived from verbs ending, respectively, in **-ać** / in **-ić, -yć, -eć** / in **-ść** + most monosyllabic verbs.

Dialogue 2 ▨

Od razu przystąpię do rzeczy

I'll get straight to the point

Stefan and his colleagues are being briefed by the director about a new contract signed with a Dutch computer company

DYREKTOR: Dzień dobry państwu. Nie mamy zbyt dużo czasu, więc od razu przystąpię do rzeczy. Komputer, który państwo widzicie został wyprodukowany w Holandii. Podobny typ komputera od kilku lat, jak wiadomo, produkowany jest w Niemczech, oczywiście pod inną nazwą. Jak już państwo wiecie, w zeszłym tygodniu został podpisany kontrakt z holenderską firmą komputerową.

STEFAN: Czy to znaczy, że we Wrocławiu będą montowane właśnie te komputery?

DYREKTOR: Niezupełnie. W naszej fabryce będzie wykonywana tylko część pracy. Nasze mikroprocesory będą wysyłane do Holandii, gdzie komputery będą składane i sprzedawane.

STEFAN: Kiedy zostanie rozpoczęta produkcja?

DYREKTOR: Myślę, że pierwsze mikroprocesory będą gotowe za miesiąc. Materiały zostały zakupione dwa tygodnie temu, a pracownicy zostali przeszkoleni jak radzić sobie z nową technologią. Myślę, że za trzy, cztery tygodnie możemy śmiało zaczynać. To chyba tyle w wielkim skrócie. Czy są jeszcze jakieś pytania?

STEFAN: Kto zostanie kierownikiem produkcji?

DYREKTOR: Pan.

STEFAN: Ja!?

DYREKTOR: Niech się pan tak nie dziwi. Przecież musi pan mieć z czego zapłacić za remont mojego samochodu.

Vocabulary

produkować / wyprodukować produce, manufacture
podobny typ a similar type

jak wiadomo as everyone knows
pod inną nazwą under a different (trade) name
w zeszłym tygodniu last week
został podpisany kontrakt a contract was signed
holenderski Dutch *adj. (and the language)*
montować *(also* **składać)** assemble, put together
niezupełnie not quite, not altogether
wykonywać / wykonać carry out (a task)
wysyłać / wysłać send
sprzedawać / sprzedać sell
produkcja zostanie rozpoczęta production, manufacture will begin
materiały zostały zakupione the materials were bought
pracownicy zostali przeszkoleni the workers (workforce) have been
  trained
możemy śmiało zaczynać we can safely begin (**śmiało** *lit.* means 'boldly')
to chyba tyle w wielkim skrócie very briefly that's it / that's all, I think
kierownik produkcji production manager
dziwić / zdziwić się be surprised
mieć z czego zapłacić za have something with (*lit.* out of) which to pay
  for
remont repair(s)

The passive voice

Passive constructions are formed with **być** + adjectival passive
participles:

Praca będzie skończona jutro. The work will be finished
                                    tomorrow.
To musi być zrobione dzisiaj. This must be done today.
Wszystko jest zamknięte. Everything's closed.

To talk about what 'is, was or will be being done', as in the second
dialogue, Polish uses the present passive participle (formed,
remember, from imperfective verbs):

**Podobny typ komputera [od kilku lat] produkowany jest w
  Niemczech.**
A similar type of computer is being produced [has been
  produced* for several years] in Germany.

*Remember: when talking about how long something's been going on (see Lesson
11) English uses a form of the past tense while Polish uses the present.

**Mikroprocesory będą wysyłane do Holandii, gdzie komputery
będą składane i sprzedawane.**
The microprocessors will be (being) sent to Holland where the
computers will be (being) assembled and (being) sold.

As you can see, it is not always easy to convey the use of the
present passive in good English; but take care to recognize it in
Polish, particularly if, for example, you're a business(wo)man and
details matter.

Using zostać

Passive constructions can also be formed with the perfective verb
zostać, but only in combination with participles formed from other
perfective verbs:

Komputer został wyprodukowany w Holandii.
W zeszłym tygodniu został podpisany kontrakt.
**Materiały zostały zakupione ... pracownicy zostali
przeszkoleni.**

Kiedy zostanie rozpoczęta produkcja?
When will production begin (be begun)?

In colloquial Polish, **zostać** (note its future: **zostalnę, -niesz, -nie**)
is often replaced by **być**, but this is not always an option. Note, for
example, how you can distinguish clearly between a state or condition, and the action leading to it:

Kiedy wracałem do domu, sklep był jeszcze otwarty.
When I was returning home the shop <u>was</u> still <u>open</u>.

Wczoraj został otwarty nowy sklep sportowy.
Yesterday a new sports shop <u>was opened</u>.

Similarly, compare the following where **zostać**, followed by a noun,
appears with a different but not unrelated meaning:

Adam jest / był nauczycielem.   **Adam został nauczycielem.**
Adam <u>is</u> / <u>was</u> a teacher.   Adam <u>became</u> a teacher.

Kto zostanie kierownikiem produkcji?
Who's going to become the production manager?

Zostać has an imperfective equivalent, **zostawiać**, and both can also
translate the English 'to remain, stay (behind), be left'.

Agata została w Paryżu.	Agata stayed behind in Paris.
Zostało jeszcze trochę czasu.	There's still a little time left.
Niewiele zostaje do zrobienia.	There's not much left to do.

Other forms of the passive

As early as Lesson 5 you used a passive (impersonal) construction – formed with **się** + 3rd person singular of the verb – when talking about how something 'is said / written' in Polish. Here are some examples old and new:

Jak to się mówi / (się) pisze po polsku?
How do you (does one) say / write this in Polish?

Jak to się nazywa po angielsku / po niemiecku?
What is this called (do you call this) in English / in German?

Dużo się pisze o tym, ale nic się nie robi.
A lot is (being) written about this, but nothing is (being) done.

Często się słyszy, że ...
You often hear (it said) that ...

Note that in the past you use the 3rd person singular neuter form of the verb:

Często się słyszało, że ...
W domu mówiło się tylko po polsku.

To talk about the future use **będzie** with the past forms above:

Jeśli nie pójdziemy, to będzie się mówiło, że ...
If we don't go (then) they (people) will be saying that ...

Remember that in this construction **się** does not have a reflexive meaning (and you will not find, for example, 'mówić się' in the dictionary).

An alternative to the '**się** passive', but only with reference to past events, is formed by removing the adjectival endings of passive participles and replacing them with **-o**. There was one example in the first dialogue: **Przyjęto mnie do pracy** 'I've got a job' (I've been accepted / they've accepted me to work); here are two more:

Dużo wtedy o tym mówiono i pisano.
A lot was said and written about it at the time.

Powiedziano mi, że wszystkie bilety już zostały sprzedane.
I was told all the tickets had already been sold.

Constructions of the **pisze się**, **mówi się** type occur in any style; the **-o** forms are more typical of formal language and written texts.

Jak już państwo wiecie – jak wiadomo

You learned at the very beginning that with **pan**, **pani**, **państwo** and so on, you use the 3rd person sing. / pl. form of the verb. However, the use of the 2nd person plural, as in the second dialogue, is also permitted: **komputer, który państwo widzicie** 'the computer which you see', **jak już państwo wiecie** 'as you already know' – this construction is common in less formal situations, such as among colleagues at work.

Jak wiadomo expresses a wide range of largely synonymous English phrases, such as: 'obviously', 'clearly', 'as you / we (all) know', 'as everyone knows', 'as is well-known'. Another way of expressing the same sense is to use **wiadomo, że ...** 'it's obvious / clear that ...', 'we all know that ...' and suchlike.

The negative **nie wiadomo (kiedy)** means 'no one knows, it's not known / clear (when)', **nigdy nie wiadomo** 'you / one never know(s)'.

Exercise 5

Answer in Polish these questions referring to Dialogue 2:

1 What happened last week?
2 Will all the production work be done in Wrocław?
3 What has the company's workforce been trained to do?
4 What does the director refer to as happening (a) 2 weeks ago (b) in a month's time (c) in 3–4 weeks' time?

Dialogue 3 CO

O której jest najbliższy pociąg do . . .?

When is the next train to . . .?

W informacji: *Warszawa Centralna*

PASAŻER: O której jest najbliższy pociąg do Krakowa?
URZĘDNIK: Bezpośredni InterCity „Krakus" odchodzi za 40
           minut, o 12.20. Przyjazd do Krakowa o 15.54.
PASAŻER: Dziękuję bardzo.

W kasie:

KASJERKA: Proszę?
PASAŻER: Proszę bilet normalny na pociąg InterCity do Krakowa
           na dzisiaj; na 12.20.
KASJERKA: Która klasa?
PASAŻER: Druga.
KASJERKA: Dla palących czy niepalących?
PASAŻER: Dla niepalących poproszę.
KASJERKA: 75zł 50gr.
PASAŻER: Proszę.
KASJERKA: Dziękuję. To pański bilet, a to miejscówka: wagon 3,
           miejsce 76.
PASAŻER: Dziękuję.

Komunikat:

Pociąg InterCity „Krakus" relacji [*railspeak for: from . . . – to . . .*]
Warszawa Centralna–Kraków Główny, planowy odjazd [*scheduled
departure / to depart*] o godzinie 12.20, odjedzie wyjątkowo [*exceptionally*] z toru [*track*] 1 przy peronie [*platform*] 3. Za zmianę
peronu serdecznie [*sincerely*] przepraszamy.

Kontrola biletów:

KONDUKTOR: Dzień dobry. Proszę bilety do kontroli.
PASAŻER: Proszę.
KONDUKTOR: Dziękuję.
PASAŻER: Proszę.
KONDUKTOR: Bilet ulgowy, proszę legitymację.
PASAŻERKA: Proszę.

KONDUKTOR: Dziękuję. Pani jedzie do Przemyśla. Ma pani prze-
              siadkę na stacji Kraków Główny. Pociąg osobowy
              do Przemyśla odjedzie o 16.17.
PASAŻERKA: Dziękuję.
KONDUKTOR: Do widzenia.

Vocabulary

PKP (Polskie Koleje Państwowe)   Polish State Railways

Dworzec Główny Main Station
Dworzec Centralny Central Station
peron platform
tor track
bilet normalny full fare
bilet ulgowy reduced fare
miejscówka seat reservation
przesiadka connection
odjazd departure
przyjazd arrival

pociąg osobowy slow train
pociąg pośpieszny fast train
pociąg podmiejski suburban train
pociąg bezpośredni direct train
pociąg InterCity
ekspres express
wagon carriage
przedział compartment
dla palących smoking
dla niepalących non-smoking
legitimacja identity document

Having worked through the book you are now ready to move
ahead. Sometimes – as often happens – you will want to go back
and see things again. But in every case, and in conclusion:
Szczęśliwej podróży! Bon voyage!, or as they say in Ireland 'May
the road rise up to meet you'.

Key to exercises

Lesson 1

Exercise 1

Conversation 1:

1	2	3	4	5	6
f	c	i	b	k	e

Conversation 2:

1	2	3	4	5	6	7
h	l	a	j	g	d	m

Exercise 2

1 jest 2 są 3 jestem 4 jesteście 5 jest; jest 6 jest 7 są 8 jest; jest

Exercise 3

1 Kto 2 Co 3 Gdzie 4 Czy 5 Gdzie 6 Czy 7 Kto 8 Czy 9 Co

Exercise 4

passport – *m.* ; video – *n.* ; (town) centre – *n. ;* taxi – *f.* ; hockey – *m.* ; dentist – *m.* [exception)] ; American (woman) – *f.* ; address – *m.* ; computer – *m.*

Exercise 5

1 Dzień dobry 2 Do widzenia 3 Dziękuję 4 Dobranoc 5 Cześć, co słychać? 6 Wszystko w porządku. / Po staremu. / Nic nowego. 7 tu – tam 8 blisko – daleko

Exercise 6

1 Dziękuję or Nie, dziękuję. / Dziękuję, nie. 2 Słucham? 3 Przepraszam (bardzo). 4 Czy możemy przejść na ty? / Proszę mi mówić . . . (first name).

Lesson 2

Exercise 1

małe dziecko	inteligentna studentka
woda mineralna	Morze Czerwone
duży dom	telewizja satelitarna
karta kredytowa	długa rzeka

Exercise 2

1 niska 2 mały 3 trudna 4 zielona 5 drogi 6 słaba

Exercise 3

1 Jaki 2 Czyja 3 Która 4 Jaka 5 Które

Exercise 4

1 Gdzie jest tu blisko dobra restauracja? 2 Jakie jest twoje nowe mieszkanie? 3 Przepraszam, który hotel jest dobry, ale niedrogi? 4 Nasz angielski kolega jest bardzo sympatyczny.

Exercise 5

1 To jest moje miasto / moja ulica / mój dom. 2 Jaki jest jej brat ? / Jaka jest jego siostra? 3 Czy to Pani / Pana córka? 4 Gdzie jest ta nowa kawiarnia?

Exercise 6 (suggestions only)

A Przepraszam, jakt to (jest) ulica? Czy to (jest) ulica Prosta?
B Nie, to (jest) ulica Grodzka.
A A gdzie jest ulica Prosta? Czy to daleko stąd? / Czy ona jest daleko stąd?
B Nie to bardzo blisko. Proszę iść prosto i skręcić w prawo. Po lewej stronie jest park. Naprzeciwko jest Poczta Główna.
A Dziękuję bardzo.

Exercise 7

1 Proszę mi pokazać na planie.
2 Gdzie tu jest (jest tu) postój taksówek / przystanek autobusowy?
3 Gdzie jest Dworzec Główny?
4 Jaka szkoda!

Lesson 3

Exercise 1

1 Kiedy się spotykacie? 2 Oglądamy film. 3 Czy państwo się znają? 4 Gdzie oni / one mieszkają? 5 Przepraszam. Nie pamiętam.

Exercise 2

1 Agnieszka czyta polską gazetę. 2 Czy znasz tego pana i tę panią? 3 Na weekend wyjeżdżamy za miasto i odpoczywamy. 4 Czy pamiętacie mojego brata i moją siostrę? 5 Oni mają bardzo miłego sąsiada.

Exercise 3

1 Jest fascynujący i bardzo zabawny. 2 (Oni) po prostu rozmawiają. 3 Opalam się, pływam i gram w tenisa. 4 Monika kocha telewizję satelitarną. / Beata kocha świeże powietrze.

Exercise 4

1 C, 2 D, 3 E, 4 A, 5 B.

Exercise 5

1 Przepraszam, czy ten stolik jest wolny? 2 Proszę kartę. [You could also say: Proszę menu.] 3 Na co pan / pani ma ochotę? 4 Przepraszam za spóźnienie. 5 Czy twoja siostra gra w koszykówkę?

Lesson 4

Exercise 1

1 Mam kuzyna – duże mieszkanie – ochotę na spacer. / Nie mam kuzyna – dużego mieszkania – ochoty na spacer. 2 Lubisz operę – sport – tę kawiarnię? / Nie lubisz opery – sportu – tej kawiarni? 3 Pamiętam twoją siostrę – tego pana – jej adres. / Nie pamiętam twojej siostry – tego pana – jej adresu. 4 Oglądamy telewizję – ten nowy serial. / Nie oglądamy telewizji – tego nowego serialu.

Exercise 2

1 kawałek sera 2 słoik dżemu 3 bochenek chleba 4 butelkę wody mineralnej 5 tabliczkę czekolady

Exercise 3

1 Czy pan pali? 2 Szukam taniego hotelu i dobrej restauracji. 3 Życzymy zdrowia i sukcesu. 4 Bardzo się cieszę (cieszę się), że tu jesteś.

Exercise 4

1 Niestety, nie ma pana dyrektora – Barbary – taksówki – soku grejpfrutowego.
2 Niestety, tu nie ma centrum handlowego – przystanku autobusowego – poczty – telefonu.

Exercise 5

1 Peter ma dużo pracy i śpieszy się do biura. 2 Co robicie? (Czy) uczycie się angielskiego? 3 Monika słucha muzyki. 4 Czy pan często dzwoni do Warszawy? 5 Kiedy pani kończy pracę? 6 Co on mówi?

Exercise 6

1 – 5 – 7 – 3 – 8 – 2 – 6 – 4

Lesson 5

Exercise 1

1 (My) mówimy po francusku. Uczymy się polskiego. Rozumiemy już trochę po polsku.
2 (Ja) mówię po niemiecku. Rozumiem dużo po polsku. Znam też bardzo dobrze francuski i angielski.
3 Beata i jej brat mówią doskonale / świetnie po włosku. Znają dość dobrze rosyjski i rozumieją po hiszpańsku.
4 Peter zna tylko angielski. Teraz uczy się polskiego. Już rozumie gramatykę, ale jeszcze nie mówi po polsku zbyt dobrze.

Exercise 2

1 Mówię lepiej. Rozumiem więcej. 2 Mamy mniej pracy. 3 Dzisiaj jest zimniej. 4 Łatwiej jest czytać po polsku – mówić jest trudniej.

Exercise 3

1 wiesz; wiem, wiedzą. 2 znają; znamy 3 znam, wiem.

Exercise 4

1 Muszę kupić plan Warszawy / Krakowa. 2 Musimy uczyć się języków obcych. 3 Musicie mówić po polsku. 4 Czy możemy poczekać? 5 Czy możesz poczekać chwileczkę? 6 Czy mogę się przedstawić?

Exercise 5

Intensive Polish Language Course 1 for beginners 2 for intermediate (students) 3 for advanced (students).

Exercise 6

1 Can I / can one park here? 2 I can't (don't know how to) / I can't (am not allowed to) play tennis. 3 I don't know Maria yet / I already know Monika.

Exercise 7

1 Czy może pan / pani mówić trochę wolniej? 2 Jak to się mówi po polsku? 3 Żartujesz! (or indeed any one of the other expressions in the lesson). 4 Nie ma sprawy. 5 Skąd o tym wiesz?

Lesson 6

Exercise 1

do muzeum na wystawę; do parku na spacer; do klubu na dyskotekę; do filharmonii na koncert; do restauracji na kolację.

Exercise 2

1 jedziecie 2 jadę, jedzie 3 idziecie 4 idą 5 jedzie.

Exercise 3

1 Nie lubię telewizji – wolę radio. 2 Bardzo lubię teatr – uwielbiam Szekspira. 3 Lubię operę, ale wolę balet. 4 Kocham lato – nienawidzę zimy.

Exercise 4

1 jeździ 2 chodzicie 3 idziemy 4 jadę

Exercise 5

1 B, 2 D, 3 E, 4 A, 5 C

Exercise 6

1 wczoraj rano 2 w piątek wieczorem 3 we wtorek po południu 4 dziś / dzisiaj w południe 5 jutro w poniedziałek o północy.

Exercise 7

zwiedzać miasto; jechać na wycieczkę; kupować bilet; studiować polski; organizować spotkanie; chodzić do kościoła.

Lesson 7

Exercise 1

1 dwa bilety tramwajowe, trzy pocztówki, cztery znaczki. 2 trzy długopisy ... dwa czerwone, jeden czarny. 3 dwa szampony do włosów, dwie pasty do zębów.

Exercise 2

1 cztery 2 trzydzieści siedem 3 sześćdziesiąt pięć 4 siedemdziesiąt sześć 5 dwadzieścia jeden.

Exercise 3

dwa złote pięćdziesiąt groszy; dziewiętnaście złotych dziewięćdziesiąt dziewięć groszy; siedemdziesiąt trzy czterdzieści; sto dwadzieścia sześć; dwieście osiemdziesiąt złotych bez VAT.

Exercise 4

1 E, 2 D, 3 A, 4 B, 5 C

Exercise 5

1 Moi bracia studiują. Moje siostry pracują. 2 Czy panie czekają?
3 To są Polacy, a to Niemcy. 4 Koledzy mówią, że one są bardzo
miłe. 5 Ci panowie nie mówią po polsku.

Exercise 6

1 ludzie – długie dni (*or* dnie) – trudne lata – stare muzea – ostatnie
tygodnie
2 język obcy – cudzoziemiec – ekonomista – policjant – miła pani

Exercise 7

	¹F	R	A	N	C	U	Z	I		
²W	Ł	O	S	I						
	³S	Z	W	E	D	Z	I			
	⁴J	A	P	O	Ń	C	Z	Y	C	Y
	⁵A	N	G	L	I	C	Y			
	⁶N	I	E	M	C	Y				
⁷C	H	I	Ń	C	Z	Y	C	Y		
⁸A	M	E	R	Y	K	A	N	I	E	

Lesson 8

Exercise 1

Mieszkam 1 w małym mieszkaniu w centrum (miasta) 2 na wsi we
Francji 3 w dużym bloku na drugim piętrze 4 w małym hotelu w
Berlinie niedaleko dworca (kolejowego) 5 w domu akademickim
w Warszawie.

Exercise 2

Pracuję 1 w biurze podróży 2 w sklepie 3 w księgarni 4 w recepcji
5 w dużej firmie 6 w fabryce 7 w reklamie 8 w pensjonacie

Exercise 3

1 Idziemy na przystanek autobusowy – jesteśmy na przystanku
autobusowym 2 Maria jedzie do Madrytu – ona jest w Madrycie
3 Idę na pocztę – jestem na poczcie 4 Peter jedzie do Włoch – on
już jest we Włoszech.

Exercise 4

1 B, 2 D, 3 E, 4 A, 5 C

Exercise 5

1 Wstaję o siódmej czterdzieści pięć [= za piętnaście ósma]
2 Wychodzę z domu o ósmej trzydzieści [= wpół do dziewiątej]
3 Zaczynam pracę o dziewiątej 4 Idę na lunch o trzynastej
[= o pierwszej] 5 Kończę pracę o siedemnastej [= o piątej]
6 Wracam do domu o osiemnastej piętnaście [= piętnaście po
szóstej].

Exercise 6

na uniwersytecie; w małej prywatnej firmie; w lutym; w tym roku;
na egzaminie; w czerwcu; w lipcu; w sierpniu

Exercise 7

1 Idziemy do restauracji na kolację o ósmej wieczorem. 2 Jadę na
trzy dni na konferencję na Węgry. 3 Jesteśmy na wakacjach w
Niemczech. 4 O której (godzinie) jest pociąg do ... ?
5 Pierwszy dzień wiosny.

Lesson 9

Exercise 1

Agnieszka nie kupiła: marchewek, lodów, bułek, ogórków, ziemniaków, bananów, ryb, jajek i pomidorów.

Exercise 2

1 czystych skarpetek 2 słodkich ciastek 3 tego pana 4 długich nocy

Exercise 3

dwie młode dziewczyny; trzech żołnierzy; dwóch małych chłopców; trzech żołnierzy; trzech Japończyków

Exercise 4

dwa dni(e) – pięć miesięcy – trzy lata – dwadzieścia jeden lat – dwóch braci i trzy siostry – kilkuset turystów – kilkunastu gości – trzydziestu studentów

Exercise 5

1 ma 2 chodzi 3 lubi 4 mieszka 5 kupuje 6 uczy się 7 mówi

Exercise 6

1 Spotykaliśmy (-łyśmy) się, kiedy pracowałem (-am) w Londynie. 2 Kiedy Maria była mała, nie lubiła chodzić do szkoły. 3 Co robicie dla relaksu? 4 Miałyśmy dzisiaj dużo pracy. 5 Czy pan / pani często jeździ do Polski?

Exercise 7

1 O co ci chodzi? 2 Jest pan / pani w samą porę. 3 Nie znoszę lodów kawowych. 4 Przepraszam za spóźnienie. 5 To dobry pomysł.

Lesson 10

Exercise 1

4 teaches at school	9 catches criminals
7 designs houses	6 writes for a newspaper
11 works in a shop	2 takes care of ill people
5 treats ill people	10 paints pictures or walls
1 preaches in a church	8 drives a car
3 does your hair	

Exercise 2

1 Jestem Anglikiem – mam dwadzieścia cztery lata – jestem dziennikarzem i pracuję w Londynie. 2 On jest Niemcem – ma pięćdziesiąt lat – mówi po angielsku – zna polski – jest doktorem i pracuje w szpitalu w Berlinie. 3 Teresa jest Hiszpanką – ma dziewiętnaście lat – jest niska – ma czarne włosy – jest studentką w Madrycie. 4 Jestem Francuzką – mam trzydzieści jeden lat – (mój) mąż jest prawnikiem – (mój) syn ma pięć lat – (moja) córka ma dopiero trzy lata – mieszkam / mieszkamy w Lille. 5 Oni są Szwedami – są architektami – nie mają dzieci – mieszkają w Sztokholmie.

Exercise 3

[open]

Exercise 4

1 przed dworcem 2 za miastem 3 jeździ rowerem nad rzekę 4 między Warszawą a Lublinem 5 można lecieć samolotem albo jechać pociągiem.

Exercise 5

1 Kiedy będziesz w Polsce? 2 Będziemy czekali (czekały) na pana / panią na lotnisku. 3 Teresa będzie studiowała w Niemczech. 4 Gdzie będziecie mieszkali (mieszkały)? 5 Jutro będziemy zwiedzali (zwiedzały) Stare Miasto i rynek.

Exercise 6

1 której 2 którym 3 którymi 4 której 5 której

Exercise 7

1 Czym się zajmujesz? 2 Jak długo jest pan już w Polsce? 3 Będę tutaj jeszcze miesiąc. 4 Nie o to chodzi. 5 Pogoda będzie fantastyczna! 6 Wrocław jest czwartym co do wielkości miastem w Polsce.

Lesson 11

Exercise 1

1 (a) I saw Peter this morning [**widziałem** – impf.: process, no action]. (b) (Please) look / take a look at what's happened [**zobaczyć, stało się** – both pf: emphasis on single action, end result]
2 (a) We talked a long time on the telephone [**rozmawialiśmy** – impf.: process, duration]. (b) I met my friend and had to have a talk with him [**spotkałem, porozmawiać** – pf.: saying what happened and what you had to do].
3 (a) What did you do / were you doing yesterday? [**robiłaś** – impf.: no single action]. (b) When did you do this? [**zrobiłaś** – pf.: completed action with result].

Exercise 2

1 Nie zrozumiałem (-am), co on powiedział. 2 Wieczorem spotkaliśmy (-łyśmy) się w klubie. 3 Kiedy wróciłeś (-aś) do domu? 4 Spędziliśmy (-łyśmy) wakacje nad morzem. 5 Marek nie poszedł dziś do pracy.

Exercise 3

Here are examples of the questions you might ask:
A1 Przepraszam pana, ale gdzie jest Teatr Powszechny? [you could add: Czy on jest tu gdzieś blisko?] A2 Czy mogę / można dojechać stąd autobusem? A3 A gdzie jest (tu) przystanek tramwajowy? A4 Którym tramwajem mogę / można tam dojechać? A5 Dziękuję panu / pani bardzo.

Exercise 4

1 Na przeciwnym końcu miasta. 2 Proszę jechać za tym autobusem.
3 (No i) co miałam zrobić? 4 Przy przystanku zatrzymał się
samochód. 5 Czy może nas pan podwieźć? 6 Popatrzyłam na nią
zdziwiona.

Exercise 5

1 Czekam już dwadzieścia minut. 2 Uciekł mi autobus / tramwaj.
3 O której (godzinie) zaczyna się film? 4 Mieszkamy tu od pięciu
lat. 5 Musimy kogoś zapytać o drogę.

Lesson 12

Exercise 1

1 Co on powie? 2 (Ona) kupi bilet i wróci do domu. 3 Pójdziemy
wieczorem do kina. 4 Kiedy on przyjedzie? 5 Czy napiszesz do
Moniki? 6 Spotkamy się o siódmej. 7 Zrobimy to razem. 8 Poroz-
mawiam z nim jutro.

Exercise 2

1 będzie wiedziała 2 będzie czekał 3 zrobią 4 skończymy 5 będę
mógł / mogła

Exercise 3

1 Spotykamy się, idziemy do kawiarni i długo rozmawiamy przy
kawie. 2 Zadzwonię do pana / pani jutro. 3 Wszedł, powiedział
dzień dobry i wyszedł. 4 Zaprosiłem (-am) Annę i Marka na
kolację. 5 Kiedy / o której (godzinie) pan / pani zwykle kończy
pracę? 6 Czekaliśmy (-łyśmy). Dlaczego nie zadzwoniłeś (-aś) i nie
powiedziałeś (-aś), że nie przyjdziesz?

Exercise 4

1 go / ją 2 niego / niej 3 ciebie / was 4 nich / nie 5 mnie / nas

Exercise 5

1 Adam kocha morze. Kiedyś jeździł na wakacje nad Bałtyk. Teraz często jeździ / wyjeżdża do Hiszpanii albo do Włoch. 2 Co roku Dorota wyjeżdża za granicę w poszukiwaniu przygód. Robi setki zdjęć. 3 Barbara i Zygmunt uwielbiają Mazury. Mogą tam żeglować, opalać się i odpoczywać / wypoczywać. 4 Zuzanna jedzie na wycieczkę szkolną do Berlina. Bedzie tam dwa tygodnie. 5 W tym roku Pan Kowalski nie jedzie na wakacje. Będzie w domu i będzie oglądał telewizję.

Exercise 6

1 To wspaniale! 2 Mam pomysł. 3 Przyjdę / przyjadę po pana / panią o ósmej. 4 Czy to prawda, czy nie? 5 Mamy tego samego dentystę. 6 (Czy) masz coś do pisania?

Lesson 13

Exercise 1

mojemu bratu / moim braciom – twojemu koledze / twoim kolegom – naszemu sąsiadowi / naszym sąsiadom – temu panu / tym panom – młodszej córce / młodszym córkom

Exercise 2

1	2	3	4	5	6	7	8	9	10
e	b	j	g	a	d	h	f	c	i

Exercise 3

1 Rano pomogłem (-am) siostrze napisać list do ciotki w Polsce. 2 Piotr pokazał grupie angielskich turystów, gdzie jest Muzeum Narodowe. Podziękowali mu i dali mu plan Londynu. 3 Chcieliśmy (chciałyśmy) pójść do kina, ale uciekł nam autobus i spóźniliśmy (-łyśmy) się. 4 Mój brat ma nową dziewczynę. Chciał kupić jej *or*

jej kupić kwiaty na (jej) imieniny, ale nie miał pieniędzy więc pożyczyłem (-am) mu dwadzieścia złotych. 5 Wieczorem zadzwonił do mnie dyrektor. Powiedział mi, że bardzo mu (jest) przykro, ale często takie sprawy trwają bardzo długo.

Exercise 4

1 Chce mi się spać. 2 Jestem wam bardzo wdzięczny / -a. 3 Bardzo mi przykro. 4 Mam temperaturę. Nie czuję się zbyt dobrze. 5 Dlaczego nie napisałaś do mnie? 6 Masz grypę. To nic poważnego.

Exercise 5

[open]

Exercise 6

1 czterysta pięćdziesiąt kilometrów – dwustu studentów – trzysta dwanaście dolarów 2 od tysiąc dziewięćset osiemdziesiątego roku 3 od tysiąc dziewięćset dziewięćdziesiątego siódmego do dwutysięcznego roku / roku dwa tysiące 4 w tysiąc czterysta dziewięćdziesiątym drugim roku 5 między piętnastym a dwudziestym piątym grudnia

Exercise 7

1 (a) tego pana ktoś okradł na ulicy (b) szedłem do sklepu 2 Pani doktorze

Lesson 14

Exercise 1

1 To nie oglądaj go. 2 Jedźmy na wycieczkę nad morze. 3 zadzwońcie do nas 4 Chodźmy do domu. 5 Weź taksówkę.

Exercise 2

1 Pomyśl o tym. 2 Powiedz mu o tym. 3 Kup bilety. 4 Zapytaj Dorotę.

Exercise 3

1 Nie myśl o tym. 2 Nie mów mu o tym. 3 Nie kupuj biletów. 4 Nie pytaj Doroty.

Exercise 4

1 żebyśmy przyszli (-ły) o siódmej 2 żeby pożyczyła mu pieniądze 3 żeby poszedł do kiosku i kupił *Newsweek* 4 żebyśmy skończyli (-ły) to dzisiaj 5 żeby zadzwonił do mnie, jak tylko wróci do domu

Exercise 5

1 Niech pani zadzwoni do mnie jutro po południu. 2 Niech się państwo nie przejmują. 3 Niech pan / pani pójdzie do dentysty. 4 Niech pan / pani zapyta się dyrektora.

Lesson 15

Exercise 1

1 Warszawa jest duża. Paryż jest większy. 2 Wisła jest długa. Dunaj jest dłuższy. 3 Telewizor jest drogi. Komputer jest droższy. 4 Tatry są wysokie. Pireneje są wyższe. 5 Moi młodzi bracia. Moje młodsze siostry.

Exercise 2

1 bardzo dobrze; lepiej; więcej 2 zimno; cieplej 3 najlepiej / najładniej 4 daleko; dalej; najdalej

Exercise 3

1 Im więcej pracuje tym mniej czasu spędza w domu. 2 W lecie dni są coraz dłuższe. 3 Ania jest o wiele młodsza od Kasi. 4 Ten telewizor jest najdroższy ze wszystkich. 5 To jest jeden z najlepszych filmów polskich. 6 Adam jest o wiele gorszym graczem od Filipa.

Exercise 4

1 Nie lubię chodzić do dentysty. 2 Wolimy chodzić do teatru, niż do kina. 3 Kiedy byłem (-am) mały (mała), zawsze chodziliśmy na zakupy w sobotę. 4 Chodźcie, idziemy na kawę. 5 O co panu chodzi? 6 Czy (ty) zawsze chodzisz w garniturze?

Exercise 5

1 Nie mam na to pieniędzy. 2 świetnie, że cię widzę! 3 Naprawdę muszę kupić nowe buty. 4 Po prostu najlepszy / najlepsza. 5 Dostałem (-am) propozycję dobrej pracy.

Exercise 6

1 Powinienem był / powinnam była zadzwonić do niej wczoraj. 2 Powinna pójść do lekarza. 3 Powinien był powiedzieć nam wcześniej. 4 Co powinniśmy byli zrobić?

Exercise 7

In the context of the advert **winiarnia** is a 'wine bar'; **piwiarnia** could be 'a beer cellar, a beer hall, a beerhouse'.

Lesson 16

Exercise 1

1 Gdybym miał czas, poszedłbym z Tobą na kawę. / Poszedłbym z Tobą na kawę, ale nie mam czasu. 2 Gdyby one miały bilety, nie musiałyby czekać. / Nie musiałyby czekać, ale nie mają biletów. 3 Gdybyśmy znali francuski, pojechalibyśmy do Paryża. / Pojechalibyśmy do Paryża, ale nie znamy francuskiego. 4 Gdybyś napisał do mnie, spotkałbym Cię na lotnisku. / Spotkałbym Cię na lotnisku, ale nie napisałeś do mnie. 5 Gdybym wiedziała o tym, to bym przyszła. / Przyszłabym, ale nie wiedziałam o tym.

Exercise 2

1 Chcielibyśmy wiedzieć, co on powiedział. 2 Nie wiem, co bym zrobił bez Ciebie. 3 Czy pani mogłaby mi pomóc? 4 Co byś zrobiła Kasia, gdybyś wygrała na loterii? 5 Byłoby bardzo miło, gdybyśmy mogli się spotkać w Londynie.

Exercise 3

1 Gdybyśmy wiedzieli, to byśmy panu powiedzieli. 2 Jeśli powiedział, że przyjdzie to przyjdzie. 3 Jeśli ją spotkasz, to powiedz jej, że czekam. 4 Zadzwoniłabym, ale telefon / automat (telefoniczny) był nieczynny. 5 Jeśli będzie ładna pogoda, to pójdziemy na spacer do parku.

Exercise 4

1 Pracownik – pracować 'to work' 2 widz – widzieć 'to see' 3 pocztówka – poczta 'post office' 4 malować – malarz 'painter' 5 wejście – wejśc *pf.* 'enter' 6 przestać – przestanek autobusowy / tramwajowy 'bus / tram stop' 7 ojczyzna – ojciec 'father' 8 koniec – kończyć *impf.* 'to end, finish'

Exercise 5

1 list 'letter' + nosić 'to carry' – in other words, **listonosz**, like his German colleague (**Briefträger**) is a 'letter carrier' 2 sam 'self, alone' + chodzić 'go (about)' 3 radio + słuchać 'listen'

Exercise 6

1 Czy podobał się wam ten film? 2 Czy podoba się ci moja nowa sukienka? 3 Nie podoba się nam życie w dużym mieście. 4 Czy podobała się wam Grecja? Czy podobały się wam Ateny?

Lesson 17

Exercise 1

1 mając 2 kupiwszy 3 stojąc 4 pisząc; słuchając 5 jadąc 6 przeczytawszy

Exercise 2

1 Kiedy to mówiłem, telefon zadzwonił. 2 Skończyła pracę i poszła do kina / Kiedy skończyła pracę, poszła do kina. 3 Zwiedzając Stare Miasto, spotkaliśmy (-łyśmy) naszych sąsiadów z Londynu. 4 Prawdę mówiąc, nie czuję się zbyt dobrze. 5 Kiedy wróciła do domu, zrobiła kawę i oglądała telewizję. 6 Czekaliśmy (-łyśmy) nie wiedząc co zrobić.

Exercise 3

1 Zgadnijcie, kogo spotkałyśmy dzisiaj. 2 Mój brat żeni się w maju. 3 Mieszkamy tutaj od pięciu lat / od października. 4 Nie mam pojęcia. 5 Tylko powtarzam, co słyszałem (-am) w telewizji. 6 Chciałbym, żebyś [*see Lesson 14*] poznała moją rodzinę.

Exercise 4

A: What kind of work / job is she looking for?
W: She'd like to find a job in some Polish–French firm / company. Considering her qualifications I shouldn't think that's going to be too difficult.
A: And what does her husband say to that?

Here: **jakiej** and **pracy** are genitive – this is the case required by the verb **szukać**; **jakaś** 'some kind of' appears in the locative because of the preposition **w**

Exercise 5

1 Przepraszam, ale nie będę mógł pojechać z wami na wycieczkę do Monachium. Zwichnęłem (sobie) nogę. 2 Zdaję sobie sprawę, że to (jest) bardzo skomplikowana sprawa, ale byłabym bardzo wdzięczna za szybką odpowiedź. 3 Nie znam go tak dobrze, ale na pana miejscu zacząłbym szukać nowej pracy. 4 Nie musieliśmy

czekać dłużej niż [*lit.* longer than] dziesięć minut. 5 Ponieważ spieszyła się, nie miała czasu powiedzieć pani o tym.

Lesson 18

Exercise 1

[open]

Exercise 2

1 Kobiety pracujące nie mają dużo czasu na zakupy. 2 Czy widzisz tego pana stojącego tam przy wejściu? 3 Ta pani rozmawiająca z bratem jest naszą sąsiadką. 4 Co wy wiecie o ludziach mieszkających na prowincji?

Exercise 3

1 (a) As I was walking along the street I met Peter. (b) I met Peter as he was walking along the street. 2 (a) I saw a woman (who was) waiting for a tram. (b) I saw her as I was waiting for the tram.

Exercise 4

1 **napisaną** 'written' 2 **zaproszeni** (*men, mixed group*), **zaproszone** (*women*) 'invited' 3 **zajęte** 'occupied, taken' 4 **zamknięty** 'closed' 5 **zajęta** 'busy'

Exercise 5

1 W zeszłym tygodniu został podpisany kontrakt z holenderską firmą komputerową. 2 Niezupełnie. (W fabryce) we Wrocławiu będzie wykonywana tylko część pracy. 3 Pracownicy zostali przeszkoleni jak radzić sobie z nową technologią. 4 (a) materiały zostały zakupione (b) pierwsze mikroprocesory będą gotowe (c) możemy śmiało zaczynać produkcję.

Grammar reference

This is a summary of some of the main points of grammar. It should be regarded as a quick reference guide only and used in conjunction with the detailed explanations of grammatical material in the lessons.

Nouns

Gender

There are three genders: masculine, feminine, neuter. Gender is in most cases not related to meaning, and is determined by the ending of the noun in its basic, dictionary (nominative singular) form.

Case

Nouns change their ending (in the singular and plural) according to the role (e.g. subject, object) they play in the sentence.

Case may also be determined by other factors, for example, by a preposition, a verb or a combination of a verb and preposition.

Cases and their main uses:

Nominative (N.)	The subject (the person, thing doing the action)
	After **to** (this is . . .) and in introductions (I'm Joe Bloggs.)
Accusative (A.)	The object (he's reading *a book*)
	With verbs of motion indicating movement to a place and when going to functions (to a concert)
	With verbs and prepositions (look *at*, wait *for*, ask *for*)

Genitive (G.)	To show possession (my *sister's* hat)
	After a negative verb replaces the Accusative
	After numbers over 4
	After adverbs of quantity (a lot of, a few of)
	After most prepositions
Dative (D.)	The indirect object (always the person to whom something happens or is given: she gave *me* her address)
	After four prepositions: **dzięki**, **wbrew**, **ku**, **przeciwko**
Instrumental (I.)	Denotes the instrument with which, or means by which something is done (write in pencil, go by bus, by train, on foot)
	Denotes nationality, profession (He's a Pole / a teacher)
	After prepositions denoting location (**między**, **nad**, **pod**, **przed**, **za**) and **z** 'with'
Locative (L.)	Only used after the prepositions **na** 'on, at', **w** 'in', **po** 'about, along', **przy** 'near, by', **o** 'concerning'

Declensions of nouns

These are model, regular nouns. Exceptions and deviations are identified in the lessons.

Masculine

Singular

N.	student	Polak	pies	hotel	pociąg
A.	studenta	Polaka	psa	hotel	pociąg
G.	studenta	Polaka	psa	hotelu	pociągu
D.	studentowi	Polakowi	psu	hotelowi	pociągu
I.	studentem	Polakiem	psem	hotelem	pociągiem
L.	studencie	Polaku	psie	hotelu	pociągu

Plural

N.	studenci	Polacy	psy	hotele	pociągi
A.	studentów	Polaków	psy	hotele	pociągi
G.	studentów	Polaków	psów	hotelów	pociągów
D.	studentom	Polakom	psom	hotelom	pociągom
I.	studentami	Polakami	psami	hotelami	pociągami
L.	studentach	Polakach	psach	hotelach	pociągach

Notes:

1. In the singular A.=G. for people, animals; N.=A. for objects, things.
   In the plural A.=G. for men (mixed group); N.=A. for animals, things.

2. Nouns like **pies, ojciec, chłopiec, cudzoziemiec, zegarek, wtorek, palec, styczeń** drop the (final) **-(i)e-** in all cases other than the Nominative singular.
   Remember also: **ó-o: Bóg-Boga, stół-stołu, pokój-pokoju.**
3. Remember the Nom. pl. ending in **-owie** for titles, professions, kinship (**profesorowie, panowie, synowie**).
4. Masculine nouns ending in **-a** (**kolega, artysta, turysta**) decline like feminine nouns in the singular, like masculine nouns in the plural.
5. Take care with masc. nouns ending in soft consonants: **gość, gościa** pl. **goście, gości** and with the irregular **dzień, dnia**, pl. **dnie, dni; tydzień, tygodnia** pl. **tygodnie, tygodni.**

Feminine

	Stem **k, g**	Hard cons.	Soft cons.	Stem **c**	Ending **c**
Singular					
N.	matka	kobieta	pani	praca	noc
A.	matkę	kobietę	panią	pracę	noc
G.	matki	kobiety	pani	pracy	nocy
D.	matce	kobiecie	pani	pracy	nocy
I.	matką	kobietą	panią	pracą	nocą
L.	matce	kobiecie	pani	pracy	nocy
Plural					
N.	matki	kobiety	panie	prace	noce
A.	matki	kobiety	panie	prace	noce
G.	matek	kobiet	pań	prac	nocy
D.	matkom	kobietom	paniom	pracom	nocom
I.	matkami	kobietami	paniami	pracami	nocami
L.	matkach	kobietach	paniach	pracach	nocach

Notes:

1. Notice the spelling changes before **e** in the D. / L.: **k–c, t–ci.** Similarly **ręka–ręce, noga–nodze (g–dz).**
2. The Acc. sing. **panią** is an exception.
3. Take care with the Gen. pl. endings of feminine nouns. See Lesson 9.
4. Feminine nouns ending in **-ś, -ść** deviate from the rules: N. / A. **wieś**; G. / D. / L. **wsi**; I. **wsią**; pl. N. / A. **wsi(e)**; G. **wsi**; D. **wsiom**; I. **wsiami**; L. **wsiach.** Their Nom. pl. endings (here either **wsi** or **wsie**) are not always predictable.

Neuter

	Stem **k, g**	Hard cons.	Soft cons. or **c, rz**	Ending **ę**
Singular				
N.	nazwisko	słowo	morze	imię
A.	nazwisko	słowo	morze	imię
G.	nazwiska	słowa	morza	imienia
D.	nazwisku	słowu	morzu	imieniu

I.	nazwiskiem	słowem	morzem	imieniem
L.	nazwisku	słowie	morzu	imieniu

Plural

N.	nazwiska	słowa	morza	imiona
A.	nazwiska	słowa	morza	imiona
G.	nazwisk	słów	mórz	imion
D.	nazwiskom	słowom	morzom	imionom
I.	nazwiskami	słowami	morzami	imionami
L.	nazwiskach	słowach	morzach	imionach

Notes:

1. Neuter nouns in **-um** do not decline in the singular (e.g. **muzeum, centrum**). Their plural endings are: N. / A. **muzea**; G. **muzeów**; D. **muzeom**; I. **muzeami**; L. **muzeach**.
2. As with feminine nouns take care with the Genitive pl. endings. See Lesson 9.

Adjectives

Singular

    Masculine

N.	mój	ten	nowy	polski
A.	=N. *(inanimate)*; =G. *(animate)*			
G.	mojego	tego	nowego	polskiego
D.	mojemu	temu	nowemu	polskiemu
I.	moim	tym	nowym	polskim
L.	moim	tym	nowym	polskim

Singular

    Feminine

N.	moja	ta	nowa	polska
A.	moją	tę	nową	polską
G.	mojej	tej	nowej	polskiej
D.	mojej	tej	nowej	polskiej
I.	moją	tą	nową	polską
L.	mojej	tej	nowej	polskiej

Singular

    Neuter

N.	moje	to	nowe	polskie
A.	moje	to	nowe	polskie

(All other cases as for masculine)

Plural

Men only (or mixed group)

| N. | moi | ci | nowi | polscy |
| A. | moich | tych | nowych | polskich |

Women, objects, animals

| N. | moje | te | nowe | polskie |
| A. | moje | te | nowe | polskie |

Plural

All genders

G.	moich	tych	nowych	polskich
D.	moim	tym	nowym	polskim
I.	moimi	tymi	nowymi	polskimi
L.	moich	tych	nowych	polskich

Notes:

1. Adjectives distinguish between people / animals (animates) and objects / things (inanimates) in the Acc. sing. masculine and between men and all other things in the Nom. / Acc. pl.

2. The Nom. pl. form referring to men characteristically ends in **-i**, *but* note some of the spelling changes: **mój–moi; te–ci; nasz–nasi; nowy–nowi; duży–duzi; mały–mali; dorosły–dorośli; bogaty–bogaci.**

Exception: adjectives in **-ki, -gi, -ry** change their ending to **-cy, -dzy, -rzy: polski–polscy; jaki–jacy; drogi–drodzy; dobry–dobrzy; stary–starzy.**

3. The Acc. of **ta** (f.) is, exceptionally, **tę**, but **tamta** (f.) 'that one there' = Acc. **tamtą.**

The following are adjectival or treated like adjectives:

Possessives: **mój, twój, nasz, wasz; swój** (but remember that **jego, jej, ich** do not decline).

Demonstrative: **ten, ta, to / tamten, tamta, tamto.**

Interrogatives: **który? jaki? czyj?**

Adjectival participles: **czytający, myślący,** etc.

Ordinal numbers: **pierwszy, drugi,** etc.

Surnames in **-ski, -cki, -dzki: Sobieski, Potocki, Zawadzki.**

Interrogative and indefinite pronouns: **kto?** (who); **co?** (what); **nikt** (no one), **nic** (nothing). See below for declension.

Pronouns

Interrogative and indefinite pronouns

N.	kto	nikt	N.		
A.	} kogo	nikogo	A.	} co	nic
G.			G.	czego	niczego
D.	komu	nikomu	D.	czemu	niczemu
I.	} kim	nikim	I.	} czym	niczym
L.			L.		

With **ktoś** 'someone', **coś** 'something' simply add **-ś** to each form above: **kogoś, czegoś**, etc.

Personal pronouns

Notes:

1. In Polish personal pronouns are not used before verbs, except for emphasis or to avoid confusion between persons: **Gdzie on jest?** 'Where is he?' **Gdzie ona jest?** 'Where is she?'
2. **On, ona, ono** all mean *it* when referring to things: **Ta książka. Jaka ona jest?** 'That book. What's it like?'

Singular

N.	ja 'I'	ty 'you'	on 'he'	ona 'she'	ono 'it'
A.	mnie	ciebie, cię	jego, go (niego)	ją (nią)	je (nie)
G.	=A	=A	=A	jej (niej)	All other cases
D.	mnie, mi	tobie, ci	jemu, mu (niemu)	jej (niej)	as for **on** 'he'
I.	mną	tobą	nim	nią	
L.	mnie	tobie	nim	niej	

Plural

N.	my 'we'	wy 'you'	oni 'they' *men or mixed group*	one 'they' *women, objects, animals*
A.	nas	was	ich (nich)	je (nie)
G.	nas	was	ich (nich)	ich (nich)
D.	nam	wam	im (nim)	im (nim)
I.	nami	wami	nimi	nimi
L.	nas	was	nich	nich

Verbs

Regular conjugations

czytać

	Present	Past	Future	
ja	czyt-am	czytał-em / am	będę	czytał / a
ty	czyt-asz	czytał-eś / aś	będziesz	czytał / a
on		czytał		czytał
ona	czyt-a	czytała	będzie	czytała
ono		czytało		czytało
my	czyt-amy	czytali / ły / -śmy	będziemy	czytali / ły
wy	czyt-acie	czytali / ły / -ście	będziecie	czytali / ły
oni	czyt-ają	czytali	będą	czytali
one		czytały		czytały

pisać

	Present	Past	Future	
ja	pisz-ę	pisał-em / am	będę	pisał / a
ty	pisz-esz	pisał-eś / aś	będziesz	pisał / a
on		pisał		pisał
ona	pisz-e	pisała	będzie	pisała
ono		pisało		pisało
my	pisz-emy	pisali / ły / -śmy	będziemy	pisali / ły
wy	pisz-ecie	pisali / ły / -ście	będziecie	pisali / ły
oni	pisz-ą	pisali	będą	pisali
one		pisały		pisały

mówić

	Present	Past	Future	
ja	mów-ię	mówił-em / am	będę	mówił / a
ty	mów-isz	mówił-eś / aś	będziesz	mówił / a

on		mówił		mówił
ona	mów-i	mówiła	będzie	mówiła
ono		mówiło		mówiło

| my | mów-imy | mówili / ły / -śmy | będziemy | mówili / ły |
| wy | mów-icie | mówili / ły / -ście | będziecie | mówili / ły |

| oni | mów-ią | mówili | | mówili |
| one | | mówiły | będą | mówiły |

uczyć (się)

	Present	*Past*	*Future*	
ja	ucz-ę	uczył-em / am	będę	uczył / a
ty	ucz-ysz	uczył-eś / aś	będziesz	uczył / a

on		uczył		uczył
ona	ucz-y	uczyła	będzie	uczyła
ono		uczyło		uczyło

| my | ucz-ymy | uczyli / ły / -śmy | będziemy | uczyli / ły |
| wy | ucz-ycie | uczyli / ły / -ście | będziecie | uczyli / ły |

| oni | ucz-ą | uczyli | | uczyli / ły |
| one | | uczyły | będą | uczyły |

Notes:

1. Remember that almost every Polish verb has two forms (aspects): the Imperfective and Perfective. **Czytać / przeczytać**, **pisać / napisać**, **mówić / powiedzieć**, **uczyć (się) / nauczyć (się)**.
2. Take care to distinguish between the genders in the past, future and conditional: **pisałem list** 'I (male) was writing a letter'; **mówiłam ci wczoraj** 'I (female) was telling you yesterday'.

Irregular conjugations

Verbs are Imperfective unless otherwise indicated. Present (imperf.) / Future (perf.) and Past forms are given:

brać	to take	biorę, bierzesz; brałem(-am), brali / brały
być	to be	jestem, jesteś, są; byłem(-am), byli / były
		(*Future:* będę, będziesz)

chcieć	to want	chcę, chcesz; chciałem(-am), chcieli / chciały
dać (*perf.*)	to give	dam, dasz *but* dadzą; dałem(-am), dali / dały
dawać	to give	daję, dajesz; dawałem (-am), dawali / dawały
iść	to go (on foot)	idę, idziesz; szedłem (szłam), szli / szły
jechać	to go (by transport)	jadę, jedziesz; jechałem(-am), jechali / jechały
jeść	to eat	jem, jesz, jedzą; jadłem(-am), jedli, jadły
kłaść	to place, put	kładę, kładziesz; kładłem(-am), kładli / kładły
kraść	to steal	kradnę, kradniesz; kradłem(-am), kradli / kradły
lać	to pour	leję, lejesz; lałem(-am), lali / lały
mieć	to have	mam, masz; miałem(-am), mieli / miały
móc	to be able to	mogę, możesz; mogłem-eś (-am, -aś) *but* mógł/mogła, mogli/mogły
musieć	to have to	muszę, musisz; musiałem(-am), musieli / musiały
nieść	to carry	niosę, niesiesz; niosłem -eś (-am, -aś) *but* niósł / niosła, nieśli / niosły
paść (*perf.*)	to fall	padnę, padniesz; padłem(-am), padli / padły
siąść (*perf.*)	to sit down	siądę, siądziesz; siadłem(-am), siedli / siadły
stać	to stand	stoję, stoisz; stałem(-am), stali / stały
umieć	to know (how to)	umiem, umiesz; umiałem(-am), umieli / umiały
wiedzieć	to know (a fact)	wiem, wiesz; wiedziałem(-am), wiedzieli / wiedziały
wieźć	to carry (by vehicle)	wiozę, wieziesz; wiozłem -eś (-am, -aś) *but* wiózł / wiozła, wieźli / wiozły
wstać (*perf.*)	to get up	wstanę, wstaniesz; wstałem(-am), wstali / wstały
wysłać (*perf.*)	to send	wyślę, wyślesz; wysłałem(-am), wysłali / wysłały
wziąć (*perf.*)	to take	wezmę, weźmiesz; wziąłem / wzięłam, wzięli / wzięły
zapomnieć (*perf.*)	to forget	zapomnę, zapomnisz; zapomniałem(-am), zapomnieli / zapomniały
znaleźć (*perf.*)	to find	znajdę, znajdziesz; znalazłem(-am), znaleźli / znalazły

Prepositions

A selection of the most common prepositions follows.

Prepositions used with more than one case are indicated by an asterisk (*)

Followed by the genitive case

od	from; than (in comparisons)
do	to, up to, until
z*	from (a place), out of
bez	without
dla	for
koło	near, about (approximately)
obok	beside, next to
blisko	near by, close to
niedaleko	nor far from
w pobliżu	in the vicinity of
naprzeciw(ko)	opposite
wśród	among, in the midst of
oprócz	besides, apart from
według	according to
zamiast	instead
podczas	during
w ciągu	in the course of
u	at (somebody's house)
mimo	in spite of

Followed by the dative case

dzięki	thanks to
wbrew	contrary to
ku	towards, to
przeciwko	against (opposition)

Followed by the accusative case

przez	through, across, for (time), during
na*	on, onto (motion), for (time)

w*	on (with days of week)
po*	for (in order to bring)
nad*	above, on (motion)
pod*	under (motion)
przed*	in front of (motion)
za*	behind (motion)

Followed by the instrumental case

między*	between (location and / or time)
nad*	above, on (location)
pod*	under (location)
przed*	in front of (location)
za*	behind, beyond (location)
z*	(together) with

Followed by the locative case

na*	on, at (location)
o*	concerning; at (time)
w*	in (location), in (time: units larger than days)
po*	after (time); about, along (location)
przy	(near)by

Note:

Certain prepositions may take one of two cases: the Locative or Instrumental to denote location *or* the Accusative to express motion to a place:

Location = Instrumental: **między, nad, pod, przed, za**
Location = Locative: **na, w, po**
Motion = Accusative: **między, nad, pod, przed, na, w, za**

Simple sentence

Statements

Czytam gazetę. Brat jest lekarzem. Antek urodził się w Londynie. Jutro jadę do Warszawy. Wrócę za miesiąc.

Questions

CO robisz dzisiaj? KTO to jest? CZY to jest twoja siostra? JAK
się pan czuje? KIEDY będziesz w domu? GDZIE jest hotel?
DLACZEGO czekasz? PO CO to robisz? DOKĄD idziecie?
SKĄD ona jest? JAKA jest dzisiaj pogoda? JAKIE masz
mieszkanie? CZYJ jest ten sweter? CZYJA to gazeta? KTÓRA
jest godzina? KTÓRE miejsce jest wolne? Z KIM rozmawiasz?
DO KOGO dzwonisz? KOMU kupiłaś prezent? KOGO nie ma?

Commands, requests

Przyjdź jutro! Napisz do mnie z Londynu!
Proszę nie palić! Niech pan siada!
Dałbyś mi spokój! Nie dotykać!

Wish, condition

Chciałbym z panią porozmawiać.
(hypothesis) **Gdybym** miał pieniądze, kupiłbym samochód.
(real condition) **Jeśli** (**jeżeli**) macie czas, pójdziemy na spacer.

Simple sentences linked by conjunction

i	Byłem w Paryżu **i** w Londynie.
a	Wczoraj padał deszcz, **a** dzisiaj pada śnieg.
ale (**lecz**)	Byłem tam, **ale** nikogo nie było.
albo (**lub**)	Przyjdź dzisiaj **albo** jutro.
więc	Byliśmy w Warszawie, **więc** wiemy gdzie to jest.
jednak	Nie chciał, ale **jednak** powiedział mi o tym.

Compound sentences

który (**-a, -e**)	Czy pamiętasz, **o której** godzinie mamy się spotkać?
że	Wiem, **że** on jest w domu. Myślałem, **że** nie zdążę na pociąg.

co	Nie wiedziałem, **co** się stało. Czy słyszałaś, **co** on powiedział?
kto	Czy wiesz, **kto** to jest?
czy	Wątpię, **czy** on będzie w domu. Pytał się, **czy** jesteś chory.
kiedy / gdy	Pamiętam czasy, **kiedy** byłem mały. **Gdy** wrócę, zadzwonię do ciebie.
gdzie	Nie pamiętam, **gdzie** on mieszka.
jak	**Jak** kupisz bilety, to pójdziemy do kina. (cond.=if) Powiem ci, **jak** skończę. (time=when) Mówi po polsku **jak** Polak. (manner=like, as)
jaki (-a, -e)	Nie wiem, **jaki** to jest hotel.
żeby	Poprosiłem kolegę, **żeby** mi pomógł. (request, demand=in order that, to) Idę do sklepu, **żeby** kupić chleb. (purpose=in order to)
dlatego że, (bo)	Nie byłem, **bo** nie wiedziałem o tym.

Complex sentences

Chciałem iść na spacer, ale zaczął padać deszcz, więc zostałem w domu.
I wanted to go for a walk, but it started to rain so I stayed at home.

Powiedzieli mi, żebym ich odwiedził, gdy będę w Polsce.
They told me to visit them when I am [*lit.*: will be] in Poland.

Zadzwonił do mnie wczoraj i powiedział, że nie będzie mógł się z nami spotkać dzisiaj, ale że na pewno nas odwiedzi jutro.
He rang me yesterday and said that he would not be able to meet us today, but that he would definitely visit us tomorrow.

A Note on the Polish–English glossary

The translations given here and in the English–Polish glossary which follows are those applicable in this book. Learners requiring a fuller range of meanings for more advanced work should use a good bilingual dictionary.

Nouns are normally given in the nominative singular, adjectives in the nominative singular masculine form. Where gender is not clear, for example in the case of feminine nouns ending in a consonant or masculine nouns ending in -a, this is indicated. Similarly, parts of speech (noun, verb, adjective, adverb) are indicated where there might be confusion.

Verbs are identified as being imperfective or perfective; in the English–Polish glossary you are normally given their imperfective form, then their perfective form.

Abbreviations:

n. = noun; *v.* = verb; *adj.* = adjective; *adv.* = adverb; *fem.* = feminine; *masc.* = masculine; *sing.* = singular; *pl.* = plural; *imperf.* = imperfective; *perf.* = perfective; *colloq.* = colloquial; *acc.* = accusative; *gen.* = genitive; *instr.* = instrumental.

Polish–English glossary

A

a	and; but
adres	address
aktor	actor
aktorka	actress
albo	or, either . . . or
ale	but
aleja	avenue
alkohol	alcohol
ambasada	embassy
Ameryka	America
Amerykanin	American (man)
Amerykanka	American (woman)
amerykański *adj.*	American
Angielka	Englishwoman
angielski *adj.*	English
Anglia	England
Anglik	Englishman
ani	nor, neither
anioł	angel
ankieta	survey
apteka	chemist
architekt	architect
architektura	architecture
artysta *masc.*	artist
atrakcja	attraction
autobus	bus, coach
automat	vending machine
awantura	row, disturbance

B

babcia	grandmother
badminton	badminton
balet	ballet
Bałtyk	Baltic
banan	banana
bank	bank
banknot	banknote
bankomat	cash dispenser
bardzo	very (much)
barek	canteen
barokowy	baroque
baseball	baseball
basen	swimming pool
bez	without
biały	white
biegle *adv.*	fluently
biegły *adj.*	fluent
Bieszczady	the Bieszczady Mountains
bilet	ticket *n.*
biologia	biology
bitwa	battle
biuro	office
biuro podróży	travel agency
biznes	business
biznesmen	businessman
bliski *adj.*	near
blisko *adv.*	near, close to
blok	block (of flats)
blond	blond, blonde
bluzka	blouse

bochenek	loaf	ciastko	cake
boleć *imperf.*	to ache	ciągle	constantly
botaniczny	botanical	ciekawy	interesting
brać *imperf.*	to take	ciepły	warm
brak	lack *n.*	cieszyć się	to be glad /
brakować	to lack	*imperf.*	happy
imperf.		ciężki	heavy
brat	brother	ciotka	aunt
brydż	bridge (game)	co	what
budynek	building	cocktail bar	cocktail bar
budzik	alarm clock	codziennie *or*	every day
bułka	bread roll	co dzień	
burak	beetroot	coś	something
butelka	bottle	córka	daughter
buty *pl.*	shoes	cudzoziemiec	foreigner
być	to be	cukier	sugar
		cytryna	lemon
		czarna porzeczka	blackcurrant
C		czarny	black
		czas	time
całować *imperf.*	to kiss	czasami	at times;
cały	all, whole		sometimes
cebula	onion	czasem	sometimes
centrum	centre	czek	cheque [US
centrum	shopping centre,		check] *n.*
handlowe	shopping mall	czekać *imperf.*	to wait
chcieć *imperf.*	to want	czekoladowy	chocolate-
chętnie	gladly / I'd love		flavoured
	to	czemu *colloq.*	why
Chiny *pl.*	China	czereśnia	cherry
chleb	bread	czerwiec	June
chłopiec	boy	czerwony	red
chociaż *or* choć	although	cześć *colloq.*	hello, hi; bye
chodzić *imperf.*	to go (on foot);	często	often
	to wear *colloq.*	człowiek	person
chusteczka	handkerchief	czuć się *imperf.*	to feel
chusteczka	paper tissue	czwartek	Thursday
higieniczna		czy	whether, if
chwila	moment	czyj	whose
chwileczka	moment, second	czyli	in other words
chyba	probably, most	czysty	clean
	likely	czyszczenie	cleaning *n.*

czyścić *imperf.*	to clean
czytać *imperf.*	to read

Ć

ćwiczenie	exercise *n.*

D

dać *perf.*	to give
daleki *adj.*	distant, remote
daleko *adv.*	far away
dane *pl.*	data
darmowy *adj.*	free (of charge)
data	date
dawać *imperf.*	to give
decyzja	decision
dentysta *masc.*	dentist
deser	dessert, sweet course, afters
dieta	diet *n.*
dla	for
dlaczego	why
dlatego, że	because
długi *adj.*	long
długo *adv.*	long
długopis	biro, ballpoint pen
dłuższy	longer
do	to; until, till
dobra *colloq.*	OK, all right
dobranoc	good night
dobry	good
dobrze *adv.*	well; OK, all right
dochodzić *imperf.*	to get to, reach (on foot)
dodatkowy *adj.*	additional, extra
dojechać *perf.*	to get to a place (by transport)

dojeżdżać *imperf.*	to get to a place (by transport)
dojść *perf.*	to get to, reach (on foot)
dokąd	where to
dokładnie *adv.*	exactly, precisely
dokładny *adj.*	exact, precise
doktor	doctor, physician
dokument	document
dom	house; home
dopiero	just, only
doskonale *adv.*	great
doskonały *adj.*	great, excellent
dostać *perf.*	to receive
dostawać *imperf.*	to receive
dość	quite
dowiadywać się *imperf.*	to find out
dowiedzieć się *perf.*	to find out
dreszcze *pl.*	shivers
drobne *pl.*	change (coins)
drogi *adj.*	dear, expensive
drugi	second (2nd)
drzwi *pl.*	door
dużo *adv.*	a lot, much
duży	big; large
dwa razy	twice
dworzec	station
dyrektor	director; head
dyskoteka	disco(theque)
dziadek	grandfather
działać *imperf.*	to work, function
dziecko	child
dzielić się *imperf. + instr*	to share
dziennie *adv.*	every day
dziennikarz	journalist
dzień	day
dziękować *imperf.* za + *acc*	to thank for
dzisiaj	today, nowadays

dzisiejszy *adj.* — today's
dziś — today
dzwonić *imperf.* do + *gen* — to ring, to call, to phone

E

egzamin — examination
ekonomista — economist
elegancki — elegant, smart
elokwentny — eloquent

F

fabryka — factory
faks — fax *n.*
fantastyczny *adj.* — fantastic
fascynujący *adj.* — fascinating
fasola *sing* — beans
fatalnie *adv.* — terrible
ferie *pl.* — holidays, vacations (school, university)
festiwal — festival
filharmonia — concert hall
film — film, movie
firma — firm, company
flirtować *imperf.* — to flirt
formularz — form *n.*
fotokopia — photocopy *n.*
Francja — France
francuski *adj.* — French
futbol — football, soccer

G

galeria — gallery
garnitur — suit
gazeta — newspaper

gazowany *adj.* — sparkling, fizzy
gdzie — where
gdzieś — somewhere
giełda — stock exchange
gigantyczny — gigantic
ginąć *imperf.* — to disappear, get lost
głośny *adj.* — loud
główny — main, central
głupi — stupid, silly
godzina — hour
golf — golf
gorąco *adv.* — hot
gorący *adj.* — hot
gorzej — worse
gość — guest
gotować *imperf.* — to cook
gotowy *adj.* — ready, prepared
gotycki — gothic
górna półka — top shelf
góry *pl.* — mountains
grać *imperf.* — to play
gramatyka — grammar, grammar book
granica — frontier, border
grejpfrutowy — grapefruit *adj.*
grosz — grosz (unit of currency)
groszek — pea
groźny *adj.* — dangerous, threatening
grób — tomb, grave
grudzień — December
gruszka — pear
grzyb — mushroom
gubić *imperf.* — to lose

H

handel — trade *n.*
handlowy — trade *adj.*

herbata	tea	jaki	what . . . like
higieniczny	hygienic	jechać *imperf.*	to go (by
historia	history; story		transport)
Hiszpania	Spain	jeden	one
hiszpański *adj.*	Spanish	jednak	however
hokej	hockey	jego	his
horror	horror film	jej	her
hotel	hotel *n.*	jesienny	autumnal [US
hotelowy	hotel *adj.*		fall] *adj.*
		jesień	autumn [US fall]
		jeszcze	still; yet
I		jeść *imperf.*	to eat
		jeśli	if
ich	their(s)	jeździć	to go (by
ile	how much, how	*imperf.*	transport)
	many	jeżeli	if
imieniny	name-day	język	language, tongue
imię	first name,	jutro	tomorrow
	Christian	już	already
	name	już nie	not any more
inaczej *adv.*	different(ly)		
Indoeuropejski	Indo-European		
informacja	information	**K**	
informatyk	computer		
	scientist	kablowy	cable *adj.*
informatyka	computer		(television)
	science	kalendarz	calendar
informować	to inform	kamienica	tenement house
imperf.		kandydat	candidate
inny	another,	kantor wymiany	bureau de
	different		change
inteligentny	intelligent	kapusta	cabbage
inżynier	engineer	Karaiby *pl.*	Caribbean
ironiczny *adj.*	ironic	karp	carp (fish)
iść	to go (on foot)	Karpaty	Carpathians
		karta	card; menu
		kartka	page (of book),
J			postcard
			colloq.
jabłko	apple	kartofel	potato
jajko	egg	karty *pl.*	cards
jak	how; if, when	kaseta	tape, cassette

kawa	coffee	konferencja	conference
kawałek	piece	koniec	ending, the end
kawiarnia	café	kontaktować	to contact
kawowe *adj.*	coffee-flavoured	się *imperf.* z	someone
każdy *adj.*	each / every one	+ *instr.*	
kiedy	when	konto	account (bank)
kiedyś	in the past, at	kontynent	continent
	one time; once	kończyć *imperf*	to finish
kiełbasa	sausage (Polish)	koperta	envelope
kierowca	driver	korki *pl.*	(traffic) jams
kieszeń *fem.*	pocket	kosztować	to cost
kilka	a few; some	*imperf.*	
kilo	kilogram	koszula	shirt
kilometr	kilometre	koszykówka	basketball
kino	cinema [US	kościelny	church *adj.*
	movie theater]	kościół	church *n.*
kiosk	newsagent	kot	cat
klasa	class	kraj	country
klub	club, society	kraść *imperf.*	to steal
klucz	key	krawat	tie, necktie
kłopot	problem, bother	kredytowy	credit *adj.*
kłótnia	quarrel	kremówka	cream cake
kobieta	woman	krople *pl.*	drops
kochać *imperf.*	to love, adore	krótki *adj.*	short
kochanie	darling, sweet-	krykiet	cricket (game)
	heart	krzyk	scream
kod	code	ksiądz	priest
kolacja	supper	książka	book *n.*
kolega	friend *masc.*	księgarnia	bookshop
koleżanka	friend *fem.*	kto	who
kolorowy	colourful	ktoś	someone,
koło *adv.*	by, in vicinity of		somebody
komedia	comedy	który	which
komisariat	police station	kultura	culture
policji		kupić *perf.*	to buy
komórka *colloq.*	mobile phone	kupować *imperf.*	to buy
komputer	computer	kurs	course; rate (of
komputerowy	computer *adj.*		exchange)
koncern	company, firm,	kuzyn	cousin *masc.*
	concern	kuzynka	cousin *fem.*
koncert	concert	kwalifikacje *pl.*	qualifications
konduktor	ticket inspector	kwiat	flower

kwiecień — April

L

lato	summer
lecieć *imperf.*	to fly
lekarz	doctor, physician
lekcja	lesson
lekcje *pl.*	homework
lepiej *adv.*	better
letni *adj.*	summer
lewy	left (side)
leżeć *imperf.*	to lie
lipiec	July
lista	list
listopad	November
litr	litre
lodówka	refrigerator, fridge
lody *pl.*	ice-cream
Londyn	London
loteria	lottery
lotnisko	airport
lub	or
lubić *imperf.*	to like
ludzie	people
lunch	lunch
luty	February
Luwr	Louvre Museum, Paris

Ł

ładny *adj.*	nice, pretty
łapać *imperf.*	to catch
łatwo *adv.*	easily, easy
łatwy *adj.*	easy, simple
łazienka	bathroom

M

maj	May
majonez	mayonnaise
makaron	pasta
malina	raspberry
malować *imperf.*	to paint
mały	small
mapa	map
marchewka	carrot
martwić się *imperf.*	to worry, to be concerned
marynarka	jacket
marzec	March
marzyć *imperf.*	to (day) dream
matka	mother
Mazury	the Mazurian Lakes
mąż	husband
metro	underground, tube, metro [US subway]
mężczyzna	man
miasto	town
mieć	to have
miejsce	place; seat; room *n.*
miesiąc	month
mieszkać *imperf.*	to live
mieszkanie	flat, apartment
między	between
międzynarodowy	international
mięso	meat
mijać *imperf.*	to pass by
milion	million
miłość *fem.*	love
miły *adj.*	pleasant, nice, kind
minąć *perf.*	to pass by
mineralny *adj.*	mineral

minister	minister (in government)	naprawa	repair *n.*
		naprawiać *imperf.*	to repair
minuta	minute		
mleko	milk	naprawić *perf.*	to repair
młody *adj.*	young	naprzeciwko	opposite
mniej *adv.*	less	naród	nation
mniej więcej	more or less	narodowy	national
moda	fashion	narzekać *imperf.*	to complain, nag
moneta	coin		
morze	sea	następnie *adv.*	next
Morze Bałtyckie	the Baltic Sea	następny *adj.*	next, following
może	maybe, perhaps	nasz	our(s)
można	it is allowed / permitted	nauczyciel	teacher *masc.*
		nauczycielka	teacher *fem.*
móc *imperf.*	can, may, be able to	nauczyć się *perf.*	to learn
		nauczyć *perf.*	to teach
mój	my; mine	nawet	even
mówić *imperf.*	to talk; speak	nazwisko	surname, family name
musieć *imperf.*	must, to have to		
muzeum	museum	nazywać się *imperf.*	to be called
muzyczny	music *adj.*		
muzyka	music *n.*	nic	nothing
mydło	soap	nie	no, not
myśleć *imperf.*	to think	niebieski	blue
		niechcący	unintentionally, by accident

N

		nieciekawy	uninteresting
		niecierpliwie *adv.*	eagerly
na	on		
na pewno	definitely, for certain / sure	niecierpliwy *adj.*	impatient
		niedaleko *adv.*	close, not far
nad	above, over	niedawny *adj.*	recent
nadzieja	hope *n.*	niedziela	Sunday
nagle	suddenly	niektórzy	some people
najlepiej *adv.*	the best	Niemcy *pl.*	Germany (country and the people)
najpierw	first (of all)		
najstarszy	oldest, eldest		
nakręcony *adj.*	made, shot (about a film or movie)	niemiecki *adj.*	German
		niemożliwy *adj.*	impossible
		nienawidzić *imperf.*	to hate
namalować *perf.*	to paint		
napisać *perf.*	to write	nieobecność	absence

niepodległość *fem.*	independence	oczywiście	certainly, of course
niesamowity	incredible, amazing	od	from; since (time)
niestety	unfortunately	odbierać *imperf.*	to collect
nieświeży	bad; stale		
niewiele	few; little	odbyć się *perf.*	to take place, occur
niewysoki	short, not tall		
niezupełnie	not quite	odbywać się *imperf.*	to take place, occur
nigdy	never		
nikt	nobody, no one	odchodzić *imperf.*	to depart, leave (on foot)
niski	short, low		
noc *fem.*	night	odcinek	part, episode
normalny	normal	oddać *perf.*	to give back, return
nosić	to carry; to wear		
notes z adresami	address book	oddawać *imperf.*	to give back, return
nowy	new	odebrać *perf.*	to collect
nudzić się *imperf.*	to be bored	odejść *perf.*	to depart, leave (on foot)
numer	number	odjechać *perf.*	to depart (by transport)
		odjeżdżać *imperf.*	to depart (by transport)
O		odkurzacz	vacuum cleaner
o	at (time); about, concerning	odlatywać *imperf.*	to depart (by plane)
obchodzić *imperf.*	to celebrate, commemorate	odlecieć *perf.*	to depart (by plane)
obcy	foreign	odpisać *perf.*	to write back, reply
obecnie	at present, currently	odpisywać *imperf.*	to write back, reply
obejrzeć *perf.*	to watch, to look at	odpocząć *perf.*	to rest, relax
obiad	main meal, lunch, dinner	odpoczywać *imperf.*	to rest, relax
obok	next to	odpowiadać *imperf.*	to reply, answer; to suit, be convenient
obowiązek	duty, obligation		
obóz	camp	odpowiedzieć *perf.*	to reply, answer
obraz	painting, picture		
ochota	willingness, readiness	odpowiedź *fem.*	reply, answer *n.*

284

odwiedzać *imperf.*	to visit (people)
odwiedzić *perf.*	to visit (people)
odwiedziny *pl.*	visit *n.*
oglądać *imperf.*	to watch, look at
ogórek	cucumber
ogród	garden
ojciec	father
okazja	occasion, chance; opportunity
okno	window
oko	eye
okraść *perf.*	to rob
okropny	terrible, appalling
ołówek	pencil
opalać się *imperf.*	to sunbathe
opalić się *perf.*	to get a tan
opera	opera, opera house
opisać *perf.*	to describe
opisywać *imperf.*	to describe
opłata	fee, charge
oprócz	besides, apart from
opuszczać *imperf.*	to leave
opuścić *perf.*	to leave
organizować *imperf.*	to organize
osiedle	housing estate, housing development
osoba	person
ostatni	last
ostrożny	careful
oszczędzać *imperf.*	to save
oszczędzić *perf.*	to save
otwarty	open
otwierać *imperf.*	to open
otworzyć *perf.*	to open
owoc	fruit
ożenić się *perf.*	to get married (of a man)

P

pa	ta-ta, 'bye
paczka	packet, parcel
padać *imperf.*	to fall
palić *imperf.*	to smoke
pamięć *fem.*	memory
pamiętać *imperf.*	to remember
pan	man; sir
pani	woman; lady
panoramiczny	panoramic
pański *sing. formal masc.*	your(s)
państwo	you *pl. formal*; state
państwowy *adj.*	state, national
papier	paper
papierosy *pl.*	cigarettes
para	a couple, pair
park	park *n.*
parking	car park
parkować *imperf.*	to park
parter	ground floor [US first floor]
Paryż	Paris
paszport	passport
pasztet	pâté
październik	October
pech	bad luck
pechowy *adj.*	unlucky
pensjonat	guest-house, B&B
perfumy *pl.*	perfume
peron	platform
pesymista	pessimist

pewnie *colloq.*	sure thing, you bet
piątek	Friday
pić *imperf.*	to drink
pielęgniarka	nurse
pielęgniarz	male nurse
pieniądze *pl.*	money
pierwszy	first
pies	dog
piękny	beautiful
piętro	floor, storey
piłka nożna	football
pisać *imperf.*	to write
piwnica	basement; cellar
piwo	beer
plac	square
plakat	poster [US bill]
plan	map, plan
planować *imperf.*	to plan
plany *pl.*	plans
plaża	beach
plecak	rucksack, backpack
plotkować *imperf.*	to gossip
płacić *imperf.*	to pay
pływać *imperf.*	to swim
po	after
pobyt	stay *n.*
pocałować *perf.*	to kiss
pociąg pośpieszny	fast train
pociąg	train *n.*
początek	beginning
początkujący	beginner
poczekać *perf.*	to wait
poczta	post office
pocztówka	postcard
poczuć się *perf.*	to feel
pod	below, under
podać *perf.*	to pass, hand, serve
podawać *imperf.*	to pass, hand, serve
podbiec *perf.* do	to run up to
podbiegać *imperf.* do	to run up to
podobać się *imperf.*	to like
podobny do	similar to
podpisać *perf.*	to sign
podpisywać *imperf.*	to sign
podręcznik	handbook
podróż	journey, trip
podróżować *imperf.*	to travel
podzielić się *perf.*	to share
podziękować *perf.*	to thank
pogoda	weather
pogotowie	emergency service
poinformować *perf.*	to inform
pojawiać się *imperf.*	to appear
pojawić się *perf.*	to appear
pojechać *perf.*	to go (by transport)
pojutrze	day after tomorrow
pokazać *perf.*	to show
pokój	room *n.*
Polak	Pole (Polish man)
polecieć *perf.*	to fly
poleżeć *perf.*	to lie
policja	police
policjant	policeman
polityk	politician
Polka	Pole (Polish woman)

Polska	Poland
polski	Polish *adj.*
południe	midday, noon; south
pomagać *imperf.*	to help
pomalować *perf.*	to paint
pomarańcza	orange *n.*
pomarańczowy	orange *adj.*
pomarzyć *perf.*	to (day) dream
pomidor	tomato *n.*
pomidorowy	tomato *adj.*
pomóc *perf.*	to help
pomysł	idea
pomyśleć *perf.*	to think
poniedziałek	Monday
popływać *perf.*	to swim
popołudnie	afternoon
poprosić *perf.*	to ask, request
popularny	popular
pora roku	season of the year
poradzić sobie *perf.* z + *instr.*	to manage, cope with something
poranny *adj.*	morning
porozmawiać *perf.*	to talk, converse
porządek	order *n.*
posłuchać *perf.*	to listen to
posprzątany *adj.*	cleaned, tidied
postój taksówek	taxi rank
poszukać *perf.*	to look for
poszukiwanie	search, hunt, quest *n.*
poślizgnąć się *perf.*	to slip
pośpieszyć się *perf.*	to hurry up
potem	then
potrafić *imperf.*	can, be able to
potrawa	dish
potrzebować *imperf.*	to need

poważnie *adv.*	seriously
poważny *adj.*	serious
powiedzieć *perf.*	to speak, say
powietrze	air
powtarzać *imperf.*	to repeat
powtórzyć *perf.*	to repeat
poznać *perf.*	to meet, get to know
poznawać *imperf.*	to meet, get to know
pozwalać *imperf.*	to permit, allow
pozwolić *perf.*	to permit, allow
pożyczać *imperf.*	to lend, borrow
pożyczyć *perf.*	to lend, borrow
pożyteczny	useful
pójść *perf.*	to go (on foot)
pół + *gen. sing.*	half (of)
północ *fem.*	midnight; north
później *adv.*	later
praca	job; work *n.*
pracować *imperf.*	to work
pracowity	hard-working
prać *imperf.*	to wash, launder
pralnia chemiczna	dry cleaner's
prasować *imperf.*	to iron
prawda	truth
prawdziwy	true, real
prawie	almost, nearly
prawnik	lawyer
prawo jazdy	driving licence
prezent	present, gift
problem	problem
profesjonalista *masc.*	professional
profesor	professor, teacher
program	programme
projekt	design, project
projektant	designer *masc.*
projektantka	designer *fem.*

proponować *imperf.*	to make a suggestion, suggest
propozycja	proposition; suggestion
prosić *imperf.* o + *acc*	to ask for; request something
prosto	straight
prośba	request *n.*
prowadzić *imperf.*	to lead
próbować *imperf.*	to try, to attempt
prywatny	private
przechodzić *imperf.*	to go through, across
przechodzień	passer-by
przecież	after all, but, yet
przeciwko	against
przeczytać *perf.*	to read
przed	in front of, before
przede wszystkim	first of all
przedmieście	suburb
przedstawiać *imperf.*	to present, depict; introduce
przedstawić *perf.*	to present, depict; introduce
przedwczoraj	day before yesterday
przedział	compartment
przejąć się *perf.*	to worry, be concerned about
przejechać *perf.*	to pass by (by transport), cross
przejeżdżać *imperf.*	to pass by (by transport), cross
przejmować się *imperf.*	to worry, be concerned about
przejść *perf.*	to go through (by foot), cross
przejść się *perf.*	to take a walk
przepisać *perf.*	to rewrite; prescribe
przepisywać *imperf.*	to rewrite; prescribe
przepraszać *imperf.*	to apologize
przeprosić *perf.*	to apologize
przerwa	break *n.*
przesadzać *imperf.*	to exaggerate
przestać *perf.*	to stop doing something, cease
przestawać *imperf.*	to stop doing something, cease
przeszkadzać *imperf.*	to disturb, interrupt
przeszłość *fem.*	the past
przetłumaczyć *perf.*	to translate
przez	for (time); through
przeziębiać się *imperf.*	to get a cold
przeziębić się *perf.*	to get a cold
przy	by, at
przychodzić *imperf.*	to come (on foot)
przygoda	adventure
przyjaciel	friend *masc.*
przyjaciółka	friend *fem.*

przyjąć *perf.*	to accept
przyjechać *perf.*	to come, arrive (by transport)
przyjemność *fem.*	pleasure
przyjeżdżać *imperf.*	to come, arrive (by transport)
przyjmować *imperf.*	to accept
przyjść *perf.*	to come, arrive (on foot)
przykład	example
przylatywać *imperf.*	to arrive (by plane)
przylecieć *perf.*	to arrive (by plane)
przymierzać *imperf.*	to try on
przymierzyć *perf.*	to try on
przynieść *perf.*	to fetch, bring
przynosić *imperf.*	to fetch, bring
przypadek	chance *n.*
przystanek	stop (bus, tram) *n.*
przystojny	handsome
przyszłość *fem.*	the future *n.*
przyszły *adj.*	next, future
przywitać *perf.*	to welcome, greet
pub	pub, bar, tavern
punkt	point *n.*
punktualny	punctual, on time
puszka	tin; can
pytać *imperf* o + *acc.*	to ask (for sth), inquire
pytanie	question *n.*

R

rachunek	account, bill (to be paid)
radio	radio
rano *adv.*	in the morning
rano	morning
raport	report *n.*
raz	once
razem	together
recepcja	reception desk
redaktor	editor
reklama	advertising; advertisement
relaks	relaxation
restauracja	restaurant
rezerwować *imperf.*	to book
ręka	hand
robić *imperf.*	to do
robota	work *n.*
rocznica	anniversary
rodzice *pl.*	parents
rodzina	family
rok	year
romantyczny	romantic
Rosja	Russia
rosyjski *adj.*	Russian
rotunda	rotunda
rower	bicycle, cycle
rozczarować się *perf.*	to become disillusioned
rozczarowywać się *imperf.*	to become disillusioned
rozmawiać *imperf.*	to talk, converse
rozmiar	size
rozmieniać *imperf.*	to change (money)
rozmienić *perf.*	to change (money)

rozmowa	conversation, talk	siatkówka	volleyball
		siedzieć *imperf.*	to be sitting
rozmowa kwalifikacyjna	job interview	sierpień	August
		siostra	sister
rozrywka	pastime, hobby	skarpetki *pl.*	socks
rozumieć *imperf.*	understand	skąd	where from
		sklep obuwniczy	shoe shop
róg	corner	sklep	shop [US store]
różny	various; different	skomplikowany *adj.*	complicated, confusing
rugby	rugby football		
ryba	fish	skontaktować się *perf.* z + *instr.*	to contact someone
rynek	market square		
ryż	rice		
rzadko	rarely, seldom	skończyć *perf.*	to finish
rzecz	thing	skoro	since, as
rzeczywistość	reality	skręcić (w lewo) *perf.*	to turn (left)
rzeczywiście *adv.*	indeed		
rzeka	river	słabo *adv.*	poorly
rzeźbiarz	sculptor	słaby *adj.*	weak
		sławny	famous
		słodki	sweet *adj.*
S		słoik	jar
		słowiański *adj.*	Slavonic
sałata	lettuce	słownik	dictionary
sałatka	salad	słowo	word
sam	alone, oneself	słuchać *imperf.*	to listen to
samochód	car [US auto]	słyszeć *imperf.*	to hear
satelitarny	satellite *adj.* (television)	sobota	Saturday
		sok	juice
sąsiad	neighbour *masc.*	spacer	walk *n.*
		spaść *perf.*	to fall
sąsiadka	neighbour *fem.*	spędzać *imperf.*	to spend (time)
schody *pl.*	stairs, steps	spędzić *perf.*	to spend (time)
seans	showing, screening (of film)	sport	sport
		sposób	way, manner
		spotkać (się) *perf.*	to meet (one another)
ser	cheese		
serial	serial (TV)	spotkanie	meeting
sernik	cheesecake	spotykać (się) *imperf.*	to meet (one another)
setka	hundred (banknote)		
		spóźniać się *imperf.*	to be late
siadać *imperf.*	to sit down		

spóźnić się *perf.*	to be late
spóźnienie	delay, being late
sprawa	case, matter, affair
sprawdzać *imperf.*	to check
sprawdzić *perf.*	to check
sprawozdanie	report, account
spróbować *perf.*	to try, to attempt
sprzedawca	salesperson *masc.*
squash	squash (game)
stać się *perf.*	to happen; to become
Stany Zjednoczone	United States
Stare Miasto	Old Town
stary	old
stawać się *imperf.*	to happen, to become
stąd	from here
sto	hundred
stolica	capital city
stolik	table (at a restaurant)
stołówka	canteen, refectory
stół	table
strasznie *adv.*	terrible, horrible
straszny *adj.*	terrible, horrible
strata + *gen.*	waste of
strona	side
student	student *masc.*
studentka	student *fem.*
studia *pl.*	studies
studiować *imperf.*	to study
styczeń	January
stypendium	scholarship
sukces	success
suma	total, sum
sympatyczny	nice, pleasant
syn	son

szachy *pl.*	chess
szampon	shampoo
szanowny	respectable, honourable
szarlotka	apple tart
szczęście	happiness
szczęśliwy *adj.*	happy
szef	boss
szewc	shoemaker
szkoda	pity, shame
szkoła	school
szpital	hospital
sztuka	piece, item; art
szukać *imperf.*	to look for
szybki *adj.*	quick, fast
szybko *adv.*	quick, fast

Ś

śliwka	plum
śmierć *fem.*	death
śniadanie	breakfast
śnieg	snow *n.*
śpieszyć się *imperf.*	to be in a hurry
średniowieczny	medieval
średnio-zaawansowany	intermediate
środa	Wednesday
św.	St (Saint)
świetnie *adv.*	great
świeży *adj.*	fresh
święto	feast day, holiday
świętować *imperf.*	to celebrate
święty	saint

T

tabletki *pl.*	tablets
tabliczka	bar (of chocolate)
tak	yes
taksówka	taxi, cab
także	too, as well
talerz	plate
tam	there
Tamiza	Thames
tamten	that (one over there)
tani *adj.*	cheap
tanio *adv.*	cheap(ly)
targi *pl.*	fair
targi pracy	job fair
Tatry	the Tatra Mountains
teatr	theatre
teatralny *adj.*	theatrical
telefon	telephone; telephone call
telefon komórkowy	mobile phone
telewizja	television
telewizja satelitarna	satellite television
telewizor	television set
temperatura	temperature
temu	ago
ten	this (one here)
tenis	tennis
teraz	now
też	too, also
tłok	crowd
tłumacz	translator, interpreter
tłumaczenie	translation, interpreting
tłumaczyć *imperf.*	to translate, interpret
tor	track
torba	bag
torebka	handbag
tort	cake
trafiać *imperf.*	to find one's way
trafić *perf.*	to find one's way
tramwaj	tramcar [US streetcar]
trochę	a bit, a little
trudny	difficult
truskawka	strawberry
trwać *imperf.*	to last
trzeci	third (3rd)
tu *or* tutaj	here
turysta	tourist *masc.*
turystka	tourist *fem.*
turystyczny	tourist *adj.*
tutaj	here
twarz	face
twój *sing*	your(s)
tydzień	week
tylko	only
tytuł	title

U

u	at (somebody's house)
ubranie *sing.*	clothes
uciec *perf.*	to escape, run away
uciekać *imperf.*	to escape, run away
ucieszyć się *perf.*	to be glad
uczelnia	college, university

uczennica	pupil *fem.*
uczeń	pupil *masc.*
uczyć się *imperf.*	to learn
uczyć *imperf.*	to teach
ugotować *perf.*	to cook
ulgowy *adj.*	reduced, cheap rate ticket
ulica	street
ulubiony	favourite
umieć	can, be able to
unieważniać *imperf.*	to cancel, invalidate
unieważnić *perf.*	to cancel, invalidate
uniwersytet	university
uprzejmy	polite, kind
urodzenie	birth
urodziny *pl.*	birthday
usiąść *perf.*	to sit down
usłyszeć *perf.*	to hear
uważać *imperf.*	to take care, look out
uwielbiać *imperf.*	to adore, just love
uwierzyć *perf.*	to believe

V

VAT	VAT [US Sales tax]

W

w	in
wakacje *pl.*	vacation
waniliowy *adj.*	vanilla-flavoured
Warszawa	Warsaw
warszawski *adj.*	Warsaw, Varsovian
warzywa	vegetables

wasz *pl.*	your(s)
ważny	important
wchodzić *imperf.*	to enter, come in
wcześnie *adv.*	early
wcześniej	earlier
wczoraj	yesterday
według	according to
weekend	weekend
wejść *perf.*	to come in, enter
wersja	version
Węgry *pl.*	Hungary
wideo	video
widokówka	picture postcard
widzieć *imperf.*	to see
wieczorem	in the evening
wieczór	evening
wiedzieć	to know sth
wiek	century; age
wiele	many
wielkość	size, greatness
wierzyć *imperf.*	to believe
wieszać *imperf.*	to hang
wieś	village
więc	so, then
więcej	more
większy	larger
wina	fault
winda	lift [US elevator]
wino	wine
winogrona *pl.*	grapes
wiosenny	spring *adj.*
wiosna	spring
Wisła	Vistula (river)
witać *imperf.*	to welcome, greet
wizyta	visit *n.*
wjechać *perf.*	to enter (by transport)

wjeżdżać *imperf.*	to enter (by transport)	wstępować *imperf.*	to visit briefly [US to stop by]
właśnie	right now; precisely, exactly	wszystko	everything
		wtorek	Tuesday
włączony	(switched) on, running, working *adj.*	wujek	uncle
		wychodzić *imperf.*	to leave (on foot)
Włochy *pl.*	Italy	wychować *perf.*	to bring up [US to raise] (children)
włoski *adj.*	Italian		
włosy *pl.*	hair		
woda	water	wychowywać *imperf.*	to bring up [US to raise] (children)
woda sodowa	soda water		
woleć *imperf.*	to prefer		
wolno	it is allowed / permitted	wyciągać *imperf.*	to take out, pull out
wolno *adv.*	slowly	wyciągnąć *perf.*	to take out, pull out
wolny *adj.*	slow; free		
wolny czas	leisure time	wycieczka	outing, trip
wracać *imperf.*	to return, come back	wycieczka szkolna	school trip
wrócić *perf.*	to return, come back	wyczyścić *perf.*	to clean
		wyglądać *imperf.*	to look; appear
wrzesień	September	wygodny	comfortable
wspaniale *adv.*	great, splendid, wonderful	wyjechać *perf.*	to go away (by transport)
wspaniały *adj*	great, splendid, wonderful	wyjeżdżać *imperf.*	to go away (by transport)
wspominać *imperf.*	to remember, recall	wyjście	exit, way out; solution
wspomnieć *perf.*	to remember, recall	wyjść *perf.*	to leave (on foot)
wspomnienie	memory, recollection	wyjść za mąż *perf.*	to get married (of a woman)
		wyłączony	(switched) off, not running *adj.*
wspólnie *adv.*	together, jointly		
współczesny *adj.*	contemporary	wymarzony *adj.*	dream (as in 'dream home')
wstać *perf.*	to get up, to rise		
wstawać *imperf.*	to get up, to rise	wymieniać *imperf.*	to exchange
wstąpić *perf.*	to visit briefly [US to stop by]	wymienić *perf.*	to exchange
		wymówka	excuse *n.*

wypadek	car-crash, accident	zadzwonić *perf.*	to call, ring, telephone
wypełniać *imperf.*	to fill in (a form, a gap)	zagrać *perf.*	to play
wypełnić *perf.*	to fill in (a form, a gap)	zająć *perf.*	to take (time)
		zajęty	busy, occupied
wypić *perf.*	to drink	zajmować *imperf.*	to take (time)
wypocząć *perf.*	to rest		
wypoczywać *imperf.*	to rest	zakochani	people in love
		zakupy *pl.*	shopping, purchases
wyprać *perf.*	to wash, launder	załatwiać *imperf.*	to take care of, deal with
wyprasować *perf.*	to iron	załatwić *perf.*	to take care of, deal with
wyraz	word		
wyrazić *perf.*	to express	zamiast	instead
wyrażać *imperf.*	to express	zamknięty	closed
wyrzucać *imperf.*	to throw away	zanieść	to take, carry
wyrzucić *perf.*	to throw away	zapalniczka	lighter
wysoki	high, tall	zapałki *pl.*	matches
wyspa	island	zapamiętać *perf.*	to remember
wystawa	exhibition	zaparkować *perf.*	to park
wziąć *perf.*	to take	zapisać *perf.*	to write down, record
		zapisywać *perf.*	to write down, record

Z

		zaplanować *perf.*	to plan
z	from; with	zapłacić *perf.*	to pay
za	behind, beyond	zapominać *imperf.*	to forget
za granicą	abroad		
zaawansowany	advanced	zapomnieć *perf.*	to forget
zabawny	entertaining	zapraszać *imperf.*	to invite
zabić *perf.*	to kill	zaproponować *perf.*	to make a suggestion
zabijać *imperf.*	to kill		
zabrać *perf.*	to take (away)	zaprosić *perf.*	to invite
zachód	West, sunset	zaproszenie	invitation
zacząć *perf.*	to begin, start	zapytać się *perf.*	to ask, inquire
zaczynać *imperf.*	to begin, start	zarabiać *imperf.*	to earn (money)
zadać *perf.*	to ask, put (a question)	zaraz	at once, immediately
zadanie	task	zarezerwować *perf.*	to book
zadawać *imperf.*	to ask (a question)		

zarezerwowany *adj.*	booked, reserved	zima	winter *n.*
zarobić *perf.*	to earn (money)	zimno *adv.*	cold
zastanawiać się *imperf.*	to think over	zimny *adj.*	cold
zastanowić się *perf.*	to think over	zimowy	winter *adj.*
		zjeść *perf.*	to eat
zaświadczenie	certificate	złapać *perf.*	to catch
zauważać *imperf.*	to notice	złodziej	thief
zauważyć *perf.*	to notice	złoty	zloty (currency); golden
zawód	occupation; profession	zły *adj.*	bad
zawsze	always	zmęczony	tired
zażartować *perf.*	to joke	zmiana	a change
zbierać *imperf.*	to collect	zmieniać *imperf.*	to change something
zbyt	quite, too	zmienić *perf.*	to change something
zdarzać się *imperf.*	to happen, occur	znaczek	postage stamp
zdarzyć się *perf.*	to happen, occur	znaczyć *imperf.*	to mean
zdążyć *perf.*	to manage to, make sth in time	znać się *imperf.*	to know one another
zdjęcie	photograph, picture	znajdować *imperf.*	to find
		znajoma	acquaintance *fem.*
zdrowy	healthy	znajomy	acquaintance *masc.*
zegar	clock		
zegarek	(wrist- or pocket-) watch	znak	sign, mark *n.*
		znaleźć *perf.*	to find
zepsuć *perf.*	to break	znany *adj.*	known
zeszły *adj.*	past, previous	znienawidzić *perf.*	to hate
zgadnąć *perf.*	to guess		
zgadywać *imperf.*	to guess	znieść *perf.*	to stand, bear
zgadzać się *imperf.*	to agree	znosić *imperf.*	to stand, bear
		znowu	again
zginąć *perf.*	to disappear, get lost	zobaczyć *perf.*	to see
		zorganizować *perf.*	to organize
zgoda	consent		
zgodzić się *perf.*	to agree	zorganizowany *adj.*	organized
zgubić się *perf.*	to lose one's way, get lost	zrozumieć *perf.*	understand
zielony	green	zarysować *perf.*	to scratch
ziemniak	potato	zwalniać *imperf.*	to dismiss, fire

zwichnąć *perf.*	to twist, dislocate
zwiedzać *imperf.*	to visit (places)
zwiedzanie	sightseeing
zwiedzić *perf.*	to visit (places)
zwłaszcza	especially
zwolnić *perf.*	to dismiss, fire
zwracać się *imperf.* do	to turn to sb

Ź

źle *adv*	badly

Ż

żaden	none, not any of
żartować *imperf.*	to joke
żeby	in order to, so as to
żenić się *imperf.*	to get married (of a man)
żeton	token
żołądek	stomach
żołnierz	soldier
żona	wife
żółty	yellow
życzyć *imperf.*	to wish
żyć *imperf.*	to live

English–Polish glossary

A

a lot	dużo *adv.*
(be) able to	móc; potrafić *imperf.*
about, concerning	o
above	nad
abroad	za granicą
absence	nieobecność *fem.*
accept *v.*	przyjmować *imperf.*; przyjąć *perf.*
accident	wypadek
account (bank)	konto
ache *v.*	boleć *imperf.*
acquaintance	znajomy; znajoma
actor	aktor
actress	aktorka
address book	notes z adresami
address	adres
adore *v.*	uwielbiać *imperf.*
advanced	zaawansowany
adventure	przygoda
advertising	reklama
after	po
afternoon	popołudnie
again	znowu
against	przeciwko
age	wiek
ago	temu
agree *v.*	zgadzać się *imperf.*; zgodzić się *perf.*
air *n.*	powietrze
airport	lotnisko
alarm clock	budzik
alcohol	alkohol
all right, OK	dobrze *adv.*; dobra *colloq.*
almost	prawie
alone	sam
already	już
although	chociaż, choć
always	zawsze
America	Ameryka
American man	Amerykanin
American woman	Amerykanka
American *adj.*	amerykański
and	i, a
angel	anioł
anniversary	rocznica
answer *n.*	odpowiedź *fem.*
answer *v.*	odpowiadać *imperf.*; odpowiedzieć *perf.*
apartment	mieszkanie
apologize	przepraszać *imperf.*; przeprosić *perf.*

appalling	okropny *adj.*	at present	obecnie
appear, turn up	pojawiać się	at	(time) o; u
	imperf.;		(place)
	pojawić się	attempt *v.*	próbować
	perf.		*imperf.*;
apple tart	szarlotka		spróbować
apple	jabłko		*perf.*
April	kwiecień	attraction	atrakcja
architect	architekt	August	sierpień
architecture	architektura	aunt	ciotka
arrive	(on foot)	auto (car)	samochód
	przychodzić	autumn	jesień; jesienny
	imperf.,		*adj.*
	przyjść.	avenue	aleja
	perf.; (by		
	train, coach,		
	etc)	**B**	
	przyjeżdżać		
	imperf.,	B&B (bed and	pensjonat
	przyjechać	breakfast)	
	perf.; (by	backpack	plecak
	plane)	bad luck	pech
	przylatywać	bad	zły *adj*; źle *adv.*
	imperf.,	be bad for	szkodzić *imperf.*
	przylecieć	badminton	badminton
	perf.	bag	torba
art	sztuka	basketball	koszykówka
artist	artysta *masc.*	ballet	balet
as well	także	ballpoint pen	długopis
as, since,	ponieważ,	Baltic	Bałtyk
because	dlatego że, bo	Baltic Sea	Morze
ask (for)	prosić *imperf.*		Bałtyckie
	o + *acc;*	banana	banan
	poprosić *perf.*	bank	bank
ask (a question)	zadawać	banknote	banknot
	imperf.;	baseball	baseball
	zadać *perf.*	basement	piwnica
ask, inquire	pytać się	bathroom	łazienka
	imperf.;	battle *n.*	bitwa
	zapytać się	be	być
	perf.	beach	plaża
at one time	kiedyś	beans	fasola *sing.*

bear *v.*	znosić *imperf.*; znieść *perf.*	book *v.*	rezerwować *imperf.*; zarezerwować *perf.*
beautiful	piękny		
because	ponieważ, dlatego że, bo	booked	zarezerwowany *adj.*
become *v.*	stawać się *imperf.*; stać się *perf.*	bookshop	księgarnia
		border, frontier	granica
		(be) bored	nudzić się *imperf.*
beer	piwo		
beetroot	burak	borrow	pożyczać *imperf.*; pożyczyć *perf.*
before	przed		
begin *v.*	zaczynać *imperf.*; zacząć *perf.*	boss	szef
		botanical	botaniczny
beginner	początkujący	bother	kłopot
beginning	początek	bottle	butelka
behind	za	boy	chłopiec
believe	wierzyć *imperf.*; uwierzyć *perf.*	bread	chleb; pieczywo
		break *n.*	przerwa
below	pod	breakfast	śniadanie
better	lepszy *adj.* lepiej *adv.*	bridge (crossing)	most
		bridge (game)	brydż
between	między	bring up (children)	wychowywać *imperf.*; wychować *perf.*
beyond	za		
bicycle	rower		
Bieszczady	Bieszczady Mountains	bring	przynosić *imperf.*; przynieść *perf.*
big	duży		
bill (to be paid)	rachunek		
biology	biologia		
biro	długopis	brother	brat
birth	urodzenie	building	budynek
birthday	urodziny *pl.*	bureau de change	kantor wymiany
bit, little bit	trochę		
black	czarny	bus	autobus
blackcurrant	czarna porzeczka	business	biznes
		businessman	biznesmen
block (of flats)	blok	busy	zajęty
blond	blond	but	ale, przecież; ależ
blouse	bluzka		
blue	niebieski	buy *v.*	kupować *imperf.*; kupić *perf.*
book *n.*	książka		

by accident	niechcący	carry	nosić *imperf.*
by	koło *adv.*	case, matter, affair	sprawa
bye	cześć *colloq.*		
		cash dispenser	bankomat
C		cassette	kaseta
		cat	kot
		catch *v.*	łapać *imperf.*; złapać *perf.*
cab (taxi)	taksówka		
cabbage	kapusta	celebrate *v.*	świętować *imperf.*
café	kawiarnia		
cake	ciastko; tort	cellar	piwnica
calendar	kalendarz	central, main	główny
call, ring *v.*	dzwonić *imperf.* do + *gen*; zadzwonić *perf.*	centre	centrum
		century	wiek
		certainly	na pewno; oczywiście
call in, drop by	wstępować *imperf.* wstąpić *perf.*	certificate	zaświadczenie
		chance	okazja; przypadek
(be) called	nazywać się *imperf.*	change, a change *n.*	zmiana
camp	obóz	change (money)*v.*	rozmieniać *imperf.*; rozmienić *perf.*
can *n.*	puszka		
can *v.*	móc *imperf.*; (know how to) umieć *imperf.*	change *v.*	zmieniać *imperf.*; zmienić *perf.*
		charge, fee	opłata
cancel, annul	unieważniać *imperf.*; unieważnić *perf.*	chat *v.*	rozmawiać *imperf.*; porozmawiać *perf.*
candidate	kandydat	cheap	tani; tanio *adv.*
canteen	barek; stołówka	check (bank) *n.*	czek
capital city	stolica	check *v.*	sprawdzać *imperf.*; sprawdzić *perf.*
car park	parking		
car	samochód		
Caribbean	Karaiby *pl.*	cheese	ser
cards	karty *pl.*	cheesecake	sernik
careful	ostrożny	chemist	apteka
carp (fish)	karp	cheque	czek
Carpathians	Karpaty	cherry	czereśnia
carrot	marchewka	chess	szachy *pl.*

child	dziecko		przyjechać *perf.*
China	Chiny *pl.*		
chocolate-flavoured	czekoladowy *adj.*	come back *v.*	wracać *imperf.;* wrócić *perf.*
chunk	kawał		
church	kościół; kościelny *adj.*	come in, enter	(on foot) wchodzić *imperf.;* wejść *perf.*
cigarette	papieros		
cinema	kino		
class	klasa	comedy	komedia
clean *v.*	czyścić *imperf.;* wyczyścić *perf.*	comfortable	wygodny
		compartment (train)	przedział
clean *adj.*	czysty		
clock	zegar	complain	narzekać *imperf.*
close	blisko *adv.;* niedaleko *adv.*	complicated	skomplikowany *adj.*
closed	zamknięty	computer science	informatyka
clothes	ubranie *sing.*		
club	klub	computer scientist	informatyk
coach, bus	autobus		
cocktail bar	cocktail bar	computer	komputer; komputerowy *adj.*
code	kod		
coffee-flavoured	kawowy *adj.*		
coffee	kawa	concern (firm, company)	koncern
coin	moneta		
cold	zimny *adj.;* zimno *adv.*	concert hall	filharmonia
		concert	koncert
cold, to get or catch	przeziębiać się *imperf.;* przeziębić się *perf.*	conference	konferencja
		confusing	skomplikowany *adj.*
		consent	zgoda
collect *v.*	odbierać *imperf.;* odebrać *perf.*	constantly	ciągle
		contact (sb)	kontaktować *imperf.* się z +*instr.;* skontaktować się *perf.* z + *instr.*
college	uczelnia		
colourful	kolorowy		
come *v.*	(on foot) przychodzić *imperf.;* przyjść *perf.;* (by transport) przyjeżdżać *imperf.;*		
		contemporary	współczesny
		continent	kontynent
		conversation	konwersacja, rozmowa

converse, chat v.	rozmawiać imperf.; porozmawiać perf.
cook v.	gotować imperf.; ugotować perf.
corner	róg
cost v.	kosztować imperf.
country, nation-state	kraj; państwo
couple, pair	para
course	kurs
cousin	kuzyn; kuzynka
cream cake	kremówka
cricket (game)	krykiet
crowd	tłok
cucumber	ogórek
culture	kultura
currently	obecnie

D

dangerous	groźny
darling	kochanie
data	dane pl.
date	data
daughter	córka
day	dzień
day after tomorrow	pojutrze
day before yesterday	przedwczoraj
dear, expensive	drogi
death	śmierć fem.
December	grudzień
decision	decyzja
definitely	na pewno
delay	spóźnienie
dentist	dentysta masc.
depart	(on foot)

	odchodzić imperf., odejść perf.; (by train, coach, etc) odjeżdżać imperf. odjechać perf.; (by plane) odlatywać imperf., odlecieć perf.
depict	przedstawiać imperf.; przedstawić perf.
describe	opisywać imperf.; opisać perf.
design n.	projekt
designer	projektant; projektantka
dessert	deser
dictionary	słownik
diet	dieta
different	inny adj.; inaczej adv.
difficult	trudny
dinner, main meal	obiad
director	dyrektor
disappear	ginąć imperf.; zginąć perf.
disco(theque)	dyskoteka
dish	potrawa
dismiss (from work)	zwalniać imperf.; zwolnić perf.
distant	daleki adj.
do v.	robić imperf.; zrobić perf.
doctor, physician	doktor, lekarz
document	dokument
dog	pies
door	drzwi pl.

drink v.	pić imperf.; wypić perf.	enter (on foot)	wchodzić imperf.; wejść perf.
driver (car)	kierowca		
driving licence	prawo jazdy	entertaining	zabawny
dry cleaner's	pralnia chemiczna	entrance, way in	wejście
		envelope	koperta
duty	obowiązek	escape v.	uciekać imperf.; uciec perf.
E		especially	zwłaszcza
		even	nawet
each	każdy adj.	evening	wieczór
earlier	wcześniej	everyday	co dzień, codziennie; dziennie
early adj.	wcześnie		
earn (money)	zarabiać imperf.; zarobić perf.	everyone	wszyscy
easily	łatwo adv.	everything	wszystko
easy	łatwy adj.	exact	dokładny adj.
eat v.	jeść imperf.; zjeść perf.	exaggerate	przesadzać imperf.
economist	ekonomista	examination	egzamin
editor	redaktor	example	przykład
egg	jajko	excellent	doskonały adj.
either ... or	albo ... albo	exercise	ćwiczenie
elegant	elegancki	exchange v.	wymieniać imperf.; wymienić perf.
eloquent	elokwentny		
embassy	ambasada		
end n.	koniec	excuse n.	wymówka
engineer	inżynier	exhibition	wystawa
England	Anglia	exit n.	wyjście
English	angielski adj.	expensive	drogi adj.
Englishman	Anglik	express v.	wyrażać imperf.; wyrazić perf.
Englishwoman	Angielka		
(be) enough	wystarczać imperf.; wystarczyć perf.		
		extra	dodatkowy
enquire (about sth)	pytać (się) imperf. o + acc; zapytać (się) perf.	eye	oko

F

face	twarz
factory	fabryka
fall *n.* (season)	jesień; jesienny *adj.*
fall *v.*	padać *imperf.*; spaść *perf.*
family	rodzina
famous	sławny
fantastic	fantastyczny
far away	daleko *adv.*
fascinating	fascynujący
fashion	moda
fast, quick	szybki *adj.*; szybko *adv.*
father	ojciec
fault	wina
favourite	ulubiony
feast day	święto
February	luty
fee	opłata
feel *v.*	czuć (się) *imperf.*; poczuć (się) *perf.*
festival	festiwal
few	kilka, parę
fill in sth	wypełniać *imperf.*; wypełnić *perf.*
film	film
find out	dowiadywać się *imperf.*; dowiedzieć się *perf.*
find *v.*	znajdować *imperf.*; znaleźć *perf.*
finish *v.*	kończyć *imperf.*; skończyć *perf.*
firm, company	firma
first (of all)	najpierw; przede wszystkim
first	pierwszy
first floor [US], ground floor [UK]	parter
fish	ryba
flat *n.*	mieszkanie
flirt *v.*	flirtować *imperf.*
floor, storey	piętro
flower	kwiat
fluent	biegły *adj.*
fluently	biegle *adv.*
fly *v.*	lecieć *imperf.;* polecieć *perf.*
following, next	następny
football	futbol; piłka nożna
for that reason	dlatego
for	dla; (length of time) na
foreign	obcy
foreigner	cudzoziemiec
forget	zapominać *imperf.*; zapomnieć *perf.*
form *n.*	formularz
France	Francja
free	wolny
French	francuski *adj.*
fresh	świeży *adj.*
Friday	piątek
fridge	lodówka
friend	kolega; koleżanka; przyjaciel; przyjaciółka
from here	stąd
from	z, od
frontier	granica

fruit	owoc
future *n.*	przyszłość *fem.*

G

gallery	galeria
garden	ogród
German	niemiecki *adj.*
Germany	Niemcy *pl.*
get up, rise	wstawać *imperf.*; wstać *perf.*
gift, present	prezent
give back	oddawać *imperf.*; oddać *perf.*
give	dawać *imperf.*; dać *perf.*
(be) glad	cieszyć się *imperf.* ucieszyć się *perf.*
gladly	chętnie
go across	(on foot) przechodzić *imperf.*; przejść *perf.*
go away, leave (by transport)	wyjeżdżać *imperf.*; wyjechać *perf.*
go *v.*	(on foot) iść *imperf.*, pójść *perf.*; (by transport) jechać *imperf.*, pojechać *perf.*
go (regularly, habitually)	(on foot) chodzić *imperf.*; (by transport) jeździć *imperf.*

golf	golf
goodbye	do widzenia
good night	dobranoc
good	dobry
gossip *v.*	plotkować *imperf.*
grammar	gramatyka
grandfather	dziadek
grandmother	babcia
grapefruit	grejpfrutowy *adj.*
grapes	winogrona *pl.*
grave, tomb	grób
great (excellent)	doskonale *adv.*; świetnie *adv.*; doskonały *adj.*; wspaniały *adj.*
green	zielony
greet	witać *imperf.*; przywitać *perf.*
grosz (currency)	grosz
ground floor, first floor (US)	parter
guess *v.*	zgadywać *imperf.*; zgadnąć *perf.*
guest-house	pensjonat
guest	gość

H

hair	włosy *pl.*
half (of)	pół + *gen*
hamburger	hamburger
hand *n.*	ręka
hand, give *v.*	podawać *imperf.*; podać *perf.*
handbag	torebka
handbook	podręcznik
handkerchief	chusteczka
handsome	przystojny

happen v.	stawać się imperf.; stać się perf. zdarzać się imperf.; zdarzyć się perf.	how many / much	ile
		however	jednak
		hundred	sto
		Hungary	Węgry pl.
		(be in a) hurry	śpieszyć się imperf.
happiness	szczęście	hurry up v.	pośpieszyć się perf.
happy	szczęśliwy adj.		
hard-working	pracowity	husband	mąż
hate v.	nienawidzić imperf.; znienawidzić perf.	**I**	
have	mieć	ice-cream	lody pl.
have to, must	musieć	idea	pomysł
head	głowa	if	czy; jeśli; jeżeli
healthy	zdrowy		
hear	słyszeć imperf.	impatient	niecierpliwy adj.
heavy	ciężki		
hello, hi	cześć colloq.	important	ważny
help v.	pomagać imperf.; pomóc perf.	impossible	niemożliwy adj.
		in	(place) w
here	tu; tutaj	in front of	przed
high	wysoki	in order to	żeby
history	historia	in other words	czyli
hockey	hokej	in the afternoon	po południu
holidays	wakacje pl.	in the morning	rano adv.
home	dom	in the past	kiedyś
hope n.	nadzieja	indeed	rzeczywiście adv.
hope v.	mieć nadzieję	independence	niepodległość fem.
horrible	straszny adj.; strasznie adv.	inform	informować imperf.; poinformować perf.
horror film	horror		
hospital	szpital		
hot	gorący adj.		
hotel	hotel; hotelowy adj.	information	informacja
		inquire	(for sth) pytać imperf. o + acc; zapytać się perf.
hour	godzina		
house	dom		
housing estate, development	osiedle		

instead (of)	zamiast
intelligent	inteligentny
interesting	ciekawy
international	międzynarodowy
interpreter	tłumacz
interrupt, disturb *v.*	przeszkadzać *imperf.*
introduce	przedstawiać *imperf.;* przedstawić *perf.*
invitation	zaproszenie
invite *v.*	zapraszać *imperf.*; zaprosić *perf.*
iron, press *v.*	prasować *imperf.*; wyprasować *perf.*
ironic	ironiczny *adj.*
island	wyspa
Italian	włoski *adj.*
Italy	Włochy *pl.*

J

jacket	marynarka
January	styczeń
jar	słoik
job fair	targi pracy
job interview	rozmowa kwalifikacyjna
job	praca
joke *v.*	żartować *imperf.*; zażartować *perf.*
journalist	dziennikarz
journey	podróż
juice	sok
July	lipiec
June	czerwiec

K

key	klucz
kilogram	kilo
kilometre	kilometr
kind	miły; uprzejmy
kiss *v.*	całować *imperf.*; pocałować *perf.*
know how to	umieć *imperf.*
know one another	znać się *imperf.*
know sb	znać *imperf.*
know sth	wiedzieć *imperf.*
known	znany *adj.*

L

lack (of) *n.*	brak
lack *v.*	brakować *imperf.*
language	język
large	duży
last *v.*	trwać *imperf.*
last *adj.*	ostatni
(be) late	spóźniać się *imperf.*; spóźnić się *perf.*
later	później *adv.*
lawyer	prawnik
lead *v.*	prowadzić *imperf.*
learn *v.*	uczyć się *imperf.*; nauczyć się *perf.*
leave *v.*	(on foot) odchodzić *imperf.*, odejść *perf.*; (by train,

leave (*continued*)

	coach, etc) odjeżdżać *imperf.*, odjechać *perf.*; (by plane) odlatywać *imperf.*, odlecieć *perf.*
left (side)	lewy
lemon	cytryna
lend *v.*	pożyczać *imperf*; pożyczyć *perf.*
less	mniej *adv.*
lesson	lekcja
lettuce	sałata
lie (be lying down)	leżeć *imperf.*; poleżeć *perf.*
lift, elevator *n.*	winda
lighter	zapalniczka
like *v.*	lubić *imperf.*
list *n.*	lista
listen to	słuchać *imperf.*; posłuchać *perf.*
litre	litr
little	niewiele; trochę
live *v.*	mieszkać *imperf.*; żyć *imperf.*
London	Londyn
long	długi *adj.*; długo *adv.*
look, appear, seem *v.*	wyglądać *imperf.*
look for	szukać *imperf.*; poszukać *perf.*
look out, beware	uważać *imperf.*
lose *v.*	gubić *imperf.*; zgubić *perf.*
lose one's way, get lost *v.*	gubić się *imperf.*; zgubić się *perf.*
lottery	loteria

loud	głośny *adj.*
Louvre Museum, Paris	Luwr
love *n.*	miłość *fem.*
love *v.*	kochać *imperf.*; pokochać *perf.*
low *adj.*	niski
lunch	lunch

M

made (about a film or movie)	nakręcony *adj.*
main	główny *adj.*
make a suggestion	proponować *imperf.*; zaproponować *perf.*
man	mężczyzna
manner	sposób
many	wiele
map	mapa
March	marzec
market square	rynek
marry, get married	ożenić się *masc.* wyjść za mąż *fem.*
matches	zapałki *pl.*
May	maj
maybe	może
mayonnaise	majonez
Mazurian Lakes	Mazury
mean *v.*	znaczyć *imperf.*
meat	mięso
meet (one another)	spotykać (się) *imperf.*; spotkać (się) *perf.*
meeting	spotkanie
memory	pamięć *fem.*
menu	karta, menu

metro	metro	need *v.*	potrzebować *imperf.*
midnight	północ		
milk	mleko	neighbour	sąsiad; sąsiadka
million	milion	neither ... nor	ani ... ani
mineral	mineralny *adj.*	never	nigdy
minister (government)	minister	new	nowy
		newspaper	gazeta
minute *n.*	minuta	next to	obok
mobile phone	komórka *colloq*; telefon komórkowy	next	następny *adj.*; następnie *adv.*
moment	chwila; chwileczka	nice, pleasant	ładny; sympatyczny; miły
Monday	poniedziałek	night	noc *fem.*
money	pieniądze *pl.*	no	nie
month	miesiąc	no one	nikt
more or less	mniej więcej	nobody	nikt
more	więcej	none	żaden
morning	rano; poranny *adj.*	noon	południe
		nor	ani
mother	matka	normal	normalny
mountains	góry *pl.*	north	północ
movie	film	not	nie
movie theater	kino	not a single	ani jeden
much	dużo *adv.*	not any more	już nie
museum	muzeum	not quite	niezupełnie
mushroom	grzyb	nothing	nic
music	muzyka; muzyczny *adj.*	notice *v.*	zauważać *imperf.*; zauważyć *perf.*
must *v.*	musieć		
		November	listopad
		now	teraz

N

		nowadays	dzisiaj
		number	numer
name *n.* (Christian name)	imię	nurse *fem.*	pielęgniarka
		nurse *masc.*	pielęgniarz
name day	imieniny		
national	narodowy		
near	bliski *adj.*; blisko *adv.*	## O	
nearly	prawie	occasion	okazja
necktie	krawat	occupation	zawód

occupied	zajęty	over, above	nad, ponad
be occupied	zajmować się *imperf.*; zająć się *perf.*		
		P	
occur	zdarzać się *imperf.*; zdarzyć się *perf.*	paint *v.*	malować *imperf.*
		painting	obraz
		pair	para
October	październik	paper	papier
of course	oczywiście	paper tissue	chusteczka
office	biuro		higieniczna
often	często	parents	rodzice
old	stary	Paris	Paryż
OK	dobra *colloq*; dobrze *adv.*	park *v.*	parkować *imperf.*; zaparkować *perf.*
Old Town	Stare Miasto		
on	na		
once	kiedyś; raz	park *n.*	park
one	jeden	part	odcinek, część
onion	cebula	passer-by	przechodzień
only	tylko	passport	paszport
open *v.*	otwierać *imperf.*; otworzyć *perf.*	past *n.*	przeszłość *fem.*
		pasta	makaron
		pastime	rozrywka
		pâté	pasztet
open *adj.*	otwarty	pay *v.*	płacić *imperf.*; zapłacić *perf.*
opera, opera house	opera		
		pea	groszek
opportunity	okazja	pear	gruszka
opposite	naprzeciwko	pencil	ołówek
or	lub; albo; czy	people	ludzie
orange	pomarańcza; pomarańczowy *adj.*	perfume	perfumy *pl.*
		perhaps	może
		permit *v.*	pozwalać *imperf.;* pozwolić *perf.*
order	porządek		
organize *v.*	organizować *imperf.*; zorganizować *imperf.*	permitted	można; wolno
		person	człowiek; osoba
		pessimist	pesymista
		photocopy	fotokopia
organized	zorganizowany *adj.*	photograph	zdjęcie
		physician	doktor, lekarz
outing	wycieczka	picture	obraz; zdjęcie

picture postcard	widokówka
piece	kawałek
place	miejsce
plan *n.*	plan
plan *v.*	planować *imperf.*; zaplanować *perf.*
plate	talerz
platform	peron
play *v.*	grać *imperf.*; zagrać *perf.*
pleasant	miły
pleasure	przyjemność
plum	śliwka
pocket	kieszeń
point	punkt
Poland	Polska
Pole	Polak *masc.*; Polka *fem.*
police	policja
police station	komisariat policji
policeman	policjant
Polish	polski *adj.*
polite	uprzejmy
politician	polityk
poorly	słabo *adv.*
popular	popularny
post office	poczta
postcard	pocztówka
poster	plakat
potato	ziemniak; kartofel
precise	dokładny *adj.*
precisely	dokładnie *adv.*
prefer *v.*	woleć *imperf.*
prepared	gotowy *adj.*
present *n.*	prezent
present, introduce	przedstawiać *imperf.*; przedstawić *perf.*

pretty	ładny
priest	ksiądz
private	prywatny
probably	chyba
problem	kłopot; problem
profession	zawód
professional	profesjonalista *masc.*
professor	profesor
programme	program
project	projekt
proposition	propozycja
punctual	punktualny
pupil	uczeń; uczennica

Q

qualifications	kwalifikacje
quarrel *n.*	kłótnia
question *n.*	pytanie
quick	szybki *adj.*; szybko *adv.*

R

radio	radio
raise (children)	wychowywać *imperf.*; wychować *perf.*
rarely	rzadko
raspberry	malina
reach (on foot) *v.*	dochodzić *imperf.*; dojść *perf.*
read *v.*	czytać *imperf.*; przeczytać *perf.*
ready	gotowy *adj.*

reality	rzeczywistość	rest *v.*	odpoczywać *imperf.*; odpocząć *perf.* wypoczywać *imperf.*; wypocząć *perf.*
recall *v.*	wspominać *imperf.*; wspomnieć *perf.*		
receive *v.*	dostawać *imperf.*; dostać *perf.*	restaurant	restauracja
		return *v.*	(give back) oddawać *imperf.*; oddać *perf.*; (e.g. home) wracać *imperf.*; wrócić *perf.*
recent	niedawny *adj.*		
reception desk	recepcja		
red	czerwony		
refrigerator	lodówka		
relax *v.*	odpoczywać *imperf.*; odpocząć *perf.*	rewrite *v.*	przepisywać *imperf.*; przepisać *perf.*
remember	pamiętać *imperf.*		
repair *v.*	naprawiać *imperf.*; naprawić *perf.*	right	prawy
		ring *v.*	dzwonić *imperf.*; zadzwonić *perf.*
repair *n.*	naprawa	river	rzeka
repeat *v.*	powtarzać *imperf.*; powtórzyć *perf.*	rolls	bułki
		romantic	romantyczny
		room *n.*	miejsce; pokój
reply *n.*	odpowiedź *fem.*	row, argument *n.*	awantura
		rugby football	rugby
reply *v.*	odpowiadać *imperf.*; odpowiedzieć *perf.*	run away *v.*	uciekać *imperf.*; uciec *perf.*
		Russia	Rosja
		Russian	rosyjski *adj.*
reply (by letter) *v.*	odpisywać *imperf.*; odpisać *perf.*		

S

report *n.*	sprawozdanie; raport	saint	święty
request *n.*	prośba	salad	sałatka
request *v.*	prosić *imperf.*; poprosić *perf.*	salesperson	sprzedawca *masc.* sprzedawczyni *fem.*
reserved	zarezerwowany *adj.*		

satellite television · telewizja satelitarna

Saturday · sobota

save · oszczędzać *imperf.*

say · mówić *imperf.*; powiedzieć *perf.*

scholarship · stypendium

school · szkoła

scream · krzyk

screening (of film) · seans

sculptor · rzeźbiarz

sea · morze

search *n.* · poszukiwanie

season (of the year) · pora roku

seat *n.* · miejsce

second (2nd) · drugi

see *v.* · widzieć *imperf.*; zobaczyć *perf.*

seldom · rzadko

September · wrzesień

serial · serial (TV)

serious · poważny *adj.*

seriously · poważnie *adv.*

shampoo · szampon

shirt · koszula

shoe shop · sklep obuwniczy

shoes · buty

shop · sklep

shopping centre, mall · centrum handlowe

shopping (purchases) · zakupy *pl.*

short · krótki, niski, niewysoki

should · powinien

show *v.* · pokazywać *imperf.*; pokazać *perf.*

side · strona

sightseeing · zwiedzanie

sign *n.* · znak

sign *v.* · podpisywać *imperf.*; podpisać *perf.*

silly · głupi

similar to · podobny do + *gen*

simple · łatwy *adj.*

since · (time) od

sister · siostra

sit down *v.* · siadać *imperf.*; usiąść *perf.*

(be) sitting · siedzieć *imperf.*

size · rozmiar, wielkość

slip *v.* · poślizgnąć się *perf.*

slow · wolno *adv.*; wolny *adj.*

small · mały

smart · elegancki

smoke *v.* · palić *imperf.*

snow *n.* · śnieg

so, then · więc

so as to, so that · żeby

soap · mydło

socks · skarpetki *pl.*

soda water · woda sodowa

soldier · żołnierz

someone · ktoś

something · coś

sometimes · czasem, czasami

somewhere · gdzieś

son · syn

south · południe

Spain · Hiszpania

Spanish · hiszpański *adj.*

speak *v.* · mówić *imperf.*; powiedzieć *perf.*

spend (time) *v.*	spędzać *imperf.*; spędzić *perf.*	success	sukces
		suddenly	nagle
		sugar	cukier
sport	sport	suggest	proponować *imperf.*; zaproponować *perf.*
spring	wiosna; wiosenny *adj.*		
square	plac	suggestion	propozycja
stairs	schody *pl.*	suit *n.*	garnitur
stale	nieświeży	summer	lato; letni *adj.*
stamp (postage)	znaczek		
stand *v.*	znosić *imperf.*; znieść *perf.*	sunbathe	opalać się *imperf.*; opalić się *perf.*
start *v.*	zaczynać *imperf.*; zacząć *perf.*		
station	dworzec	Sunday	niedziela
stay *n.*	pobyt	sunset	zachód (słońca)
steal *v.*	kraść *imperf.*		
still	jeszcze *adv.*, ciągle *adv.*	supper	kolacja
		surname	nazwisko
stock exchange	giełda	survey	ankieta
stomach	żołądek	sweet *adj.*	słodki
stop *n.*	przystanek	swim *v.*	pływać *imperf.*; popływać *perf.*
stop *v.*	przestawać *imperf.*; przestać *perf.*		
stop by, visit briefly *v.*	wstępować *imperf.*; wstąpić *perf.*	swimming pool	basen

T

straight (ahead)	prosto
strawberry	truskawka	table	stół
street	ulica	table (at a restaurant)	stolik
streetcar	tramwaj		
student	student; studentka	tablets	tabletki *pl.*
		take *v.*	brać *imperf.*; wziąć *perf.*;
studies	studia *pl.*		
study *v.*	studiować *imperf.*	take, occupy	zajmować *imperf.*; zająć *perf.*
stupid	głupi		
suburb	przedmieście	take a walk	przejść się
subway (tube train)	metro	take care, be careful	uważać *imperf.*

take place	odbywać się *imperf.*; odbyć się *perf.*	third (3rd)	trzeci
		threatening	groźny
		through, across	przez
talk *n.*	rozmowa	throw away	wyrzucać *imperf.*; wyrzucić *perf.*
talk, converse	rozmawiać *imperf.*; porozmawiać *perf.*		
		Thursday	czwartek
		ticket	bilet
tall	wysoki	ticket inspector	konduktor
tape (cassette)	kaseta	tie, necktie	krawat
task	zadanie	till, until	do
taxi	taksówka	time	czas; raz
taxi rank	postój taksówek	tired	zmęczony
tea	herbata	title	tytuł
teach *v.*	uczyć *imperf.*; nauczyć *perf.*	to pass (by)	mijać *imperf.*; minąć *perf.*
teacher	nauczyciel; nauczycielka; profesor	today	dziś; dzisiaj
		today's	dzisiejszy *adj.*
		together	razem; wspólnie *adv.*
telephone *n.*	telefon		
telephone *v.*	dzwonić *imperf.*; zadzwonić *perf.*	tomato	pomidor; pomidorowy *adj.*
television	telewizja; (set) telewizor	tomorrow	jutro
temperature	temperatura	tongue	język
tennis	tenis	too, also	też; także
terrible	okropny; straszny	total	suma
		tourist	turysta *masc.*; turystka; turystyczny *adj.*
Thames	Tamiza		
thank (for) *v.*	dziękować *imperf.* za +*acc*; podziękować *perf.*		
		town	miasto
		trade	handel *n*; handlowy *adj.*
Tatra Mountains	Tatry		
theatre	teatr	train	pociąg
then	potem, następnie	tram, tramcar	tramwaj
there	tam	translate *v.*	tłumaczyć *imperf.*; przetłumaczyć *perf.*
thief	złodziej		
thing	rzecz		
think	myśleć *imperf.*; pomyśleć *perf.*		
		translation	tłumaczenie
		translator	tłumacz

travel *v.*	podróżować *imperf.*
travel agency	biuro podróży
trip	podróż; wycieczka
truth	prawda
try *v.*	próbować *imperf.*; spróbować *perf.*
try on (clothing)	przymierzać *imperf.*; przymierzyć *perf.*
tube, subway	metro
Tuesday	wtorek
turn *v.* (left)	skręcić (w lewo) *perf.*
twice	dwa razy

U

uncle	wujek
under	pod
underground, subway	metro
understand	rozumieć *imperf.*; zrozumieć *perf.*
unfortunately	niestety
unintentionally	niechcący
uninteresting	nieciekawy
United States	Stany Zjednoczone
university	uniwersytet
until	do
useful	pożyteczny

V

vacation	wakacje *pl.*
vacuum cleaner	odkurzacz
various	różne
VAT (Value-Added-Tax)	VAT
vegetables	warzywa
version	wersja
very	bardzo
video	wideo
village	wieś
visit *n.*	wizyta, odwiedziny *pl.*
visit (people) *v.*	odwiedzać *imperf.*; odwiedzić *perf.*
visit (places) *v.*	*v.* zwiedzać *imperf.*; zwiedzić *perf.*
Vistula	Wisła
volleyball	siatkówka

W

wait *v.*	czekać *imperf.*; poczekać *perf.*
walk *n.*	spacer
want *v.*	chcieć *imperf.*
warm	ciepły *adj.*
Warsaw	Warszawa
wash, launder *v.*	prać *imperf.*; wyprać *perf.*
waste of	strata + *gen*
watch (wrist- or pocket-)	zegarek
watch, observe	oglądać *imperf.*; obejrzeć *perf.*
water *n.*	woda
way out, exit	wyjście
weak	słaby *adj.*

wear *v.*	nosić *imperf.*	wonderful	wspaniały *adj.*
weather	pogoda	word	słowo
Wednesday	środa	work *n.*	praca, robota
week	tydzień	work *v.*	pracować *imperf.*
weekend	weekend	worry *v.*	przejmować się
welcome *v.*	witać *imperf.*;		*imperf.*; or
	przywitać *perf.*		martwić się
well, then	więc		*imperf.*
West	zachód	worse	gorzej *adv.*;
what	co		gorszy *adj.*
what ... like,	jaki	write *v.*	pisać *imperf.*;
what sort of			napisać *perf.*
when	kiedy	write back *v.*	odpisywać
where from	skąd		*imperf.*;
where to	dokąd		odpisać *perf.*
where	gdzie	write down *v.*	zapisywać
whether	czy		*imperf.*;
which one	który		zapisać *perf.*
white	biały		
who	kto		
whole	cały	**Y**	
whose	czyj		
why	dlaczego; czemu	year	rok
	colloq.	yellow	żółty
wife	żona	yes	tak
window	okno	yesterday	wczoraj
wine	wino	yet, still	jeszcze
winter	zima; zimowy	young	młody *adj.*
	adj.	younger	młodszy
wish	życzyć *imperf.;*		
	pożyczyć *perf.*		
with	z	**Z**	
without	bez		
woman	kobieta, pani	zloty (currency)	złoty

Indexes

Grammar

Topics